新时代乡村振兴路径研究书系

基于人本发展理论的 乡村振兴实践探索研究

——以四川省为例

周小娟◎著

西南财经大学出版社

中国·成都

图书在版编目(CIP)数据

基于人本发展理论的乡村振兴实践探索研究:以四川省为例/周小娟
著.—成都:西南财经大学出版社,2022.12
ISBN 978-7-5504-5565-8

Ⅰ.①基…　Ⅱ.①周…　Ⅲ.①农村—社会主义建设—研究—四川
Ⅳ.①F327.71

中国版本图书馆 CIP 数据核字(2022)第 179241 号

基于人本发展理论的乡村振兴实践探索研究——以四川省为例
JIYU RENBEN FAZHAN LILUN DE XIANGCUN ZHENXING SHIJIAN TANSUO YANJIU—YI SICHUAN SHENG WEILI

周小娟　著

责任编辑:乔雷
责任校对:张博
封面设计:墨创文化
责任印制:朱曼丽

出版发行	西南财经大学出版社(四川省成都市光华村街55号)
网　　址	http://cbs.swufe.edu.cn
电子邮件	bookcj@ swufe.edu.cn
邮政编码	610074
电　　话	028-87353785
照　　排	四川胜翔数码印务设计有限公司
印　　刷	郫县犀浦印刷厂
成品尺寸	170mm×240mm
印　　张	13
字　　数	242 千字
版　　次	2022 年 12 月第 1 版
印　　次	2022 年 12 月第 1 次印刷
书　　号	ISBN 978-7-5504-5565-8
定　　价	78.00 元

前　言

　　党的十九大作出中国特色社会主义进入新时代的科学论断，提出实施乡村振兴战略的重大历史任务，这在我国"三农"发展进程中具有划时代的意义。实施乡村振兴战略是促进城乡融合发展，实现共同富裕，推进农村"三生融合"，传承优秀传统文化，健全社会治理结构，实现农业农村现代化的重大历史任务，也是一项庞大的系统工程。乡村振兴包括产业振兴、生态振兴、组织振兴、文化振兴和人才振兴等方面。实施乡村振兴战略的总基调是在农村各个领域全面深化改革，包括农村集体产权制度改革、农村土地产权制度改革、农村金融改革等。四川省是全国的农业大省和农村人口大省，是全国巩固拓展脱贫攻坚成果，防止不发生规模性返贫任务最艰巨的省份之一。城乡发展不平衡和农村发展不充分的问题在四川省表现得尤为突出，全面实施乡村振兴战略是四川省一项十分紧迫而重大的战略任务。因此，四川省的乡村振兴实践探索既有全国一般性特征，又有自身的特殊性。

　　马克思主义认为，人是社会实践的主体，既被现实社会所塑造，又在推动社会进步中实现自身发展。建设什么样的社会、实现什么样的目标，人是决定性因素。习近平总书记更是强调，新时代我国社会主要矛盾是人民日益增长的美好生活需要和不平衡不充分的发展之间的矛盾。因此，实施乡村振兴必须坚持以人民为中心的发展思想，以人民对美好生活的向往为奋斗目标，坚持人民的主体地位，把实现好、维护好、发展好最广大人民根本利益作为一切工作的出发点和落脚点，不断改善民生，促进社会公平正义，让发展成果更多更公平惠及全体人民，不断促进人的全面发展，朝着实现全体人民共同富裕不断迈进。

本书基于马克思主义人本发展理论，从主体、目标、手段三个层次构建乡村振兴的人本发展理论框架，针对四川省乡村振兴现状，从家庭农场、职业农民与乡村振兴、集体经济、农业生态康养、基础设施建设、城乡融合、生态保护建设等方面，通过问卷调查、案例分析、经验总结等研究方法，力求探寻全面、扎实、协调推进"产业兴旺、生态宜居、乡风文明、治理有效、生活富裕"的乡村振兴实践路径，解决好靠什么人来振兴乡村、振兴什么样的乡村以及怎样振兴乡村等问题。

周小娟

2022 年 9 月

目　录

1 导论

党的十九大作出中国特色社会主义进入新时代的科学论断，提出实施乡村振兴战略的重大历史任务，这在我国"三农"发展进程中具有划时代的意义。实施乡村振兴战略，是以习近平同志为核心的党中央着眼于党和国家事业全局，深刻把握现代化建设规律和城乡关系变化特征，顺应亿万农民对美好生活的期待，对新时代"三农"工作作出的新的战略部署，是新时代"三农"工作的总抓手。四川省是农业农村大省，是全国巩固拓展脱贫攻坚成果，坚决守住不发生规模性返贫底线任务最艰巨的省份之一。四川省城乡发展不平衡，农村发展不充分的矛盾和问题比较突出，全面实施乡村振兴战略是四川省一项十分紧迫而重大的战略任务。

1.1 研究背景及意义

乡村兴则国家兴，乡村衰则国家衰。全面推进乡村振兴和实现共同富裕的奋斗目标，最艰巨、最繁重的任务在农村，最广泛、最深厚的基础在农村，最大的潜力和后劲也在农村。实施乡村振兴战略，是四川省加快由农业大省向农业强省跨越，实现农业农村现代化，促进城乡融合发展，缩小城乡差距，建设美丽繁荣和谐四川的必然要求。四川省必须在农业农村发展历史性成就和历史性变革的基础上，深入贯彻习近平新时代中国特色社会主义思想，准确研判经济社会发展趋势和乡村演变发展态势，切实抓住历史机遇，增强责任感、使命感、紧迫感，牢牢守住保障国家粮食安全和不发生规模性返贫两条底线，充分发挥农村基层党组织的领导作用，扎实有序推进乡村发展、乡村建设、乡村治理重点工作，把乡村振兴战略实施好，推动乡村振兴取得新进展、农业农村现代化迈出新步伐。

1.1.1 实施乡村振兴战略是促进城乡融合发展的重要内容

与全国许多地区一样，四川省在处理城乡关系上经历了城市优先发展—城乡统筹发展—城乡融合发展的过程。城乡统筹发展要求把城市和农村两个板块统筹起来考虑，在规划布局、产业发展、基础设施、公共服务、社会管理等方面统筹推进，但在实践中依然存在城市统筹农村的现象，没有从根本上改变重城市、轻乡村的格局。城乡融合发展比城乡统筹发展的层次更高，更加强调城乡地位平等下的互惠共生关系、城乡要素在市场化条件下的自由流动和双向互动关系、城乡空间上的共融关系。四川省城乡差距较大，城乡融合度较低，主要原因就是乡村发展滞后。乡村发展滞后难以有效支撑城乡融合发展，反过来又制约了乡村的进一步发展，陷入恶性循环。实施乡村振兴战略，要求把乡村放在与城市同等甚至优先地位，更加注重发挥乡村自身的主动性和内在活力，实现乡村与城市在发展上的互惠共生、空间上的共融、要素上的双向互动、关系上的平等互利，为城乡同发展共繁荣奠定坚实基础。

1.1.2 实施乡村振兴战略是实现农民共同富裕的重要抓手

"小康不小康，关键看老乡"，全面小康不是一部分人、一部分地区的小康，而是"一个都不能少"的小康。四川省作为西部欠发达省份，农民收入水平总体偏低，虽然历史性地解决了绝对贫困问题，已经全面建成了小康社会，但仍有 25 个国家乡村振兴重点帮扶县和 25 个省乡村振兴重点帮扶县。因此，四川省乡村振兴的重点在农村，难点在乡村振兴重点帮扶县。实施乡村振兴战略，就是要优先发展农业农村，加快发展乡村振兴重点帮扶县，加大政策、资金、项目等倾斜力度，引导资源要素大规模流向农村，并通过市场机制和改革创新活化农村资源、激活农村要素、调动农民主体活力。从这个意义上讲，实施乡村振兴战略是巩固拓展脱贫攻坚成果、全方位增加农民收入、加快农业农村现代化的重要举措，是实现农民共同富裕的重中之重。

1.1.3 实施乡村振兴战略是推进农村"三生"融合的主要方式

望得见山，看得见水，记得住乡愁是乡村的基本元素。近年来，部分地区在城镇化工业化过程中，出现了城镇用地侵占农村用地，工业污染影响农村环境，农村生态受到破坏等问题。这些并不是中国城镇化独有的问题，而是世界各国城市化都曾经或者正在面对的问题。实施乡村振兴战略涵盖了农业生产、农民生活和农村生态治理的目标要求，集中体现了"中国要强，农业必须强；

中国要美，农村必须美；中国要富，农民必须富"的战略思维，其突出特点就是坚持把生态和人居环境摆在首要位置，强调经济发展和环境友好协同推进，通过建设绿色低碳、高效集约、创业创新的生产空间，宜居舒适、平安健康、幸福和谐的生活空间，天蓝水清、山绿地净、城秀乡美的生态空间，推进农村发展走生产生活生态"三生"融合之路，还农村一片绿水青山。这对促进四川省新农村建设提档升级，建设美丽四川具有重大意义。

1.1.4 实施乡村振兴战略是推动农业农村现代化的有效途径

农业农村现代化是新时代中国特色社会主义建设的重点任务，是完成从全面建成小康社会，到基本实现社会主义现代化，再到建成社会主义现代化强国宏伟目标的重要内容。长期以来，随着工业化的快速推进和城市化的快速发展，四川省要素资源不断由农业农村向城市流动，向发达地区流动，导致农业农村发展不平衡、不充分问题更为突出，许多乡村空心化现象日益明显。四川省要实现农业农村现代化，首先要解决乡村人才、技术、资本等要素匮乏的问题，其次要探索破解乡村空心化等问题的新方法和新路径。实施乡村振兴战略，就是要创新农业农村发展体制机制，补齐农业现代化这块短板，弥补农村现代化这一薄弱环节，促进农村全面发展和繁荣，让广大农民充分享受现代化的成果。这些举措对于破解制约四川省实现农业农村现代化的关键难题具有重大战略意义。

1.1.5 实施乡村振兴战略是传承优秀传统文化、完善社会治理结构的根本保障

没有高度的文化自信，没有文化的繁荣兴盛，就没有中华民族的伟大复兴。巴蜀文明根植于农耕文化，乡村是巴蜀文明的基本载体。实施乡村振兴战略，深入挖掘乡村文化蕴含的思想观念、人文精神、道德规范，结合时代要求继承创新，有利于在新时代展现农耕文明的永久魅力和风采，进一步丰富和传承巴蜀优秀传统文化。社会治理的基础在基层，薄弱环节在乡村。实施乡村振兴战略，加强农村基层基础工作，健全自治、法治、德治相结合的乡村治理体系，确保广大农民安居乐业、农村社会安定有序，有利于打造共建共治共享的现代社会治理格局，推进治理体系和治理能力现代化。

1.2 相关理论基础及文献综述

1.2.1 相关理论基础

人的全面发展①是人类社会千百年来的理想和追求，是马克思主义的最高价值追求和崇高理想，是中国共产党一以贯之的最高理想目标。人本发展思想和理论并不是偶然形成的，而是在长期实践的基础上逐渐形成和发展起来的。一方面，人本发展作为儒家思想的精髓在中国有着悠久的历史渊源。另一方面，人本思想是马克思主义唯物史观的本质和核心，马克思科学概括了以人为本的全面发展理论内涵和实现条件，从辩证唯物主义和历史唯物主义出发科学阐释了人的全面发展。中国共产党全面继承了儒家思想精髓和马克思关于人的全面发展学说，将人本发展作为指导中国共产党治国理政的世界观和方法论，并充分体现在党的农业发展和乡村治理中。

1.2.1.1 中国传统的人本发展思想

（1）强调"敬天保民"政治学说的中国传统人本发展思想。早在西周时期，周公吸取商朝灭亡的教训，提出以"敬天保民"为核心的治国方针。"敬天保民"的政治学说，坚持民众为国家之根本，主张"民可近，不可下，民惟邦本，本固邦定"，并强调"保民、养民、教民、贵民、利民、裕民、惠民"。此学说后经商周两代以及先秦时期诸子百家的继承和发展而逐步演变成封建社会儒家政治哲学的核心理念，是中国传统民本思想的萌芽。在中国的春秋时期，孔子提出要培养"志于道"的"士"，"道"被儒家阐释为"在明明德，在亲民，在止于至善"的完美人格修养。然而从整体来说，在专制君主权威至上的前提下，此阶段的统治阶级虽然提倡爱民重民思想，但是其根本目的还是维护统治者的政权。民本只是实现君本的工具。

（2）继承"民惟邦本"基本主张的中国传统人本发展思想。在近代中国，

---

① 人的全面发展是一个历史的范畴。就个体而言，人的全面发展指人的各种需要、潜能素质获得最充分的发展，人的社会关系获得高度丰富以及人的自我意志、个性获得自由体现等。就社会而言，人的全面发展指全社会所有人的全面发展。人的全面发展与社会的全面发展是辩证统一的，在二者的关系中，人的全面发展既是社会发展的手段，又是社会发展的目的，也是最高目的。在人类思想史上，马克思和恩格斯针对资本主义生产对人的异化造成人的畸形发展而提出人的发展的理想状态和终极目标，并把它作为共产主义社会的本质特征。人的全面发展是马克思主义的最高价值追求和崇高理想，追求人的全面发展是中国共产党人一以贯之的最高理想目标。

思想家、文学家和政治家摒弃了封建社会民本思想从根本上为皇权至上的专制主义统治服务的固有局限性。明末清初，黄宗羲在《明夷待访录》中曾指出封建君主"四方之劳扰，民生之憔悴，足以危吾君也"。鸦片战争之后，西方近代社会政治学说的传入对近代民本思想的演变起了催生作用。以谭嗣同为代表的倡导君主立宪的改良派在宣传西方资产阶级的民权思想时，援引了民本思想作为变法的理论依据，认为"君臣皆因'民'的需求而设，民才是'天下之真主'，君末也，民本也，民可举君，也可废君"。辛亥革命后，资产阶级革命派代表孙中山更是明确指出"中国数千年来都是君主专制政体，这种政体，不是平等自由的国民所堪受的"。

1.2.1.2 马克思的"人的全面发展"理论

人本思想逻辑及应用是卡尔·马克思经济学论著的重要研究对象和理论核心之一。马克思主义经济学是人本主义的。马克思在《1884 年经济学—哲学手稿》中提出"人的全面发展"理论，并指出"人的本质是一切社会关系的总和"。而《资本论》以对"最贫困和人数最多的阶级"的关怀来重新审视和改造古典经济学，重视收入分配和社会发展问题①。马克思的人的全面发展学说与以往的观点的不同在于，他从分析现实的人和现实的生产关系入手，指出了人的全面发展的条件、手段和途径，使之从一个浪漫主义理想转变为一个完整的科学理论体系的重要组成部分②。正如弗洛姆评价的那样："马克思主义是一种人道主义，它的目的在于发挥人的各种潜能。"人的自由全面发展是指人的劳动能力的全面发展，即人的体力、智力和道德的充分、统一、和谐的发展。

（1）人的劳动能力的全面发展。人的劳动能力是多方面的。人的劳动能力既包括个人能力和集体能力，也包括自然力和社会能力。人是大自然的产物，在大自然中的长期进化使人具有自然力、生命力，成为能动的自然存在物。这些力量作为天赋和才能，作为欲望存在于人身上。社会能力是人在社会历史实践中通过锻炼、培养和学习而形成的能力。生产力在社会能力中占有特殊地位。人的社会能力还包括政治力、思想力、知识力、理想力和信念力等。

（2）人的社会关系的全面发展。人总是在一定的社会关系中生存和发展的。社会关系实际上决定着一个人能够发展到什么程度。人的能力发展固然是人的发展的最重要内容，但马克思从不把人的发展简单地归结为能力的发展。

---

① 朱富强. 马克思主义经济学的人本主义关怀：基于收入分配和人性发展的二维审视 [J]. 政治经济学研究，2021（3）：66.

② 胡娟. 推动人的全面发展是教育的时代使命 [N]. 光明日报，2021-7-13（9）.

因为人的能力形成与发展都离不开人的社会关系。社会关系丰富意味着社会群体中的个体摆脱了以往因分工、地域造成的相互分离状态，与各方面、各领域、各层次都建立起了广泛的社会交往，彼此形成全面的经济、政治、法律、伦理、文化关系等。这种社会关系通过个体的有机统一来体现，个体彼此交往互动，形成由自然共同体、社会共同体向世界共同体的转化，使人们在丰富、全面的社会关系中，获得自由全面的发展。

（3）人的素质全面提高和个性自由发展。人的素质和个性随着人的活动多样化、社会关系的丰富化而形成、发展起来。人的素质普遍提高，表现为人的生理素质、心理素质、思想道德素质和科学文化素质等发展和完善，以及各种素质之间的均衡协调发展。人的个性发展表现为个人主体性水平的全面提高以及个人独特性的丰富。也就是说，人的自觉能动性、创造性和自主性得到全面发展，个人的模式化、同步化、标准化被消除，个性的单调化、定型化被打破，每个人都追求并保持着独特的人格、思想、社会形象和能力体系，显现着自己独特的存在，呈现出与众不同的差异性，即个人的唯一性、不可重复性、不可取代性，社会因此而充满生机和活力。

1.2.1.3　中国共产党的人本经济发展观

中国共产党全面继承了马克思关于人的全面发展学说，将人本经济发展观作为指导中国共产党治国理政的世界观和方法论。人本经济发展观追求人类幸福，将人类幸福与人类劳动紧密结合，主张以人权为本的方式来发展经济，既注重效率原则，又注重公平原则，主张公有产权制度，以可持续发展观取代不可持续发展观。习近平总书记在《之江新语》中指出："人，本质上就是文化的人，而不是'物化'的人；是能动的、全面的人，而不是僵化的、'单向度'的人。"站在新的历史起点上，习近平新时代中国特色社会主义思想为推动人的全面发展提供了科学理论指导①。党的十九大报告把"以人民为中心的发展思想、不断促进人的全面发展、全体人民共同富裕"写入了新时代中国特色社会主义思想，而且是在分析了新时代我国社会主要矛盾发生深刻变化的大背景下提出的，这是对马克思主义人的全面发展理论的创新发展，对我国实现"两个一百年"奋斗目标和中华民族伟大复兴的中国梦，促进人类解放和人的全面发展，具有重大而深远的意义②。

（1）始终坚持人民主体地位。习近平新时代中国特色社会主义思想的人

---

① 李明. 新时代"人的全面发展"的哲学逻辑［N］. 光明日报, 2019-2-11,
② 杨鲜兰, 程亚勤. 论习近平对人的全面发展理论的创新发展［J］. 湖北社会科学, 2020
(4): 12.

民主体的价值追求与马克思关于人的全面发展学说本质相通，是对无产阶级作为解放主体这一马克思主义解放思想的再次确认和创造性发展，更是我们党"全心全意为人民服务"根本宗旨的生动体现。人本发展思想与党的"坚持人民主体地位"的群众路线高度契合，其主要体现为价值论意义上的内在一致性，动力论意义上的内在一致性，方法论意义上的内在一致性。坚持人本发展思想，就要始终坚持人民主体地位的群众路线不动摇。为群众谋利益是无产阶级政党重要的价值追求，无产阶级政党要始终牢记群众路线中的为民思想，代表最广大人民的根本利益，以人民满意不满意，人民高兴不高兴为追求目标，在政策制定、执行、反馈等环节，尽可能考虑最广大人民的根本利益与心声。无产阶级政党要始终与人民同呼吸共命运，始终依靠人民，将群众路线融入执政党的价值观，落实到实践中。

（2）实现全体人民共同富裕的根本目标。实现全体人民共同富裕是社会主义本质与社会发展的根本目标，与马克思强调人的自由与社会的自由，人的精神物质发展与社会全面发展是高度统一的。党的十九届五中全会明确提出把"全体人民共同富裕取得更为明显的实质性进展"作为2035年基本实现社会主义现代化的目标。实现全体人民共同富裕，是社会主义的本质要求，也是社会主义现代化的重要目标和人民群众的共同期盼。2021年8月，习近平总书记主持召开中央财经委员会第十次会议时指出，"共同富裕是全体人民的富裕，是人民群众物质生活和精神生活都富裕，不是少数人的富裕，也不是整齐划一的平均主义，要分阶段促进共同富裕。"新时代中国特色社会主义思想明确新时代我国社会主要矛盾是人民日益增长的美好生活需要和不平衡不充分的发展之间的矛盾，人民对美好生活的向往，就是我们的奋斗目标。我们任何时候都必须把人民利益放在第一位，把实现好、维护好、发展好最广大人民根本利益作为一切工作的出发点和落脚点。不断保障和改善民生，促进社会公平正义，在更高水平上实现幼有所育、学有所教、劳有所得、病有所医、老有所养、住有所居、弱有所扶，让发展成果更多更公平惠及全体人民，不断促进人的全面发展，朝着实现全体人民共同富裕不断迈进。

1.2.2 文献综述

2005年召开的党的十六届五中全会启动了社会主义新农村建设，使乡村的基础设施、人居环境、生产条件和公共服务均明显改善，但是城乡及乡村内部之间发展不平衡问题仍然存在。基于中国特色社会主义进入新时代以及我国社会主要矛盾的转变，党的十九大创新性地提出了"实施乡村振兴战略"。学者们围绕乡村振兴战略的内涵、价值定位、实施原因、实施重难点、实施路径等问题展开研究。

1.2.2.1　对乡村振兴战略的阐释研究

党的十九大提出乡村振兴战略之后，学者们对乡村振兴战略的重大意义及思想进行了阐述。学者们普遍认为，中国发展的阶段性特征要求乡村必须振兴，乡村振兴的展开是社会主义新农村建设运动的升级与重塑，我们不仅是要实现乡村的发展，更要为中国持续健康的发展奠定基础。（陈锡文，2018），张晓山（2017）、姜长云（2017）等认为，乡村振兴战略是新农村建设的新发展，其内涵与外延都有较大提升，用产业兴旺代替生产发展，突出了以推进供给侧结构性改革为主线；用生态宜居代替村容整洁，突出了重视生态文明和人民日益增长的美好生活需要；用治理有效代替管理民主，突出了从重视过程向重视结果的转变；用生活富裕代替生活宽裕，突出了更高目标要求。对于乡村振兴战略五大目标的关系，党国英（2018）认为，乡村振兴的核心是让乡村居民的生活富裕起来，产业兴旺是生活富裕的前提，生活富裕和产业兴旺是乡风文明与治理有效的重要基础，同时生活富裕、产业兴旺与生态宜居水平的提高也密切相关。魏后凯（2018）认为，研究乡村振兴就是研究乡村如何发展才能逐步兴盛和繁荣起来，在人民日益向往美好生活的新时代，乡村振兴不再单纯是某一领域或某一方面的振兴，而是既包括经济、社会和文化振兴，也包括生态文明进步和治理体系创新在内的全面振兴。

1.2.2.2　乡村振兴战略与城乡融合发展的关系研究

学术界普遍认为乡村振兴战略是在城乡一体化的基础上发展起来的，城乡融合发展是乡村振兴的重要路径，推进新型城镇化与乡村振兴之间是互动关系。刘彦随（2019）认为乡村振兴实质上是乡村地域系统要素重组、空间重构、功能提升的系统性过程。乡村振兴战略的提出有利于"村镇化"与"城镇化"的双轮驱动，而建立健全城乡融合发展体制机制和政策体系将成为未来解决乡村问题的必由之路（李国祥，2017）。党国英（2017）指出，建立健全城乡融合发展体制机制和政策体系必须抛弃将农村视为两个"蓄水池"的陈旧思想，将农业竞争力提高战略纳入国民经济整体竞争力提高战略，让各项经济政策推动人口大调整，让现行农村政策在实施对象上实现转变，助力乡村全面振兴。陈文胜（2018）强调，要将政府的主导作用与市场在城乡要素资源配置中的决定性作用相结合，强化乡村振兴制度供给，探索以基础设施和公共服务为主要内容的城乡融合发展政策创新，构建推动城乡要素双向流动与平等交换的体制机制。城乡空间不平等以及资源非公正分配的体制机制，导致农村发展日益狭窄化（叶敬忠 等，2018）。长期以来，乡村处于一种要素给予的状态，繁荣了城市，掏空了乡村，以人、地、钱为标志的要素也存在不平等交换，尤其是人的流失导致农村老龄化和空心化问题，"农村病"的解决需求催生了乡村振兴战略（韩俊，2017）。

1.2.2.3 乡村振兴的重点与难点研究

相关学者对乡村振兴的难点与重点进行了梳理，主要表现在以下方面。①乡村振兴的重点：对于研究乡村振兴的重点学者们观点不一，大多数学者认为，产业振兴是乡村振兴的重中之重，产业兴旺则经济兴旺，如果产业支撑缺乏或者产业凋谢，乡村振兴将成为空中楼阁（陈文胜，2018）。周立和李彦岩（2019）指出，参照乡村振兴国际经验和我国乡村衰落的形势，我国实现乡村振兴的关键在实现产业融合发展。袁金辉（2017）认为，乡村人居环境不容忽视，乡村污染越来越严重，已阻碍了乡村振兴，必须发展绿色农业和特色养殖，改善农村居住环境。②乡村振兴的难点：学者们普遍认为，乡村人才短缺、建设资金不足以及农民持续增收的难题是乡村振兴过程中的突出难点。长期以来，由于城乡发展失衡和"三农"发展不充分，乡村人才培训和引进难度加大，人才瓶颈已成为乡村振兴战略的障碍，而且建立在农业农村之外的城市导向型农民增收模式也难以持续，导致乡村的凋敝和衰败（魏后凯，2018）。此外，"三农"发展投入保障不足也加剧了拓宽投融资渠道和强化投入保障机制的难度，要推进乡村从衰败向振兴的转变，必须突破投入上的"临界最小努力"（姜长云，2018）。

1.2.2.4 乡村振兴的实现路径研究

学者们从不同的角度研究了乡村振兴的实现路径，提出了许多不同的观点，归结起来表现在两个方面，乡村振兴的"内生动力说"和"外部动力说"。①内生动力实现路径：农村可持续发展是乡村振兴的前提和关键，短期内依靠外生性发展是有效的，但长期依靠"输血"发展是不现实的，乡村振兴的关键是要加强农村内生能力建设，有效整合乡村各种资源，最大限度地利用内生资源，这样才能助力乡村振兴战略的实施（张丙宣，2018）。内生能力建设的关键就是要强化人才支撑，强化农民的主体地位，大力培育新型职业农民，为乡村振兴的实施注入强大动力。要通过对新型职业农民的培育，提升农民的素质和素养，构建教育培训长效机制（马彦涛，2018）。此外，还要实现农民意识的转变，可通过线上线下的职业意识培育和发挥典型的示范作用来引导农民转型（马榕璠，2017）。贺雪峰（2019）强调，借鉴同为土地公有制的国有农场的经营经验，借助农村土地"三权分置"的制度设计，恢复农村集体土地的生产资料性质，解决当前农村土地细碎化与农民难以组织起来的两大困境，为乡村振兴提供组织条件。张杨等（2018）建议，在壮大集体经济的同时要注意人民公社、家庭联产承包责任制、集体经济三者之间的内在逻辑，吸收经验教训的同时也要正视小农经营的弊端，沿着"越公平越有效率"的路径逐步发展壮大集体经济。②外部动力实现路径：乡村振兴的外部动力主要是指从城市的需求出发，深入挖掘乡村价值，培育新产业新业态，借助工商资本下乡的契机发展多功能农业，满足城市居民不同层次的物质需求和精神需求，打造乡村农业产业融合发展新模式。申端锋等（2019）强调，在培育新产业新业态的过程中，要反对过于重视资本投入和农村经济功能这种过度积极的乡村振兴战略，但也不要支持过于消极的观点，如过度夸大乡村衰败，认定乡村终将消失，而是应该以一种适度积极的方式实施乡村振兴战略，杜绝产业发展资本化和去小农化。但也有专家强调，培养新产业新业态只是实现乡村振兴的一种重要方式，不能将其作为评价乡村振兴的唯一标准。乡村振兴需要在加快农业供给侧结构性改革的基础上，通过升级农业产业结构来提高农业产品的综合效益和核心竞争力，以此来提升招商引资的力度，吸引更多的资本企业投资农业及相关产业（张新文，2018）。学者们也强调了资本下乡带来的产业兴旺是实现农村发展、农业繁荣、农民富裕的最有效途径。要破解乡村振兴资金短缺的难题，需要进一步加大财政资金的投入力度，并对现有财政资金进行整合，提高财政资金的使用效率，同时还要利用财政资金来积极引导民间资本大规模地、广泛地进入乡村，并通过充分发挥金融的作用，大力发展普惠金融，为农业农村发展提供一种多层次、广覆盖、低成本、可持续的金融服务，多措并举拓宽乡村振兴的资金来源（魏后凯，2018）。

1.2.2.5 乡村振兴的体制机制和政策研究

多数学者认为，长期以来城乡分割、重城轻乡的体制机制是制约乡村发展的关键因素，健全城乡融合发展的体制机制，构建农业农村优先发展的要素配置机制和政策体系，对于推动乡村振兴起着关键作用。董玮等（2020）指出，推进乡村振兴战略，关键在于破除制度障碍，促进资源要素在城乡之间的自由流动，实现以全要素生产率提高为核心的新增长动力的转换。其主要包括：积累农业物质资本，积累农村生态资本，积累农村人力资本，提升乡村综合治理能力，完善乡村治理体系，提升公共资源投入动力。杨建利等（2020）认为，加快实施乡村振兴战略，要紧扣"制度性供给"这一主题，加强顶层设计，完善人才培育制度，创新财政投入制度，健全农村人口户籍管理制度，深化农产品价格形成机制改革，建立统计考核制度，分区域推进乡村振兴。刘守英、熊雪锋等（2018）认为，制度供给滞后是实施乡村振兴战略的最大制约。要改革生产要素配置制度，促进城乡互动；完善农地权利体系，促进农业转型；推进宅基地制度改革，促进村庄转型。张海鹏（2019）认为，推动乡村振兴战略必须深化改革，以完善产权制度为核心，全面深化农村综合改革：巩固和完善基本经营制度，深化农村土地制度改革，深化农村集体产权制度改革，构筑农业农村人才体系，为乡村振兴提供长效、微观的发展动力。

1.3　人本发展理论在乡村振兴中的应用

"人"是所有现象的焦点，是所有对策的行为主体，是多种学科的共同研究对象。由于人在社会发展中具有特殊地位，因此要强调"人本"。对于以马克思主义政治经济学为指导的中国共产党来说，一切工作的出发点和落脚点都是最广大人民的根本利益，都应建立在以人为本的基础上。在马克思主义看来，人的发展不仅是社会发展的内在要求，而且是社会发展的最终体现，是动态变化的概念范畴。因此，人本发展在不同的发展阶段和不同发展战略实践中具有不同的理论内涵。

1.3.1　乡村振兴的人本发展理论解析

人本发展具有很多种广泛的含义，不仅包括通常理解的"满足人发展的多种需求""依靠人的多重表现，实现社会全面发展"，而且包括"通过制度创新开发人的潜能，激励人""通过资源的合理配置，全面提升人的发展能力，塑造人"和"通过深化社会分工，实现人的优化配置，安置人"等含义在内的，全方位、广义的人本发展[①]。人本发展在乡村振兴"产业兴旺、生态宜居、乡风文明、治理有效、生活富裕"方针中具有以下具体内涵。

1.3.1.1　乡村振兴以农民主体性发挥促进社会全面发展

所谓农民的主体性，是指农民在经济、社会、政治、文化等方面都有主导权、参与权、表达权、受益权和消费权等。乡村振兴战略的实践探索必须确立农民的主体性地位，也就是说，乡村振兴是为了农民，由农民做主，使他们获益。而农民的主体能力是农民发挥主体性地位的重要支撑力量。乡村振兴的标志是农业农村农民的现代化，而"三农"现代化要求农民具备一些基本的能

---

① 陶佩君. 农村发展概论 [M]. 3 版. 北京：中国农业出版社，2021：24.

力和素养。通过"智""志"建设等多元化方式提升农民自身发展能力,最大限度地激发和提高农民参与乡村振兴,融入现代化的能动性,以此打破乡村振兴建设的政策依赖,有效减少农民和集体经济组织因内生发展动力不足而难以参与发展的现象发生,推动农民群众和农村集体经济组织共享经济社会现代化发展的成果。同时,在乡村振兴过程中应十分注重发挥基层党组织、集体经济组织的带动作用,"依托农民夜校、新时代讲习所等,加强教育培训,提升农民发展生产和务工经商的基本技能",积极推进对职业农民、家庭农场、农民合作社等新型经营主体的培育和质量提升,以农民自身发展能力提升和集体经济发展壮大保障其平等参与发展的权利。

1.3.1.2 乡村振兴以农民多元发展需求满足为目标

从经济指标来看,乡村振兴表现为农民或家庭所支配的收入能维持本人或家庭的基本生存所需要的福利和消费的状况;从社会指标来看,乡村振兴更重要的是能力提升和权力保障的问题。因此,乡村振兴不单单是一个经济增长问题,更是一个公共物品提供问题,以满足人民日益增长的美好生活需要。乡村振兴从根本上说是人基本生存需求的具体实现抓手,其以满足农民的多元发展需求为目标。其中,产业兴旺、生态宜居和生活富裕体现了农民的基本生存所需,不仅通过培育新产业、新业态和完善产业体系,使乡村经济快速发展,不断增加农民收入,让农民富起来,丰富物质生活,而且让乡村人居环境绿起来、美起来和亮起来,使得生活更加舒心畅意。而乡风文明和治理有效则充分满足农民的政治和社会需求,是人类更高层次精神需求的表达和实现,使乡村民主更加健全,文化更加繁荣,社会更加和谐,为更高层次和更高水平推动人的全面自由发展奠定坚实的社会基础。

1.3.1.3 乡村振兴以制度改革创新为手段实现农民增权赋能

制度属于决定性因素,能对乡村振兴过程中资源分配和社会分工产生决定性影响。一方面制度直接激励、约束和协调农民参与乡村振兴的行动,决定着农民积极性的发挥程度,另一方面制度通过资源配置和社会分工直接影响农民的经济权和收益权。产业兴旺和生活富裕是对农村产业发展与农民生活质量提出的要求,发展壮大农村的产业,提高农民的收入水平,改善民生,都需要农民的经济权利尤其是财产权利的充分实现来支持;生态宜居与治理有效是对乡村环境与乡村治理提出的要求,改善农民的居住环境,推进农村绿色发展,创新乡村治理机制,实现乡村协同治理离不开农民的政治民主权利与社会权利的支撑;乡风文明是对乡村的文化和精神风貌提出的要求,传承乡村传统文化,吸收现代文明，丰富农民精神文化生活，不能没有农民文化权利的保障^①。因此，乡村振兴战略的实践探索有必要加强农村土地制度、集体产权制度、金融制度等改革创新，增加农民财产性收入，建立区域共同体，保障农民财产权利得以实现。

1.3.2　乡村振兴的人本发展分析框架

本书在马克思主义人本发展理论基础上，结合乡村振兴的人本发展理论解析，从主体、目标、手段三个层次构建乡村振兴的人本发展理论分析框架。这三个层次的内容共同构成一个相互影响、相互依存、系统演化的统一有机整体（如图1-1所示）。其理论分析框架主要由三个模块组成。

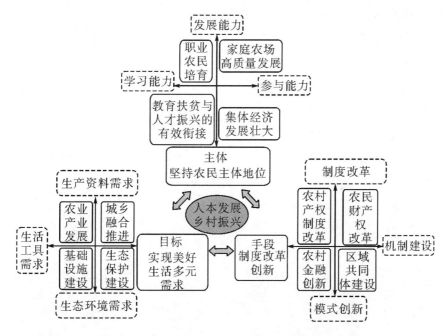

图 1-1　乡村振兴的人本发展分析框架

模块一是主体。模块一反映乡村振兴实践探索主体及其行为，解释作为中介的农民或行为主体。乡村振兴始终将"坚持农民主体地位"作为必须遵循的基本原则纳入战略实践探索，通过对家庭农场、职业农民等新型经营主体的培育，发展教育与人才振兴的有效衔接，集体经济的发展壮大四个方面的实践

———————
①　陈晓莉，吴海燕.增权赋能：乡村振兴战略中的农民主体性重塑［J］.西安财经学院学报，2020（3）：27.

探索，不断增强农民内生发展能力，激发和保障农民作为乡村振兴主体的权利。

模块二是目标。模块二反映乡村振兴实践探索的目标，解释乡村振兴中"产业兴旺、生态宜居"等各种经济社会现象。乡村振兴以人基本生存需求的具体实现为根本目标，通过对农业产业发展、基础设施建设、城乡融合推进和生态保护建设四个方面的实践探索，满足农民生活工具、生产资料、生态环境多元发展需求。

模块三是手段。模块三反映乡村振兴实践探索中影响农民需求实现的因素和约束条件。模块三是乡村振兴实践探索的解释变量。乡村振兴以集体产权、农村金融、农民财产权、宅基地、区域共同体等制度的改革创新为基础，不断优化资源配置，深化社会分工，激发农民主体能动性，达到乡村振兴"产业兴旺、生态宜居、乡风文明、治理有效、生活富裕"的根本目标。

2 家庭农场与乡村振兴

自 2013 年家庭农场首次被写入中央一号文件以来，家庭农场得到了迅速发展。2021 年中央一号文件《中共中央 国务院关于全面推进乡村振兴加快农业农村现代化的意见》更是强调，要推进现代农业经营体系建设，突出抓好家庭农场和农民合作社两类经营主体，鼓励发展多种形式适度规模经营。家庭农场作为乡村振兴战略中的重要生产单元，主要由发展型小农户成长而来，是实现小农户和现代农业有机衔接、推动农业转型发展的基础性和骨干性经营主体，是提高农业综合竞争力、促进我国农业高质量发展的中坚力量。因此，培育壮大家庭农场，引导家庭农场高质量地健康、规范发展，并促进家庭农场与农民合作社等新型农业经营主体协同发展，是全面推进乡村振兴，实现农业农村现代化的重要支撑。

发展家庭农场是一个循序渐进的过程。目前，一方面我国家庭农场发展全面提速，增长势头良好，在保障重要农产品有效供给、提高农业综合效益、促进现代农业发展等方面发挥着越来越重要的作用。另一方面我国家庭农场在发展过程中仍面临着诸多限制和困难。面对新形势下更加开放的市场环境和农产品需求结构的急剧变化，中国农业发展比以往更加注重规模经济和专业化，基于小规模、分散化与自给自足的小农经济的局限性和不适应性已充分显现，农业生产经营面临着农村劳动力老龄化、农户兼业化、非农化、非粮化等日益严重的冲击。在此背景下，中国农业面临着关键性的转型选择，亟待实现从小农经济向规模经济的根本性转换。因此，加快培育新型经营主体就成为推动当前中国农业转型和产业振兴的紧迫任务。值得指出的是，在新型经营主体中家庭农场受到了广泛关注和重视，人们对其改造中国传统小农经济的有效性普遍寄予厚望。但是，当前家庭农场现实发展状况如何？其实际运行中面临的主要障碍是什么？主要需要哪些方面的政策支持？在这些重要方面，研究者还普遍缺乏基于实践基础的更深透的认识和分析。四川省是中国西南内陆的人口大省和农业大省，全省农业人口 6 500 万。四川省现有耕地 5 990.7 万亩（1 亩 ≈ 667

平方米），人均 0.92 亩，农户户均 2.89 亩，仅为全国平均数的 68.7%。就现实来看，人多地少是四川省农业发展面临的最严峻的长期性制约因素，超小规模农户经营的局限性使四川省农业比较效益低的现象更为突出，成为四川省农业现代化发展的最大瓶颈。因此，以四川省这一中国西部的农业大省为案例研究基础，主要针对家庭农场的发展现状进行实证分析，准确把握其运行特征和政策需求，无疑具有重要的现实意义和政策价值。

2.1 四川省家庭农场高质量发展的问卷调查

2.1.1 调查样本的描述

基于上述需求，本书对四川省内江市东兴区、眉山市丹棱县、遂宁市安居区以及泸州市古蔺县 4 个县（区）家庭农场的经营现状展开了多层次的访谈和问卷调查，先后调查 16 个乡（镇）37 个村，完成有效问卷 135 份，其基本情况见表 2-1。

2.1.1.1 工商注册

135 个家庭农场中，有 75 个家庭农场进行了相关工商登记注册，占 55.6%。

2.1.1.2 经营范围

135 个家庭农场中，有 84 个家庭农场专门从事种植业或养殖业生产，占 62.3%；其中有 38 个家庭农场种植业和养殖业二者均有经营，占 28.1%；有 8 个家庭农场除从事农业生产经营外还从事农产品的初加工，占 5.9%；有 5 个家庭农场在种养业的基础上经营农家乐等观光休闲农业，占 3.7%。

2.1.1.3 经营类型

在 92 个从事种植业生产经营的家庭农场中，种植水果的家庭农场有 36 个，占 39.1%；种植粮油作物的家庭农场有 26 个，占 28.3%；种植蔬菜的家庭农场有 11 个，占 12.0%；其余的 19 个家庭农场从事苗木、食用菌、中草药等其他品种的生产经营。在 88 个专门或兼业从事养殖业生产经营的家庭农场中，从事生猪养殖的家庭农场数量最多，共有 55 个，占 62.5%；养鸡的家庭农场有 13 个，占 14.8%；从事水产养殖的家庭农场有 9 个，占 10.2%。此外，养牛、养羊、养鸭、养兔的家庭农场分别占 2.3%、3.4%、1.1% 和 1.2%。

表 2-1　被调查家庭农场基本情况

指标		频数	占比/%
工商注册	是	75	55.6
	否	60	44.4
	总计	135	100.0
经营范围	种植业或养殖业	84	62.3
	种养业均经营	38	28.1
	农业生产+初加工	8	5.9
	一、三产业	5	3.7
	总计	135	100.0
经营类型	种植品种 粮油作物	26	28.3
	蔬菜	11	12.0
	水果	36	39.1
	苗木	2	2.2
	食用菌	1	1.0
	中草药	2	2.2
	其他	14	15.2
	总计	92	100.0
	养殖品种 猪	55	62.5
	牛	2	2.3
	羊	3	3.4
	鸡	13	14.8
	鸭	1	1.1
	兔	1	1.2
	水产	9	10.2
	其他	4	4.5
	总计	88	100.0

2.1.2　调查样本的统计分析

通过分析135份有效问卷，笔者发现现阶段农村家庭农场发展存在以下特征。

2.1.2.1　家庭农场以种养业为主，并且在粮油作物、生猪等传统农业领域占有较高比例

事实表明，农业公司在具有强大资源整合能力、技术运用能力等比较优势的同时，其规模经营大多表现出明显的非农化和非粮化现象。笔者对家庭农场经营范围和经营结构进行问卷分析发现，在135个被调查家庭农场中，有122个家庭农场专门从事种养业等农业生产经营活动，所占比重高达90.4%。种植业家庭农场平均规模达到267.7亩，适度规模经营的特征十分显著。更令人关注的是，其中有26个家庭农场流转土地进行粮油作物规模化种植，在135个家庭农场中的占比为19.3%，在92个种植业家庭农场中的占比则高达28.3%，其粮油作物平均种植面积达到249.5亩。

此外，由于畜牧业规模化养殖的进入门槛较高，一般农户很难进入该领域，从而导致生猪养殖作为农户传统的增收项目逐渐被农业公司垄断。目前四川省农民不养猪的比例已经达到了60%以上，而且现有的养猪农户基本以自食为主。然而，笔者通过问卷调查发现，被调查家庭农场中从事规模化生猪养殖的比例较高，在135个被调查家庭农场中，有55个被调查家庭农场从事生猪的规模养殖，占比达40.7%，在88个养殖业家庭农场中占比为62.5%，养猪家庭农场生猪的平均年出栏量达到1 314头。

2.1.2.2　家庭农场的农场主与农场所在地具有较强的地缘关系

与农业公司等外来业主不同，家庭农场的农场主与农场所在地具有较强的地缘关系，基本上来源于本地的村民或与本地村民有亲属关系，对当地的自然与社会环境十分熟悉。调查显示，有高达72.6%的家庭农场的农场主是本村村民，如果将农场主家庭成员的户籍所在地或者农场主的出生地也考虑在内的话，所占比例更高（见图2-1）。因为有的农场主虽然户籍不在家庭农场所在村，但是其父母、妻子、子女等亲属是家庭农场所在地的自然人。也有部分农场主出于外出务工、求学、工作等原因，户籍已转为城镇户口，但是他们出生于当地。

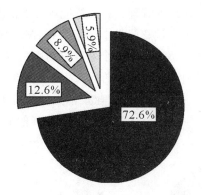

图2-1　家庭农场主的户籍结构

农场主户籍所在地
- ■ 本村
- ■ 村外镇内
- ■ 镇外县内
- □ 县外省内

72.6%
12.6%
8.9%
5.9%

2.1.2.3　家庭农场农场主具有"两高一低"的基本特征

在老龄化和空心化的双重影响下，目前留守农村的农民年龄大、受教育水平低、思想保守等特征十分突出，在很大程度上构成由传统农业向现代农业转型的重要障碍。此外，调查发现，家庭农场的农场主具有"两高一低"的特征，即家庭农场主的文化水平较高、经营管理及农业技能等综合素质较高、平均年龄较低。

从文化程度来看，在135个被调查的家庭农场中，农场主平均受教育年限为11年，基本达到高中以上教育水平（见图2-2）。如图2-2所示，受教育年限为13年以上的农场主有24个，占被调查家庭农场总数的17.8%；受教育年限为10~12年的农场主有44个，占被调查家庭农场总数的32.6%；受教育年限为7~9年的农场主有57个，占被调查家庭农场总数的42.2%；受教育年限为6年以下的农场主有10个，占被调查家庭农场总数的7.4%。

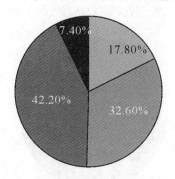

7.40%
17.80%
32.60%
42.20%

■13年以上 ■10~12年 ■7~9年 ■6年以下

图2-2　家庭农场主受教育年限结构

从工作经历来看，家庭农场主在经营管理、农业技能等方面的素质较高（见图 2-3）。如图 2-3 所示，通过分析调查问卷中"您是否有政府机关、企事业单位等机构的工作经历？"的答案发现，135 个家庭农场主中有政府机关工作经历的有 6 人，占 4.4%；有事业单位工作经历的有 9 人，占 6.7%；有企业工作经历的有 20 人，占 14.8%；担任过基层农业技术人员的有 13 人，占 9.6%；担任过乡村干部的有 26 人，占 19.3%；有个体经商等其他工作经历的有 15 人，占 11.1%。

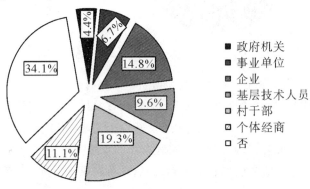

■ 政府机关
■ 事业单位
▨ 企业
▨ 基层技术人员
▨ 村干部
□ 个体经商
□ 否

图 2-3　家庭农场主工作经历结构

从年龄结构来看，在被调查的 135 个家庭农场中，农场主的最小年龄为 23 岁，最大年龄为 69 岁，平均年龄为 44.5 岁。如图 2-4 所示，30 岁及以下的农场主有 4 个，占被调查家庭农场总数的 3.0%；31~39 岁的农场主有 30 个，占被调查家庭农场总数的 22.2%；40~49 岁的农场主有 71 个，占被调查家庭农场总数的 52.6%；50~59 岁的农场主有 24 个，占被调查家庭农场总数的 17.8%；60 岁及以上的农场主有 6 个，占被调查家庭农场总数的 4.4%。

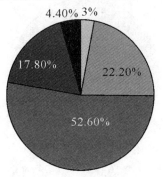

□≤30岁 ▨31~39岁 ▨40~49岁 ▨50~59岁 ■ ≥60岁

图 2-4　家庭农场主年龄结构

2.1.2.4　家庭农场主要以直接租赁农户土地的方式进行土地流转

大量已有调查表明，虽然当前农村土地流转形式多样，但占主体的仍然是以下两种方式：一是农户与农户之间自发形成的非市场化的无偿流转；二是以村两委等为中介，通过土地租赁、入股、转让等方式进行土地流转。然而，我们的调查发现，农户与农户之间市场化的土地租赁是家庭农场最主要的土地流转方式。如图2-5所示，在135个家庭农场中，72.9%的家庭农场是以直接租赁农户土地的方式进行土地流转的；20.0%的家庭农场是以向村社集体或小组反租倒包的方式进行的土地流转；7.1%的家庭农场是以农户或村集体入股的方式进行的土地流转。此外，家庭农场土地流转的期限较长，平均年限为17年，均到土地第二轮承包期结束为止。

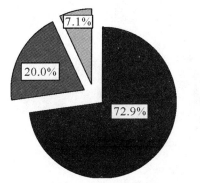

图2-5　家庭农场土地流转方式

2.1.2.5　家庭农场的土地并未全部集中连片

与农业公司普遍追求土地大规模集中连片不同，家庭农场所经营的土地并未全部集中连片，呈现的是一种小规模集中的片状经营状态。调查显示，在涉及种植业的92个家庭农场中，有40个家庭农场流转的耕地并没有全部集中连片，占比为43.5%，这些家庭农场主要是以分片方式经营土地的，其所经营耕地的平均片数为6片。总体上来看，家庭农场普遍以小集中的灵活方式来实现适度规模经营目标，以此降低土地流转成本，获取一定的规模效益。

2.1.2.6　家庭农场平均资产水平较高，并且固定资产占比较大

调查发现，家庭农场的平均资产水平较高，135个家庭农场平均总资产达到184.2万元。此外，由于农业固定资产投资大，回收慢，在比较利益的导向下，近年来传统农户逐渐减少对农业生产性固定资产等长期投资，将更多资金投向农房、婚嫁等非生产性领域。在家庭农场固定资产投资方面，135个家庭农场中平均每个家庭农场累计完成农业固定资产投资107.7万元，占现有总资

产的比重达58.5%。

2.1.2.7　家庭农场的生产性基础设施建设以自身投入为主

调查发现，与传统农户、农业公司等主要依赖政府投入或补贴不同，家庭农场的生产经营主要依靠自身投入。如图2-6所示，在92个从事种植业经营的家庭农场中，有62个家庭农场表示投资修建过灌溉设施，占67.4%。家庭农场自身投资额占灌溉设施修建总额的比例为81.9%。同时，在92个从事种植业经营的家庭农场中，有50个家庭农场表示投资修建过田间生产道路，占54.3%。家庭农场自身投资额占田间生产道路修建总额的比例高达86.6%。由此可见，家庭农场的生产性基础设施建设是以自身投入为主完成的，家庭农场正逐步成为农业生产性投入的主体力量。

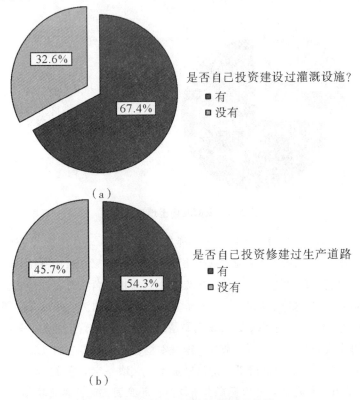

（a）

是否自己投资建设过灌溉设施？
■ 有
■ 没有

是否自己投资修建过生产道路
■ 有
■ 没有

（b）

图2-6　家庭农场投资修建基础设施情况

2.1.2.8　家庭农场的生产经营主要靠借入资金支撑，亲友借贷仍是家庭农场融资的主要渠道

调查显示，在135个被调查家庭农场中，67.4%的被调查家庭农场主要通过借入资金来满足农业再生产的资金需求，这表明对于大多数家庭农场来说，

自积累能力依然较弱，借入资金对于维持其基本生产经营具有重要的支撑作用。此外，虽然农业投资来源多样，但亲友借贷仍是家庭农场满足融资需求的首选。如图 2-7 所示，在回答"农业投资的资金需求主要通过什么渠道解决"时，选择亲友借贷的家庭农场数量最多，比重为 43.0%。此外，选择农村信用社、农业银行等金融机构贷款的占 22.2%。

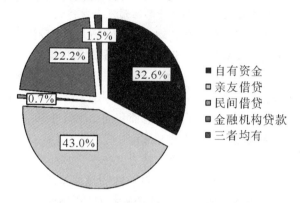

图 2-7　家庭农场资金需求的实现途径

2.1.2.9　家庭农场以家庭成员为主要劳动力，辅之以少量常年雇工和季节性雇工

调查发现，家庭农场以家庭成员为主要劳动力。在 135 个家庭农场中，49.6% 的家庭农场表示并不需要长期雇工，主要依靠家庭劳动力满足用工需求，平均每个家庭农场有 3 个家庭成员常年参与农场的生产经营管理。但是，家庭农场除了以家庭成员为主要劳动力外，仍然有一定的雇工需求。调查显示，在 135 个家庭农场中，70.4% 的家庭农场表示农忙时需要临时雇工，50.4% 家庭农场表示需要长期雇工。笔者通过进一步的相关分析发现，被调查家庭农场的雇工人数与家庭农场的经营内容、农机作业面积等直接相关。果蔬、花卉苗木、牛、羊以及水产等经营种类的家庭农场中有 70% 以上需要雇工，而从事粮油作物生产的家庭农场由于农机作业面积比例高，需要雇工的数量较少。在 26 个从事粮油生产的家庭农场中，仅有 8 个家庭农场表示需要雇工，所占比重为 30.8%。

2.1.2.10　家庭农场的农业现代化水平显著提升

近年来，农业的兼业化和副业化呈增长趋势，与不断加大的政府政策支持相比，总体上传统农户发展农业的内生动力明显不足，二者反向变化形成的巨大反差，严重影响了现代农业建设的进程与效果。但调查发现，相对于传统农户，家庭农场的农业现代化水平有了大幅提升。家庭农场作为以农业收入为主要来源的规模经营主体，在激烈的市场竞争下，为获取更多的经济收益，有采用新技术提高农业生产效率的强烈意愿和内在动力。在 135 个家庭农场中，设施农业面积占经营总面积比例为 13.6%，大大高于四川省的平均水平①。此外，由于自身生产性投资大量增加，家庭农场在农资配送、良种推广、疫病防控、机耕机收、品牌打造、现代营销等方面，都在原有基础上实现了突破性的长足进步。

2.1.2.11 家庭农场比较注重农产品品质及品牌建设

调查发现，因为市场竞争形势严峻，家庭农场大都比较注重农产品品质及品牌建设，并已开始逐步建立标准化的农产品质量管理体系。在 135 个家庭农场中，目前已有 25 个家庭农场创建了农产品的品牌商标，占 18.5%；有 21 个家庭农场获得无公害等相关农产品质量认证，占 15.6%。92 个种植业家庭农场中实施标准化生产管理的面积占经营总面积的比例超过 30.4%。

2.1.2.12 家庭农场获得的政策支持相对有限

总体上来看，政府对农业的政策支持力度在不断加大，但主要偏向于农业公司或小农户普惠式分享，政策瞄准机制存在明显偏差，政策绩效总体较低。调查显示，在 135 个家庭农场中，有 55 个家庭农场完全没有享受过任何农业补贴和其他政府政策扶持，其比例为 40.7%。有高达 71.9% 的家庭农场对现有扶持政策满意度较低，家庭农场对政府扶持政策的评价见图 2-8。如图 2-8 所示，认为政策"扶持力度太小"的占 25.8%；认为政策"扶持涉及范围太窄"的占 23.7%；认为政策"扶持条件要求高"的占 17.5%；认为政策"扶持针对性不强"的占 9.3%。

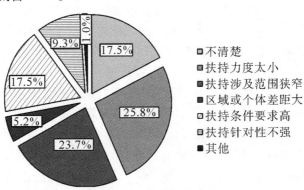

图 2-8　家庭农场对政府扶持政策的评价

此外，通过对不同经营类型家庭农场的政府补贴、农业保险获取情况进行

---

① 四川省农机局发布的《四川省设施农业发展情况调研报告》显示，四川省目前共有各型设施农业 254.5 万个，设施面积 50.55 万亩，按此计算，全省设施农业面积占比还不足 1%。

分析发现，从事粮油作物生产、生猪养殖生产经营的家庭农场获有政府补贴、农业保险等政府扶持的家庭农场数量较多。从事蔬菜、水果和花卉等经济作物生产的家庭农场，获得政府补贴和保险扶持的比重则明显偏低。

2.1.2.13 家庭农场发展中组织化程度不高

农业组织化是与分散化相对应的，其主要包括两个方面：一是农业生产经营者之间的横向联合和合作；二是农业产业链各环节不同参与者之间的纵向合作。调查发现，家庭农场之间、家庭农场和其他农业生产经营主体或服务主体之间尚未形成有效的产权或利益联结方式，组织化程度不高。从横向来看，家庭农场仍以孤立的自主经营为主，家庭农场与家庭农场之间呈分散经营状态；从纵向来看，家庭农场与合作社、农业公司等其他经营主体的互助合作、股份合作等较少。在135个被调查家庭农场中，77.0%的家庭农场目前仍是封闭式的自主经营，仅有15个被调查家庭农场表示与合作社或农业公司存在不同方式的合作，所占比例为11.1%。另有16个家庭农场目前是与亲友等其他个人合伙经营，占11.9%。

2.1.2.14 家庭农场尚未建立起稳定完善的农资供应和农产品销售网络

调查显示，由于家庭农场总体上刚刚起步，规模较小，实力较弱，基本上仍处于产业链的边缘，与农资供应商、农产品经销商等仍呈线性的单链关系，缺乏对等谈判的基本能力，尚未建立起稳定完善的农资供应和农产品销售网络。

在农资和饲料供应方面，如图2-9所示，在135个家庭农场中，只有40.9%的家庭农场通过与农业公司签订订单和合作社统购的方式建立了相对稳定的供应渠道。57.9%的家庭农场主要是通过市场购买或者是自产的方式获取所需农资及饲料产品。

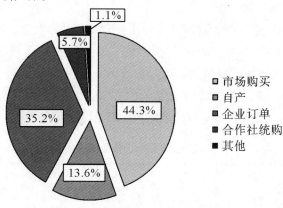

图2-9 家庭农场农资和饲料主要获得方式

在农产品销售方面，如图 2-10 所示，在 135 个家庭农场中，76 个家庭农场仍以传统的农村经纪人收购和农贸市场销售为主要销售渠道，占被调查家庭农场总数的 56.3%；通过农业公司订单销售的有 29 个，占被调查家庭农场总数的 21.5%；通过合作社统一销售的有 15 个，占被调查家庭农场总数的 11.1%；超市直销的有 8 个，占被调查家庭农场总数的 5.9%。

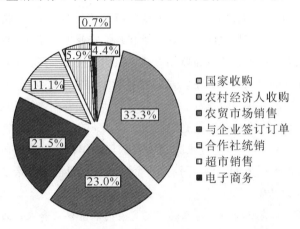

图 2-10　家庭农场农产品主要销售渠道

图例：
- 国家收购
- 农村经济人收购
- 农贸市场销售
- 与企业签订订单
- 合作社统销
- 超市销售
- 电子商务

2.1.2.15　生产性基础设施、资金和农业保险是家庭农场面临的主要难题

调查发现，生产性基础设施、资金和农业保险是家庭农场生产经营面临的三大主要难题。由表 2-2 可知，在回答"家庭农场生产经营最需解决的问题"时，在 135 个家庭农场中，选择"道路、灌溉、仓储等基础设施"的有 31 个，比例最高，占 23%；选择"资金支持"的次之，有 28 个，占 20.7%；选择"农业保险等市场风险防范"的居第三，有 17 个，占 12.6%；选择"农机设备"的有 13 个，占 9.6%；选择"土地流转"及"种养及管护技术"的各有 10 个，均占 7.4%；选择"产品宣传销售"的被调查家庭农场有 9 个，占 6.7%；选择"病虫害、疫病的防治"的有 8 个，占 5.9%；选择"劳动力"的有 5 个，占 3.7%。尽管家庭农场面临的障碍是多种多样的，但就总体而言，生产性基础设施、资金和农业保险的制约作用无疑是最为严重和普遍的因素。

表 2-2　家庭农场生产经营中需要解决的主要问题

指标	频数/个	百分比/%
不清楚	4	3.0
土地流转	10	7.4

表2-2(续)

指标	频数/个	百分比/%
道路、灌溉、仓储等基础设施	31	23.0
农机设备	13	9.6
病虫害、疫病的防治	8	5.9
劳动力	5	3.7
资金	28	20.7
种养及管护技术	10	7.4
产品宣传销售	9	6.7
农业保险等市场风险防范	17	12.6
总数	135	100.0

2.2 四川省家庭农场高质量发展的基本现状

通过对当前四川省家庭农场发展现状进行较为深入的实证分析，可以对其生产经营特征及发展趋势有更为清醒的认识和把握，以此为分析基础，著者对四川省家庭农场的现实发展形成以下基本判断：

2.2.1 家庭农场具有更强的发展现代农业的主动性和独立性

近年来，传统农户逐渐减少农业投入，主要依靠非农业收入和政府补贴维持生存的态势仍在持续，内生动力不足构成当前中国农业发展的最大障碍。相比之下，家庭农场以农业收入为主要收入来源，其生产经营以自身投入为主，投资量大，借贷比例高，稍有经营不善就会导致债务剧增乃至破产。因此，家庭农场在切身利益的强烈驱动下，必须通过生产性基础设施建设和维护、农机运用、设施农业建设及品牌建设等方式，在提高农业生产效率的同时保障农产品质量安全，以满足市场需求，提升市场竞争能力，增加自身经济效益。所以，家庭农场具有发展现代农业的内生主动性。

虽然农业公司同样具有生产经营的规模化、商品化、市场化的本质属性，具有发展现代农业的基础条件和内生动力，但大量现实表明，农业公司由于经营成本居高不下，自身造血功能严重不足，或者大起大落，持续性和稳定性较差，或者靠高补贴支撑运转，表现出对政府扶持的高依赖性。但是，调查发现，家庭农场在现代农业发展过程中表现出与市场化过程更为吻合的经济独立性。在政府扶持力度和范围有限的情况下，家庭农场主要通过合理的规模控制维持自身经营良性运转，并保有较高比例的农业生产性基础设施的自身投入，其摆脱了对政府过度依赖的"补贴农业"的发展陷阱，具有相对更强的发展现代农业的持续性和稳定性。

2.2.2　家庭农场的生产选择为稳固农业基础和确保粮食安全提供了重要支撑

当前农业公司大规模流转土地表现出明显的非农化、非粮化倾向。然而，家庭农场以种养业为主，并且在粮油作物、生猪等传统农业领域保有较高比例。调查显示，90.4%的家庭农场专门从事与种养业相关的农业生产经营活动，并且其中有19.3%的家庭农场从事粮油作物生产，40.7%的家庭农场从事生猪规模化养殖，因此，在当前中国粮食安全面临小农户粗放化和工商资本非粮化双重挤压的严峻形势之下，家庭农场主的生产选择无疑为稳固农业基础和确保粮食安全提供了重要支撑。

进一步分析，导致家庭农场具有从事粮油作物、生猪等种养业生产偏好的原因主要来自以下三个方面。

2.2.2.1　家庭农场主的中立性风险偏好

与传统农户的风险逃避和龙头企业的风险追求不同，家庭农场主拥有一定的风险意识和风险承受能力，具有风险的中立性。在产业决策时，家庭农场主既不回避风险也不过分追求风险，往往会将农产品预计的既定收益与自身风险的承受能力进行权衡，在同样具有经济收益的情况下偏向选择风险较小的农业经营类型，不会为了获取更高的经济收益承担过大风险。因此，家庭农场在经营上表现出更偏向于种养业等风险较低的产业选择，以及土地适度规模化的发展理性。

2.2.2.2　政府定向补贴政策的激励作用

通过对不同经营类型家庭农场获得的政府补贴和农业保险进行比较分析发现，从事粮油、生猪生产经营的家庭农场得到的政府补贴、农业保险等政策扶持的数量最多，覆盖范围最广，政府基于粮食安全的定向补贴政策在一定程度上降低了家庭农场的生产经营风险，调动了家庭农场从事粮油作物生产、生猪养殖获得稳定收益的积极性。

2.2.2.3　粮油生产过程的机械化应用

粮油作物家庭农场与经济作物家庭农场比较，其显著特征是农机作业面更大、雇工数量更少。因此，在人工成本大幅上升的背景下，粮油作物生产过程更适宜农业机械运用的比较优势，这一特征有效降低了用工成本对农业有限利润的挤压，构成了家庭农场发展种粮油作物生产的重要激励。

2.2.3　家庭农场的经济效益主要得益于土地适度规模发展

在比较效益仍然较差和外部政策支持相对有限的情况下，家庭农场在初始发展阶段能够获得一定经济效益并保持良好发展态势，其原因主要在于家庭农场有效地避免了盲目集中土地和规模过大带来的规模不经济，具有土地适度规模化的发展理性。

一方面，家庭农场十分注重土地的流转成本与产出效益的平衡，在整体保证一定经营规模的情况下，家庭农场主会为了节约成本选择部分较偏远或等级较次的土地而放弃土地整体上的集中连片。与农业公司过度依赖政府推动的土地大规模集中连片的偏向相比，家庭农场并不盲目追求土地集中连片的土地流转行为无疑更具经济理性。

另一方面，家庭农场尽可能地将农业经营规模控制在家庭经营能力范围之内，以家庭成员为主要劳动力，辅以少量的长期雇工和季节性雇工，使得农业生产的人工成本最大限度地得到压缩和降低，保障农业经营收益最大化。因此，虽然农业经营方式转变的一个重要方向是实现农业的规模经营，但超越生产能力限制的过度规模偏好并不一定能够保证农业现代化水平持续稳定的提升。土地规模经营并不简单等同于土地集中连片，在地理条件、灌溉设施和机械化水平受限的条件下，为追求土地规模经营而盲目推进土地大规模集中连片，只会人为抬高土地流转价格，挤压农业利润空间，使农业有规模而无效益，进而沦为徒有现代化外表的形象工程。

2.2.4　特有的地缘关系对家庭农场生产经营的稳定性产生重要影响

在同等条件下，家庭农场不仅和农业公司等其他经营主体一样，与土地之间存在着明确的契约等经济联系，而且农场主与所在地独有的密切地缘关系使得家庭农场保有传统农户与土地之间的情感联系，形成以契约、产权等现代制度的"普遍信任"为基础，以亲缘、地缘关系的"个人信用"为纽带的双重约束，大大增加了家庭农场随意割裂与土地联系的机会成本，使其与土地之间形成一种更稳定、更紧密的土地联系。因此，家庭农场本土性特征更明显，发展的稳定性更强。

在城市发展要素进入农业和农村发展仍然面临诸多限制的背景下，地缘、亲缘关系等非正规制度在表现出对家庭农场生产经营较强稳定性支持的同时，还以特殊方式实现了对具有地缘关联的"城里人"的有效接纳。对135户家庭农场的调查显示，已有超过20%的家庭农场主是来自城市的"新农人"，他们虽然没有当地户籍，但大都与当地农村社区具一定的地缘或亲缘联系。因此，与农业公司更多依赖政府不同，这部分主要依托地缘和亲缘关系发展起来的外来家庭农场对当地农村社区表现出更强的依赖性。这一事实表明，当前家庭农场的发展不仅已经实质性地实现了城乡要素的对流和耦合，而且更有意义的是这一过程同样表现出鲜明的更本土化和更稳定的发展特征。

2.2.5 家庭农场主的基本特征有效逆转了农业劳动力弱质化、老龄化的态势

一般认为，随着农村劳动力转移，农业劳动力弱质化、老龄化将是不可逆的长期趋势，农业劳动力老龄化已构成农业技术进步和现代农业发展的重要阻碍，是农业生产经营面临的重大挑战，应当引起高度重视。但是，因家庭农场发展引发的部分高素质农村劳动力的稳定性回流和日渐增长的由城到乡的"新农人"的持续进入，正在令人鼓舞地有效逆转农业劳动力弱质化和老龄化态势。调查结果证实，家庭农场主总体上十分突出地表现出了文化水平较高、经营管理及农业技术等综合素质较高、平均年龄较低的"两高一低"的基本特征。这一重大趋势性变化深刻说明，农业劳动力弱质化、老龄化并非是不可逆的，在城乡发展要素日渐开放式配置的前提之下，农业劳动力完全有条件实现由弱变强的积极变化，日益加重的老龄化矛盾也能够得到有效缓解。因此在很大程度上，家庭农场的发展不仅创新了更稳定的适度规模的实现路径，而且为新型职业农民的实质性成长提供了重要载体，使突破"谁来种地"的严峻局面真正看到了希望。

2.2.6 家庭农场已经成为撬动农村内部资金的有效载体

长期以来，由于农业比较效益低下，我国农村资金大规模持续外流，农民的自立能力不断弱化，内生性发展力量严重不足。然而，家庭农场的产生和发展有效吸引了部分外出务工的青壮年劳动力返回家乡从事新的农业创业，不仅直接促进了资金回流，而且有效聚集了农村内部的闲散资金。对135户家庭农场的调查结果显示，有近2/3的农场主具有外出务工和就业经历。随着这部分农场主从城市回到农村，从第二、第三产业转向农业生产，原来在城市内部消费的部分资金重新回流农村，农村资金开始从净流出向净流入转变。更重要的

是，在资金回流的牵动之下，家庭农场大都通过亲友借贷方式聚集闲散资金，大幅提升对农业生产和生产性固定资产的投入水平，因此，正是因为家庭农场能够通过适度规模创造有效投资需求，依靠独有的地缘和亲缘关系聚集闲散资金，从而成为撬动农村内部资金的有效载体。

2.2.7 家庭农场通过内部分工细化促进了农业就业体系重构

中国的基本国情及经济发展水平，决定了农村人口的减少绝不应该建立在农业衰落和农村萧条的基础之上，而是必须保持农业发展的持续稳定。尽管工业化和城镇化的加速必然伴随着农业产值及就业比重的双重下降，但农业的能动性基础地位不会削弱，其仍将是保障农民稳定就业的主要领域。国际经验表明，农业的稳定性发展以城市工商资本为支撑是困难的和不可靠的，而是必须建立在农民以农业为终生职业，以乡村社会网络为基本生存空间的群体基础之上。简言之，中国现代农业的发展绝不能建立在对农民的简单排挤之上，不能单纯走资本对农民的替代道路，仍需保持农民在农业就业中的主导地位。由此观之，家庭农场通过家庭内部劳动力的分工以及农业生产环节与农事活动的分化，形成以家庭劳动力为主，辅以少量的临时雇工和长期雇工的劳动力就业构架，不仅促进了农业就业的有效数量增长，而且更重要的是通过构建以家庭农场主为核心，农业工人、农资服务人员、农技服务人员、农机服务人员等为补充的多元化、多层次的职业农民队伍，实现了农业就业在更高层面上的体系重构，以稳定和可持续的家庭农场的蓬勃发展，逐步完成对传统小农的改造和替代。

2.3 四川省家庭农场高质量发展面临的问题障碍

调查表明，当前家庭农场发展势头良好、覆盖面不断扩大、带动性持续增强。但值得指出的是，家庭农场总体上仍处于发展的初始阶段，在缺乏完善配套的政策支持的条件下，其发展过程表现出明显的自发性特征，仍然面临一系列需要高度重视的问题和障碍。

2.3.1 过高的土地流转费用给家庭农场经营带来很大的成本压力

随着工商资本下乡和政府规模偏好以及农户土地财产性意识的苏醒，近年来土地租金不断上涨，土地租金成为家庭农场生产经营的主要成本。从对种植业家庭农场的调查来看,土地租金占经营总成本的比重高达53.7%。如果加上土地平整费用等,那么家庭农场的用地成本将进一步上升,家庭农场因此普遍面临着较大的土地租金压力。

2.3.2 生产性基础设施建设滞后,严重限制了家庭农场的发展

虽然家庭农场在生产性基础建设方面表现出一定的自主性,但是限于自身能力,其基本不具备完全解决基础设施建设的能力。调查中,绝大多数家庭农场明确表示道路、灌溉、仓储等基础设施建设是当前家庭农场发展面临的首要问题,而且解决这些问题仅仅依靠自身的力量是不现实的,必须得到政府的有力支持。随着家庭农场经营规模的不断扩大,传统的房前屋后以及公路两边的晾晒场地已经完全不能满足其需求,家庭农场面临着晾晒场地、仓库用地等设施农用地的用地难题。

2.3.3 家庭农场获取基本金融服务的能力并没有得到实质性提高

在资金需求方面,由于生产经营规模的扩大,家庭农场普遍表现出对金融借贷的强烈需求,但是家庭农场获取基本金融服务的能力并没有任何实质性提高,83%的家庭农场表示希望从金融机构获取贷款,但是仅有28.1%的家庭农场表示能比较容易地从金融机构获得贷款支持。调查显示,其主要原因是金融机构贷款业务以担保贷款为主,并需要以城市住房、商铺等不动产及存单进行质押,条件严格,门槛过高,而家庭农场普遍拥有的农村房屋、土地经营权、农用设施等资产抵押仍受法律和制度限制,据统计,有71.9%的家庭农场表示因缺乏抵押物、找不到担保人等原因被排挤在获取正规金融服务的大门之外。同时,现存的小额信贷等短期性金融服务能够提供的贷款额太小,总体上难以满足家庭农场基本融资需求。调查表明,超过45%的家庭农场的资金需求仍然是依靠民间借贷解决的,相对较高的融资成本制约了家庭农场发展能力的提升。

2.3.4 当前的农业保险政策并不能有效满足家庭农场新的现实需求

政府是当前农业保险政策运行的主体,由于单一的农业政策性保险扶持力度和扶持范围有限,与家庭农场农业经营规模及生产多元化现实不匹配,农业保险并不能真正发挥保险的功效。据统计,有高达75.6%的家庭农场没有获得农业保险,仅24.4%的家庭农场享有农业保险,且主要集中在粮油作物种植、生猪养殖等领域,家庭农场更大规模经营的蔬菜、水果、牛羊等农畜产品却不

能被覆盖。此外，调查中农场主普遍反映受灾后赔付难度大、赔付比例低，连生产成本都很难得到保障，达不到保险的目的。

2.3.5 社会化服务体系缺失使得家庭农场发展能力有限

现阶段，家庭农场虽然拥有一定的土地适度规模，但这种规模并没有大到能够将其所需的各种社会服务内部化的程度，社会化服务体系的缺失使得家庭农场发展扩张能力十分有限。调查发现，84.6%的家庭农场仍以孤立的自我经营为主，并没有加入合作社或者与公司企业联合经营。这种家庭农场之间的分散状态，导致其依靠自身力量进行品牌塑造、质量认证等手段开拓市场的成本居高不下，市场参与度较低。有51.9%的家庭农场明确表示因为经营规模有限，商标创建和维护的成本太高而没有进行商标注册，41.3%的家庭农场同样因申请成本问题而放弃进行产品质量认证。另外，由于政策相对失衡，相对于生产环节而言，政府对产前、产后的农资供应商、生产性服务商、农产品批发商等社会化服务体系的构建政策支持明显不足，从而构成家庭农场发展中的最大约束之一，直接限制了家庭农场的发展速度和发展水平。

2.4 四川省家庭农场健康发展迫切需要的政策创新

当前家庭农场的发展正处于十分重要的时期。一方面，家庭农场是新型经营体系中最重要的主体，发展的内在需求强烈，坚持家庭经营基础地位的同时实现适度规模经营是家庭农场发展的最优选择。另一方面，家庭农场发展面临的制约十分明显，发展过程中仍然存在一系列突出困难，亟待更大力度的政策创新，实施更直接和更具针对性的支持措施。

2.4.1 主要结论

基于上述实证性分析和判断，著者对当前中国家庭农场发展可以得出如下重要结论：

（1）在当前小农经济全面衰落和农业公司面临较大局限的背景之下，家庭农场以其特有的本土性和稳定性更强、更具规模理性的比较优势，正在成长为我国农业转型中最具活力的新型经营主体，家庭农场发展的内在需求强烈，坚持家庭经营基础地位的同时实现适度规模经营是家庭农场发展的最优选择之一。

（2）由于"非农化"和"非粮化"的冲击不断加剧，原有普惠式扶持小农或严重偏向农业公司的政策取向，已经不可避免地表现出政策效率急剧衰减的态势。大幅度校正政策支持目标，突出重点，精准发力，有效激发家庭农场的生产偏好，对保障我国农产品特别是粮食供给安全具有战略性的重大现实意义。

（3）将家庭农场发展局限于户籍农民的政策选择是极其短视的，现实中家庭农场已经突破农村内部的封闭式发展方式。从趋势上看，家庭农场的开放性特征必将进一步增强，越来越多的城市居民有条件地进入农村投资经营农业，成为农业发展新的人力资源来源，这无疑是中国农业未来发展中一个极具积极意义的重大变化。

（4）当前家庭农场一方面发展全面提速，增长势头良好。另一方面，家庭农场发展面临的制约十分明显，发展过程中仍然存在一系列突出困难，其中土地流转成本过高、基础性生产条件改善和生产性用地需求难以满足、金融保险支持严重不足，应当是当前家庭农场发展中最需突破的瓶颈性制约。比较而言，具体瞄准家庭农场的支持政策仍然极其缺乏，政府必须有更大力度的政策创新，对家庭农场实施更直接和更具针对性的政策支持。

（5）当前家庭农场总体上仍然处于初始阶段，不仅依靠自我积累方式进行发展扩张的能力还较为有限，而且更重要的是其发展不可或缺的外部社会化服务系统严重缺失，产前、产中、产后生产性服务业的发展不足，构成了家庭农场进一步提升发展水平的重要制约，在这一薄弱领域必须尽快实现重大突破。

（6）尽管当前小农户的不适应性日益暴露，中国现代农业必须选择适度规模的发展道路，但这一过程不应该也不可能以家庭经营和农民的消亡为代价，以更有效率的家庭农场及多元合作方式逐渐替代趋于衰落的小农户，将是一个长期的发展态势。但同时需要强调，中国现代农业的未来发展必然是混合化和开放性的，家庭农场是新型经营体系中的重要主体但不是唯一主体，其与合作社、农业公司等不应当是简单的竞争性对立关系，而应当选择互补性的和合作性的发展模式，实现有机对接，融合发展，相互促进。

2.4.2 政策建议

从总体上看，下述五方面的政策突破至关重要。

2.4.2.1 以土地流转体系化为重点稳定家庭农场土地经营

一是全面启动农村土地承包经营权确权登记颁证，建立产权交易平台，促进承包土地依法有序向家庭农场等规模经营主体规范流转，保障家庭农场土地经营权的基本稳定。二是加强土地流转价格指导，探索建立土地流转价格自然增长机制，出台不同区域流转土地从事家庭农场的租金指导价格。三是在安排年度新增建设用地计划时，对家庭农场所需的粮食晾晒、大中型农业机械停放场（库、棚）等项目所需设施农用地的用地指标适当放宽。

2.4.2.2　以生产性基础设施建设为核心改善家庭农场生产条件

一是整合各部门涉农资金，依靠土地整理、高标准农田建设、现代农业产业基地建设等各项农业建设项目的推动，加大对田间道路、灌溉沟渠等基础设施建设，为家庭农场经营提供良好的生产基础。二是加大对家庭农场建设生产性基础设施的政策扶持力度，并将家庭农场所建的沟渠、圈舍等生产基础设施的补贴方式由"先建后补"调整为"边建边补"。

2.4.2.3　以抵押方式多样化为突破口解决家庭农场融资瓶颈

一是建立和完善专业的农村产权交易所，从根本上消除土地经营权抵押贷款的法律障碍，保障土地经营权抵押担保功能的完全实现。二是积极探索建立存栏牲畜、家禽、苗木等农作物土地预期收益权抵押办法，突破家庭农场融资无抵押物的困境，拓宽家庭农场融资渠道。三是加强农村金融机构对家庭农场的信贷支持，支持家庭农场以应收账款、仓单、专利权、注册商标专用权等办理权利质押贷款。四是逐步开展家庭农场信用等级评定，对信用等级高的家庭农场给予一定的授信额度，及时满足其有效信贷资金需求。

2.4.2.4　以农业保险多元化为指向提高家庭农场风险抵御能力

应尽快探索建立以政策性保险为基础的多渠道、多主体经营的家庭农场专项农业保险制度。一是根据家庭农场生产经营特性，开发新型农业险种，优化政策性保险品种结构，逐步实现稻麦油等大宗农产品保险全覆盖，扩大特色农业保险的覆盖面，使更多的家庭农场能够享受到农业保险的保障。二是提供多种档次的风险保障，对不同档次实行差别化的补贴标准，由家庭农场根据缴费和补贴标准以及自身风险防范的需要自由选择参保档次，给予家庭农场自主选择权，多买多补，充分发挥财政对保费补贴的杠杆作用。三是调整农业风险保障水平，逐步实现由保成本向保收入转变，提高家庭农场农业保险的损失补偿水平。

2.4.2.5　以社会化服务体系建设为抓手强化家庭农场服务支撑

一方面应强化政策支持力度，培育农业生产性服务业加快发展，弥补这方面的薄弱环节，为家庭农场提供良种、农机、植保，以及农产品加工、储运、销售等一体化服务。另一方面要采取政府订购、定向委托、奖励补助、招投标等方式，创新公益性服务模式，大力开展农技推广、抗旱排涝、统防统治、产品营销、农资配送、信息提供等各项公益性生产服务，更有效地满足家庭农场对社会化服务的多样化需求。此外，还必须积极引导和扶持家庭农场，组建农业合作社，以"集体行动"方式降低经营成本，为家庭农场提供产前、产中、产后服务，使其成为家庭农场连接市场的重要纽带。

3 职业农民与乡村振兴

　　农村经济社会发展，说到底，关键在人。要通过富裕农民、提高农民、扶持农民，让农业经营有效益，让农业成为有奔头的产业，让农民成为体面的职业。培育新型职业农民，是现代化发展的必然要求。为培养造就一支有文化、懂技术、会经营的新型农民队伍，切实解决谁来种地的时代课题，确保国家粮食安全和重要农产品供给，从 2018 年开始，经四川省委深改委农业和农村体制改革专项小组同意，在全省选择部分县（市、区）率先开展职业农民试点。2020 年，根据形势变化和新要求，四川省在总结前期试点经验基础上，聚焦家庭农场和农民专业合作社带头人两个主要群体，围绕构建职业农民的资格认定、教育培训、生产扶持、风险防控、社会保障、退休养老制度体系，主要从乡村振兴先进县中选择了 15 个县（市、区），启动深化家庭农场和农民专业合作社带头人职业化试点。其重要意义主要体现在：

　　第一，在制度层面上探索了职业农民系统性培育体系构建模式。四川省在全国层面率先创造性地探索了职业农民制度试点，围绕破解农业发展的关键难题，聚焦家庭农场和农民专业合作社带头人两个主要群体，构建职业农民的资格认定、教育培训、生产扶持、风险防控、社会保障、退休养老制度等培育体系。四川省在制度层面上探索了职业农民系统性培育体系构建模式，拉开了"农民"从身份到职业转变的序幕，该项制度具有十分重要的意义。此举在职业农民系统性培育的新阶段探路前行的同时，也为全国其他省份积累了更多可复制、可推广的经验。

　　第二，在政策层面上建立了职业农民准入标准和社保退休机制。职业农民资格的认定，既是对有文化、懂技术、会经营的新型职业农民能力的认可，也是"农民"从身份到职业转化的开端。通过建立职业农民准入标准，有利于强化对新型职业农民培育目标的制定、培育措施的选择以及培育效果的达成。而社保退休机制的建立，有力地支持了新型职业农民参加城镇职工养老保险。一方面，此举在短期内为农民快速地树立了职业形象；另一方面，此举有效解决了新型职业农民长远发展的后顾之忧，也吸引了更多高素质人才投身农业的现代化建设。

第三，从利益机制的角度解决了未来"谁来种地"的根本性问题。新型职业农民与兼业农民的最大区别在于，农业收入是其主要收入，职业农民更加重视农业的产出和市场价值，注重资源的合理配置，具有更高的生产积极性。因此，出台有针对性的政策措施培养新型职业农民对于解决"谁来种地"的问题意义重大。特别地，让一些年轻的高素质农民留在农村发展现代农业，通过土地流转和财政金融支持加快培养新型职业农民，必将促进农业科技创新和农业生产经营体制机制创新，提高农业全要素生产率，实现农业现代化与新型城镇化协调发展。此举从根本上解决了如何保障粮食安全的时代课题。

3.1 四川省职业农民培育试点工作开展的基本情况

以蒲江县和邛崃市为代表的四川省职业农民培育试点工作得到了当地党委政府的高度重视，相关部门主动谋划部署，加强组织领导，紧抓家庭农场带头人职业化试点工作，从资格认证、教育培训、生产扶持、风险防控、社会保障和退休养老 6 个核心环节积极探索，建立制度体系，健全工作机制，完成人员遴选，落实政策扶持。

3.1.1 蒲江县试点工作开展的基本情况

3.1.1.1 制度建设

一是纵向建立了相对完善的职业农民遴选培育制度。目前，蒲江县形成了"新型职业农民→初级农业职业经理人→中级农业职业经理人→高级农业职业经理人"的培育路径，并配套完善了遴选、培训、考核、认证等一站式制度体系。二是横向整合建立了多维度的惠农政策体系。蒲江县综合统筹农机补贴、畜禽粪污资源化利用、"农贷通"、"政银担"等各项涉农政策，同等条件下优先扶持试点对象。三是建立了试点对象"1+N"帮扶制度。蒲江县将结对帮扶 3 家以上小农户发展绿色产业作为试点任务的"规定动作"，促使 100 名试点对象与全县 300 多家小农户结成帮扶对子，进一步提升了小农户与现代农业的有机衔接。

3.1.1.2 工作举措

一是聚焦主导产业遴选试点对象。蒲江县通过会议、书面通知、公众信息网、QQ群、微信群等渠道动员家庭农场主参加试点对象遴选，按照"自主申报、村镇初审、县级终审"的原则，聚焦晚熟柑橘、猕猴桃、茶叶三大主导产业完成了试点对象的遴选工作。二是围绕"绿色"和机械化进行生产性补贴。蒲江县积极扶持试点家庭农场主实施"两个替代"（有机肥替代化肥、绿色防控替代化学防治）提高机械化水平，扶持项目包括"两个替代"所需要的农业投入品或农业生产经营设施设备、基地信息化设施设备和先进适用农业装备。三是完善社保农保补贴和金融扶持政策。2020年，蒲江县试点对象中享受社保补贴的共计32人，享受农业保险补贴的共计5人，享受金融扶持的共计13人，三类人群共获得金融扶持金额1 292万元。四是搭建培训体系提升试点对象综合能力。蒲江县试点对象对于培训的需求较大且要求较高，蒲江县按照学用结合的原则，支持试点对象有针对性地参加各类培训。

3.1.1.3 资金使用

首先，2020年蒲江县投入深化职业农民制度试点资金共计310万元，全部用于针对100名试点对象的生产性补贴，平均每户资助金额3.1万元；试点对象实施"两个替代"示范项目88个，安装运用先进农业设施设备16万台（套）。其次，2020年蒲江县符合条件的试点对象享受社保补贴资金共计13.79万元，其中市级补贴资金8.28万元，县级补贴资金5.51万元，符合条件的试点对象平均享受农业保险补贴资金共计4 656.3元。最后，2020年蒲江县安排财政资金10余万元用于试点对象的培训工作。

3.1.1.4 试点成效

一是"两个替代"推进工作成效显著。2020年，蒲江县100名试点对象获评"两个替代"示范基地14个，获评"两个替代科技示范园"10名，带动建成"两个替代示范基地"2万多亩。例如，在政策支持下，蒲江县花田有机农场在灌溉、除草等方面已广泛使用小型农机，并建成了一百余亩的有机猕猴桃、柑橘种植基地。二是试点对象综合素质有效提升。根据实地调研情况，受访者整体表示相关政策和培训尤其是组织外出参观学习有效提升了自己的经营理念、技术水平和管理模式，坚定了其长期从事农业生产经营的信心和决心。2020年，蒲江县试点对象获评省级劳模1名、"四川省新型职业农民标兵"1人、"成都市优秀农业职业经理人"3人、"成都市十佳农业职业经理人"4人、"蒲江果匠"6人、高级农技师8人、省市级示范农场10家，试点对象家庭人均可支配收入近23万元，起到了很好的引领示范作用。

3.1.2 邛崃市试点工作开展的基本情况

3.1.2.1 制度建设

一是建立了"三位一体"试点建设制度。邛崃市通过汇集已有涉农政策、制定试点相关新政策，构建起了集认定管理、教育培训、政策扶持于一体的试点建设制度体系，全面覆盖了邛崃市职业农民培育、选拔、培训、认定、管理、考核、扶持等试点建设全流程所有环节。二是形成了"一带二"示范带动制度。邛崃市要求试点人员每人至少带动两户农户发展，由试点人员根据实情推荐被带动农户参与2021年试点建设。经验收，2020年，120个试点对象有效带动260余户发展。

3.1.2.2 工作举措

一是细化遴选标准，实施动态管理。邛崃市细化了人员遴选条件，并将新型职业农民按类型分为生产经营型、专业技能型、专业服务型，按等次分为初级、中级、高级，开展认定工作。建立了新型职业农民信息档案和数据库，按年度变化情况及时更新信息；同时，构建动态管理机制，每两年进行一次考核，据考核情况对新型职业农民做出维持或提升、降低等级的判断。二是聚焦农民需求打造"精准化"培训。邛崃市围绕主导产业发展及经营管理开设了专业课和精品课，并实行选修制+小班制+导师制，为学员提供菜单式学习。同时，根据农场主的实际需求和基本情况，为其推介相应的提升培训。三是整合现有项目形成政策合力。邛崃市对试点人员中以职业经理人个人身份参保的进行保费补贴，其中村干部、企业职工等不能享受补贴；对职业经理人购买政策性农业生产保险的，按其自交保费部分的20%进行补贴；对试点人员通过"农贷通"进行涉农贷款的，根据从事产业类别不同，给予对应比例贴息。

3.1.2.3 资金使用

2020年邛崃市共投入职业农民制度试点项目资金400万元。一是聚焦生产设施设备集中使用试点资金。针对130个试点人员购买或建设的总价值在6万元以上的农业生产经营设施设备，按照每人最高3万元的标准进行补助。预算资金390万元，由于有10人自愿放弃试点资格，最终享受补贴为120人，当前360万元的财政补贴已经全部到位。二是聚焦试点建设合理使用培训资金。预算资金为10万元，用于支付教育培训、创业发展辅导资料印刷等。受疫情影响，邛崃针对试点建设仅组织了1次项目培训会，3次产业专业培训会，130个试点人员全部参与，共花费近2万元。当前，38万余元差额已经全部转为财政结余资金。

3.1.2.4 试点成效

一是自我认同感显著增强。试点工作增强了农民的自我认同感，鼓励了一部分外出务工的农民返乡，带动了一批"80后、90后"高学历的年轻人回乡创业。邛崃市试点人员中"90后"占比达到11.70%，具有大专及以上学历的人员达到61.67%。二是现代化发展意识显著增强。试点建设使农民意识到技术对于农业生产的重要性，开始主动探索规模化、机械化的农业产业化发展道路。例如，带动了无人机等新型技术设备在农业生产环节的运用，进一步提升了邛崃市粮油产业的机械化水平。三是综合素质显著增强。经过系统的专业培训，试点人员生产技能水平得到提高。据走访，从事生猪养殖及水稻、柚子、猕猴桃等种植的被访谈试点人员，基本都表示培训所学的先进技术和最新成果能直接运用到实际生产中提高生产水平。四是发展带动效应显著增强。试点人员生产技术水平及先进农机设备应用能力的提升，有效带动了周围农户主动参与技术学习。同时，增收增产产生的示范效应，更是带动了其他农户主动加入，使得邛崃市新型农业经营主体、新型职业农民就业规模逐渐扩大。2020年试点至今，邛崃市新增新型职业经理人12人，另有260人愿意加入新型职业农民队伍。

3.2 四川省职业农民培育试点工作的调查问卷分析

本书从资格认证、教育培训、生产扶持、风险防控、社会保障和退休养老6个核心环节，对蒲江县和邛崃市反馈的有效调查问卷进行相关统计分析。

3.2.1 蒲江县职业农民培育试点的调查问卷分析

蒲江县纳入试点对象100人，其中5人因自主放弃项目实施未参与问卷填写，6人放弃问卷填写，3人填写问卷无效，最终收回86份有效问卷。

3.2.1.1 资格认定

蒲江县要求纳入职业农民试点的家庭农场主年龄在22~50周岁，具备高中或中专以上学历或同等文化程度或具有初级以上技术职称，拥有适度规模的家庭农场。如图3-1和图3-2所示，从年龄结构来看，35岁及以下的农场主占14%，36~40岁的占27.5%，41~50岁的占58.5%。从学历结构来看，有中专（高中）学历的农场主占46%，大专及以上学历的占54%。此外，从职称结构来看，71%的农场主有职业经理人认证，其中初级职称占10%，中级职称占 45%，高级职称占 16%，而高素质农民占 29%。

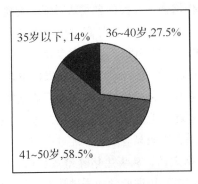
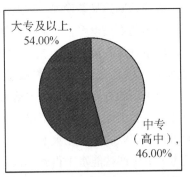

（a）年龄结构　　　　　　　（b）学历结构

图 3-1　蒲江县试点对象年龄与学历结构

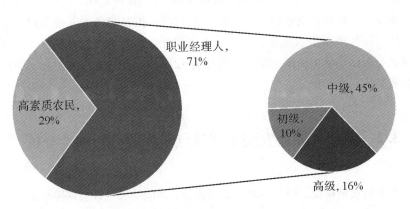

图 3-2　蒲江县试点对象职称结构

3.2.1.2　教育培训

在 86 份有效问卷中，每年都参加了培训的有 82 人。其中，参加普通技术培训 67 人次，参加职称或学历提升培训 28 人次。关于每年累计参加培训时长，46 人选择 7 天以内，24 人选择 7~15 天，12 人选择 15 天以上；对于所参加的培训方式，认同课堂授课培训方式的有 82 人次，认同田间实训培训方式的有 72 人次，认同考察学习培训方式的有 79 人次；此外，81 人认为培训效果良好，1 人认为培训效果一般，没有人认为浪费时间。

3.2.1.3　生产扶持

86 份有效问卷显示，近两年享受国家生产扶持政策方面，享受购买农业保险补贴 25 人次，享受生产设施、设备购置补贴有 69 人次，享受项目支持有 19 人次，享受贷款贴息有 8 人次，享受其他类型的生产扶持政策有 15 人次。

3.2.1.4 风险防控

86份有效问卷中，有49人购买过农业保险，占比57%。其中，购买过一般损失保险的有48人次，购买过价格指数保险的有7人次，购买其他种类保险的1人次，完全成本保险和收入保险暂时无人购买。同时，购买过农业保险的49人中，有26人表示享受过农业保险保费补贴，占比53.06%。其中，享受30%保费补贴的有13人，享受40%保费补贴的有1人，享受50%以上保费补贴的有12人。

3.2.1.5 社会保障

在86份有效问卷中，只有69人购买了养老保险，占总数的80.23%。如图3-3所示，购买城乡居民基本养老保险6人，购买城镇职工基本养老保险63人。购买养老保险的69人中，缴费标准在500元以下者7人，500～750元者26人，750～1 000元者12人，1 000元以上者24人。此外，购买养老保险的69人中，仅有40人享受保费补贴政策，其中享受缴纳金额40%以下补贴的6人，享受缴纳金额40%～50%补贴的8人，享受缴纳金额50%以上补贴的26人。

在86份有效问卷中，只有74人购买医疗保险，占总数的86.05%。如图3-3所示，购买城乡居民医疗保险的有34人，购买城镇职工医疗保险的有40人，另还有6人购买了商业医疗补充保险。此外，购买医疗保险的74人中，享受医保保费补贴政策者仅8人，其中享受缴纳金额20%以内补贴的有1人，享受缴纳金额20%～30%补贴的有3人，享受缴纳金额30%以上补贴的有4人。

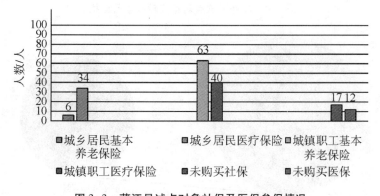

图3-3 蒲江县试点对象社保及医保参保情况

3.2.1.6 退休养老

86份有效问卷显示，现阶段已购买过养老保险或者医疗保险的被访者中，有 74 人表示在现有补贴情况下愿意继续购买养老保险和医疗保险，而有 5 人表示不愿意继续购买。若没有补助或降低补助标准，则有 74 人表示愿意继续购买养老保险和医疗保险，11 人表示不愿意，1 人不清楚。

3.2.2 邛崃市职业农民培育试点的调查问卷分析

邛崃市纳入试点对象 130 人，最终收回 130 份有效问卷。

3.2.2.1 资格认证

如图 3-4 所示，从年龄结构来看，邛崃市 35 岁及以下的农场主占 11.7%，36~40 岁的农场主占 50.8%，41~50 岁的农场主占 37.5%。从学历结构来看，有中专（高中）学历的农场主占 38.33%，大专及以上学历的占 61.67%。如图 3-5 所示，从职称结构来看，75% 的农场主有职业经理人认证，其中初级职称占 8.33%，中级职称占 55%，高级职称占 11.67%，而高素质农民占 25%。

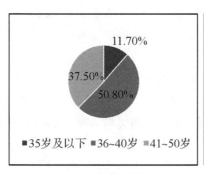

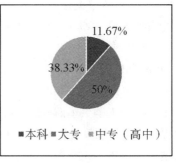

（a）年龄结构　　　　（b）学历结构

图 3-4　邛崃市试点对象年龄和学历结构

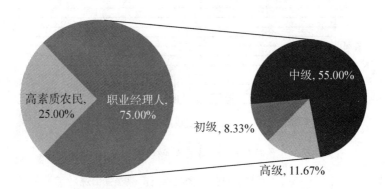

图 3-5　邛崃市试点对象职称结构

3.2.2.2 教育培训

从问卷调查统计情况来看，2020 年邛崃市试点对象中参与普通技术培训的有 83 人，参加职称或学历提升培训的有 48 人。其中培训时间总计 7 天以内的有 102 人，占比 78.46%，15 天以上的仅有 1 人。选择参加课堂授课、田间实训、考察学习等培训方式的比例分别为 53.45%、27.16% 和 19.40%。此外，86.15% 的参培人员表示取得了较好的培训效果，但仍有 13.85% 的人员认为培训效果一般。

3.2.2.3 生产扶持

从问卷调查统计情况来看，除自愿放弃试点建设资格的 10 人外，其余 120 名试点人员均享受了每人 3 万元的生产设施、设备购置补贴。在贷款贴息方面，试点人员依托农贷通平台，以房产、车辆抵押贷款或信用贷款方式享受三年贴息贷款。目前试点已累计发放农户利息补贴 19.49 万元。

3.2.2.4 风险防控

从问卷调查统计情况来看，试点对象中仅 28 人购买了农业保险，其中 82.14% 的人选择购买了一般损失保险；完全成本保险、价格指数保险都只有 1 人购买；共 12 人享受了保费补贴，共计补贴 32.99 万元。根据实际走访情况，已购买农业保险的人大多选择到村宣传的保险公司进行农业保险购买，并且持续购买农业保险的意愿较高。若购买农业保险，但是未享受保费补贴的原因，主要在于保费额度达不到补贴规定最低限制、没有职业经理人资格等。同时，理赔困难、赔付较低、无对应险种等多种因素造成了部分试点农户放弃购买农业保险。

3.2.2.5 社会保障

从问卷调查统计情况来看，试点对象中共有 106 人购买了养老保险，如图 3-6 所示，其中有 97 人购买城乡居民基本养老保险，9 人购买城镇职工基本养老保险。试点对象中仍有 24 人尚未购买任何形式的养老保险，但其中 15 人表示有意愿购买城镇职工养老保险。目前已购买养老保险的 106 人中，只有 26 人按养老保险保费缴纳金额的 60% 享受了保费补贴，占购买养老保险总人数的 24.53%。据实地调研情况，已购买城镇职工社保的试点人员中，兼任村干部、企业职工或已在其他试点区县享受补贴的试点对象没有享受社保补贴。此外，试点对象中共有 129 人购买医疗保险，其中购买城乡居民医疗保险的有 80 人，占试点总人数的 61.54%；城镇职工医疗保险为 49 人，占试点总人数的 37.69%。其中 27 人还同时购买了商业医疗保险。试点对象中享受医疗保险补贴的仅有 4 人，约占试点总人数的 2.32%，保费补贴标准都在缴纳金额的 20% 以上。

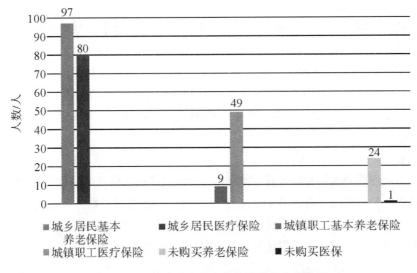

图3-6 邛崃市试点对象社保及医保参保情况

3.2.2.6 退休养老

如果后续没有补助或降价补助标准，试点对象中有97.69%的人愿意继续购买养老保险和医疗保险，仅有2.31%的人表示不愿意继续购买。

3.3 四川省职业农民培育试点工作面临的主要问题

蒲江县和邛崃市在职业农民培育试点中完成了2020年目标任务，取得了一定的试点成效，但在试点工作中仍存在以下问题。

3.3.1 试点准入门槛相对较高

在蒲江县和邛崃市试点县（市）部门座谈中，相关部门人员均反映目前试点准入门槛相对较高。特别是年龄和学历两个条件的限制，将部分发展条件较好、带动能力突出的家庭农场主排除在职业化培养和培育之外，无形中增加了试点工作开展的难度，压缩了试点持续进行的空间。在试点遴选条件中，要求"年龄在22~50周岁"和"具备高中或中专以上学历或同等文化程度，或具有初级以上技术职称"两个条件，对于蒲江县和邛崃市大多数家庭农场主来说很难同时达到。为严格按照遴选条件执行，蒲江县和邛崃市在试点前期投入大量人力、物力和精力对县（市）内家庭农场主年龄、学历、经营规模、收入等基本情况进行摸底，并在 2020 年基本上将大多数完全符合条件的家庭农场主纳入试点范围，完成了 2020 年试点任务要求。但如果以现行遴选条件来看，后续试点人员遴选可能就会面临人员不足的困境。据了解，由于准入门槛条件限制，截至目前，蒲江县和邛崃市 2021 年试点工作只完成 2/3 的人员遴选，距离完成全部任务目标还有一定距离。

3.3.2 政策扶持年限设置较短

在蒲江县和邛崃市试点县（市）部门座谈和入户调查中，普遍反映试点政策扶持年限相对较短，影响了试点政策扶持长尾效应的实现。按照实施方案要求，目前职业农民培育试点期限为 2 年，在这一条件限制下，试点扶持政策中的社保等补贴政策执行时间较短，有可能影响部分试点人员的参与积极性，达不到预期对职业化带动的扶持效果。此外，目前试点是分年度进行任务分解，每年都在重新遴选试点人员，对纳入试点的家庭农场主实际有效的政策扶持年限只有 1 年。而职业农民培育和培养是一个长期积累和循序渐进的过程，短短 1 年时间的扶持很难真正达到职业化目的，仅仅是众多惠农政策中一个锦上添花的项目，并不利于对家庭农场主职业化培育培养的持续关注和做大做强。

3.3.3 配套政策实用性还不强

在蒲江县和邛崃市试点县（市）入户调查中，部分家庭农场的农场主反映试点的扶持政策涉及很全面，涵盖了生产、培训、金融、保险等各个方面，但配套政策设计还需要根据家庭农场的群体特征和经营实际进一步优化，以增强配套扶持政策的实用性。例如，教育培训的申请条件和培训时间、金融支持的贷款额度、还款周期和贴息比例、农业保险的参保范围、定损标准、赔付比例等，与家庭农场主的生产周期、经营规模、生产种类等实际情况并未完全契合，致使配套政策与试点带头人的实际需求存在一定偏差，不同程度地影响了政策扶持的实用效果。

3.3.4 社保补贴的灵活性不强

在蒲江县和邛崃市试点县（市）部门座谈和入户调查中，普遍反映在社会保障扶持中，目前主要是针对纳入试点的家庭农场主本人进行补贴扶持，而不是对家庭农场其他核心成员进行补贴，致使试点实施期间享有试点社保扶持的人员比例并不高。通过调查发现，蒲江县和邛崃市试点县（市）家庭农场主的基础条件相对较好，绝大多数农场主在该试点开展之前就已经获得了新型职业农民（高素质农民）、职业经理人等证书，甚至部分家庭农场农场主具有村社干部、企事业单位职工等身份背景，已经享有了相应的社保补贴和政策，暂时并不需要试点的社会保障扶持。然而家庭农场其他成员，特别是农场主的家庭成员很多并没有参加城镇职工养老保险，亟须解决社会保障问题，但由于社保扶持的政策限制，这些人员并不能享受试点扶持政策。

3.3.5 职业化影响力亟须扩大

在蒲江县和邛崃市试点县（市）入户调查中，部分家庭农场主反映家庭农场和农民专业合作社职业化认证的适用范围有限，社会认知度和认可度还不太高，职业认证影响力并不是很大。例如，在教育培训报名申请中，职业化认证的证书相对于年龄等条件限制并不是第一优先条件，一旦家庭农场主年龄超过条件限制，即使拥有职业证书也无法享有教育培训资格。而在贷款申请、城市落户等方面，职业农民证书更是不被相关部门认可，对家庭农场主生产生活并不能起到实质性帮助。此外，职业农民、职业经理人等认证的社会认知度还有待提高，大多数社会群体甚至农民自身并不了解职业化认证的作用和用途，无法区分职业农民、职业经理人与普通农民的具体差异。

3.4 四川省职业农民培育亟待可持续发展和政策创新

3.4.1 职业农民培育亟待可持续发展

通过对蒲江和邛崃的入户调查和部门座谈，评估组认为现阶段的试点工作正处于引导家庭农场主从专业化向职业化转变的关键时期。虽然当前试点中还存在一些需要进一步改进和完善的方面，但是从总体上看，家庭农场主职业化具有很大的社会需求和较强的发展空间，试点具有一定的发展持续性，具体体现在"三个可持续性"。

3.4.1.1 试点人员来源具有可持续性

虽然蒲江县和邛崃市在后续试点人员遴选方面面临一定困难，但是从长期来看，试点人员具有可持续性。据评估了解，蒲江县工商注册家庭农场共491家，若现在遴选的年龄和学历条件不变，除已纳入试点的100家家庭农场外，全县还有约200家家庭农场符合试点条件，还可持续2年；邛崃市则认为从现行遴选条件来看，遴选难度大。后期若能把条件适当放宽，并结合成都市农业职业经理人培育体系，蒲江县和邛崃市均表示试点工作将具备可持续性。因为，蒲江县和邛崃市前期职业经理人培养培育基础较好，截至目前蒲江县已有职业经理人 1 769 人，在试点辐射带动和后续政策引导下，存在较大人员潜力空间。

3.4.1.2 试点政策实施具有可持续性

试点评估了解到，蒲江和邛崃通过政策整合，打捆试点，将省市县各级相关涉农政策尽可能地向试点家庭农场主倾斜，即便试点工作结束后，大多数政策仍可继续实施。例如，结合地区实际和成都市农业职业经理人培育体系，蒲江县和邛崃市在试点社保补贴实施过程中，均采取试点家庭农场主以农业职业经理人的个人身份参加城镇职工养老保险 60% 档次以上的享受 60% 的缴费补贴。如果仅由县本级财政来补贴符合试点条件人员购买城镇职工基本养老保险，按照 2021 年缴纳标准，以购买 60% 的缴费档次计算，每名试点人员每年需财政资金 4 659.84 元，200 名符合试点条件的人员每年共需财政资金 93.2 万元。如果后续试点政策能结合成都市职业经理人社保补贴政策进行相关调整，适度减少试点地区财政压力，那么试点社保补贴就可以持续开展。

3.4.1.3 试点需求保持具有可持续性

家庭农场主对试点扶持政策需求很大，教育培训、生产扶持、风险防控、社会保障、退休养老等政策扶持都与家庭农场主的生产和生活息息相关。家庭农场主普遍认为试点工作建立了涵盖农场主经济安全网、提供农业生产经营保障、收入生活保障和社会福利保障的"一网三保"支持保障体系，解决了家庭农场发展的后顾之忧。因此，家庭农场主对试点认可度很高，参与的积极性也很高。从反馈的问卷来看，如果后续没有补助或降低补助标准，试点人员中 75% 以上，甚至邛崃市有 98% 的人愿意继续购买养老保险和医疗保险。这再次说明试点政策具有极强的需求性，非常有利于后续试点工作的持续开展。

3.4.2 相关政策建议

进一步优化政策设计，建立健全体制机制，完善优化扶持政策，提高职业化社会影响力，将有利于在更大范围内推进试点可持续发展。

3.4.2.1 构建试点扶持长效机制

以家庭农场主及其家庭核心成员为重点开展长期试点，以试点带动职业化培育和推广，增强政策扶持可持续性。建议将符合条件的家庭农场纳入试点名录库，建立示范型家庭农场名录，进行试点职业农民培育培养。每年培养一定数量，扶持时间为 10~15 年，示范型家庭农场逐步达到一定规模，成为职业农民的中坚力量。每五年组织一次示范家庭农场考核评估，完善准入退出机制，实行动态管理。

3.4.2.2 适度放宽试点准入门槛

在试点准入标准设计上，根据家庭农场发展情况，在年龄、学历要求方面适当放宽试点家庭农场主遴选条件。试点县市家庭农场主大多是父辈，年龄比较大，建议将年龄放宽到55~60岁，文化程度放宽到初中以上。对于年龄和文化程度有部分不符合条件的，如果持有初级以上职业经理人证书的家庭农场主，可适度放宽条件。

3.4.2.3 加强配套扶持政策集成

将试点项目纳入各试点县（市、区）每年本级财政预算，设立职业农民培养培育专项资金，整合国家、省相关涉农项目资金，以政策集成提高试点扶持稳定性和实用性。各试点县（市、区）在实施方案基础上，根据地区家庭农场的群体特征和经营实际，进一步优化教育培训、生产扶持、风险防控、社会保障和退休养老配套政策设计，制定并出台职业农民综合配套扶持细则，细化职业农民的教育培训、生产扶持、风险防控、社会保障和退休养老的扶持对象、扶持标准、申请条件、申请对象等。重点加强职业农民退休养老和社会保障的扶持细则设计，支持试点家庭农场农场主及成员参加城镇职工基本养老保险，并按照家庭农场示范等级对自愿购买城镇职工养老保险的给予不同标准的补助，最高按照个人缴纳额的60%进行补贴，先缴后补，年度补助金额最高不超过1万元。

3.4.2.4 建立政策内部调节机制

建立政策扶持的单位内部调节机制，在同一扶持条件下，优先对家庭农场主进行教育培训、社会保障、退休养老等政策扶持。若家庭农场主已享有其他扶持或社保补贴，在不重复享受财政补贴的前提下，家庭农场主可自主放弃，或者选择家庭农场内部任何1名人员享有相关扶持或补贴。

3.4.2.5 提高农民职业化含金量

加大家庭农场主职业化的社会宣传，提高社会大众对职业农民、职业经理人的知晓度，提高家庭农场主职业化社会影响力。进一步扩大职业农民、职业经理人证书的适用范围，除与评级、评优、申请项目等挂钩以外，适度放宽职业农民、职业经理人认证在参加教育培训等资格审查中的影响力。探索建立职业农民、职业经理人证书的积分落户制度，增加职业农民、职业经理人家庭享有城镇教育、医疗、社保等公共服务的机会。

4 巩固拓展教育扶贫成果与乡村振兴

党的十八大以来，四川省紧紧围绕"义务教育有保障，不让一个孩子因贫失学"这个核心任务，聚焦重点地区、重点人群、重点学段，在资金救助、扶贫扶智、职教就业、"三区"支教等领域持续发力，到 2020 年，四川省按照既定目标和任务要求圆满完成教育扶贫工作，实现贫困地区教育质量、办学条件、师资力量等全面改善和提升，助力四川省全面实现精准脱贫。然而，教育扶贫作为基础性和根本性任务，只是弥补了四川省贫困地区长期积累的教育缺失或教育不足的短板，在一定程度上缩小了不同地区之间的基本教育差距。面对推动乡村振兴发展，实现农业农村现代化的宏伟目标，四川省仍面临着农村教育发展不充分，城乡教育发展不平衡，农村本土人才短缺，内生发展能力不强等诸多挑战。因此，除了进一步巩固和提高精准教育扶贫质量以外，有必要对脱贫摘帽以后教育扶贫与乡村振兴中人才振兴的基础性和根本性议题展开前瞻性研究，探讨教育扶贫与人才振兴两大核心战略方向之间的有效衔接与良性互动。

4.1 四川省教育扶贫与人才振兴有效衔接的逻辑内涵

教育扶贫和人才振兴作为当前我国实现乡村全面振兴的两个基本环节，二者的有效衔接在实践逻辑上具有政策接续和梯度推进合理性。其中，教育扶贫是巩固拓展脱贫攻坚成果，实现人才振兴的基础性内容，而人才振兴是进一步提高教育扶贫质量，实现乡村全面振兴的重要组成部分。因此，从政策的延续性角度来看，人才振兴可以看作现有教育扶贫计划的延伸和完善，是农村人才培育制度化的过程。通过教育扶贫与人才振兴的有机衔接和耦合协同，能有效解决乡村发展和治理过程中内生动力不足和人才短缺的问题，激发农民主体性，提升农村内生发展能力，增强农民获得感和幸福感，满足人民对美好生活的向往。因此，从发展战略的衔接与协同层面，人才振兴作为教育扶贫政策延续的必然趋势，两项制度的衔接能够有效解决四川省农村发展的人才匮乏问题，体现了农村治理政策发展变迁的趋势。提升教育扶贫，实现人才振兴，是四川省巩固拓展脱贫攻坚成果与乡村振兴有效衔接的基础内容和组成部分。

4.1.1 教育扶贫是四川省实施人才振兴的基础内容

教育扶贫及其衍生的人力资本和人才资源，是巩固拓展脱贫攻坚成果与乡村振兴有效衔接的起始点和基础条件。在新经济增长理论中，人才资源属于人力资本，而人力资本是地区经济增长和发展的重要因素。与实物资本有很大不同，人力资本依附在劳动力身上，其大小取决于人的劳动能力。这种人的劳动能力，实质是由人的智能构成，受到教育程度的影响，因此，教育程度成为经济社会高质量发展的核心人力资本要素。然而，四川省农村经济社会发展长期面临着人才短缺的问题，因学、缺技术、缺劳动力等致贫和返贫的比例较高，成为制约地方发展的重要瓶颈之一。党的十八大以来，四川省人民政府积极落实"扶贫必先扶智"的基本思路，充分调动各方面积极性、主动性和创造性，用政策引领教育扶贫具体方向，用政策助推教育扶贫快速实施，用政策加快教育扶贫工作进度。四川省采取超常规举措，推动教育新增资金、新增项目、新增举措进一步向部分县倾斜，以补齐教育短板为突破口，解决全省教育的短板区域和瓶颈问题。而实施人才振兴，要促进劳动力向人才转变，关键在于巩固和拓展教育扶贫成果，尽可能地提高农村的综合教育水平，促进农村劳动力教育程度和教育质量进一步提升，为人才振兴打下坚实的基础。

4.1.2 人才振兴是四川省实现乡村振兴的组成部分

实现乡村振兴，人才是关键。2018 年的中央一号文件提出了"实施乡村振兴战略，必须破解人才瓶颈制约"。人才是第一资源，与产业振兴、组织振兴、生态振兴、文化振兴息息相关，是乡村振兴的基础条件。《中共中央国务院关于实施乡村振兴战略的意见》更是提出要把人力资本开发放在首要位置。四川省是我国劳务输出的大省之一，长期面临人力资本深度匮乏和人才资源严重稀缺的"双重困境"。受地域、发展条件等约束，四川省不仅人力资本自身生产能力不足，农民受教育程度仍不高，农村劳动力人力综合素质相对较低，而且"精英外移"造成大量优质人力资源外流，高素质专业人才匮乏，严重影响全面脱贫后持续减贫和乡村振兴工作的开展。因此，如何提高四川省乡村存量人员的素质水平，培养和引进更多服务四川省乡村振兴的人才，实施人才振兴，是四川省实现乡村振兴的关键部分。

4.2　四川省教育扶贫与人才振兴有效衔接的基础条件

教育扶贫是全面建成小康社会和实现乡村振兴的基础性和阶段性任务。党的十八大以来，四川省坚持把保障义务教育作为最大的民生工程，紧紧围绕"义务教育有保障，不让一个孩子因贫失学"这个核心任务，聚焦重点地区、重点人群、重点学段，在资金救助、扶贫扶智、职教就业、"三区"支教等四大领域持续发力，补短板、缩差距，让教育真正成为阻断贫困代际传递的治本之策。到2020年，四川省按照既定目标和任务要求圆满完成教育扶贫工作，实现贫困地区教育质量、办学条件、师资力量等全面改善和提升，助力四川省全面实现精准脱贫。因此，四川省建立系统性、整体性的教育扶贫政策，对脱贫摘帽以后教育扶贫与乡村振兴中人才振兴进行有效衔接与良性互动，为完善农村人才振兴政策机制打下了坚实基础，创造了良好条件。

4.2.1　形成了系统的教育扶贫政策体系

四川省切实贯彻和落实各项教育扶贫政策，不断完善教育政策扶持体系，优化教育结构、促进教育公平和社会公正。十三五期间，四川省先后出台《四川省深度贫困地区教育脱贫攻坚实施方案》《关于精准施策综合帮扶凉山州全面打赢教育脱贫攻坚的意见》等10余项文件，针对全域教育脱贫确定了义务教育"三免一补"计划、学前教育巩固提升计划、乡村教师专项支持计划、"一村一幼"计划、高海拔地区学生取暖计划和农村义务教育营养改善计划等"七大"教育事业计划，形成了系统的教育扶贫政策体系。

4.2.2　构建了全生命周期的教育帮扶机制

四川省针对学前教育、义务教育、高等教育等教育阶段的实际情况与现实困境，对症下药，加强顶层设计，建构了精准化的教育精准帮扶机制，促进了各阶段教育有序衔接和全生命周期教育帮扶的平稳运行。为夯实学前教育，四川省坚持"学好普通话、养成好习惯"目标不动摇，在凉山州11个县的农村以及安宁河谷6县（市）的乡（镇）创新性地实施"学前学会普通话"行动，推动全省乡镇幼儿园和村级幼教点在园幼儿学前学会普通话全覆盖。义务教育有保障是"两不愁三保障"的底线目标之一，影响着教育扶贫的成效，四川省加强辍学学生劝返，努力实现义务教育阶段适龄儿童少年应读尽读，2016

年、2017 年、2018 年、2019 年分年度义务教育巩固率分别为 94.07%、94.25%、94.57%、94.73%①。县域内义务教育基本均衡通过国家评估认定的县由 2013 年的 19 个增加到 2019 年的 165 个，极大地促进了全省义务教育均衡发展。此外，2018—2020 年，四川省为了打通应届和往届初中毕业生的中职上升渠道，采取定向招生、免费培养、定向就业方式，开展五年中高职贯通免费定向培养试点。同时，四川省不断完善高中阶段教育资助政策，统筹普通高中和中等职业教育协调发展，加大高中阶段教育投入，出台《四川省财政厅四川省教育厅关于进一步健全公办普通高中经费保障机制的意见》，建立公办普通高中综合预算保障制度。2016 年、2017 年、2018 年、2019 年，四川省高中阶段毛入学率分别为 90.91%、90.92%、92.71%、93.01%，实现了高中阶段毛入学率有效提高。

4.2.3　夯实了基本公共教育服务水平

聚焦改善薄弱学校办学条件这一关键因素，四川省精准发力改善办学条件，不断促进基本公共教育服务均等化，取得显著成效。按照国家统一部署，四川省于 2019 年启动实施"薄改与能力提升"工程。针对城镇学校大班额和三区三州教育基础薄弱问题，通过新增预算、盘活存量等方式，积极筹措"薄改与能力提升"项目资金。2019—2020 年，四川省财政累计安排并足额下达专项资金 26.6 亿元，超规划投入 11 亿元，用于乡中心校和寄宿制学校改善办学条件。实施"全面改薄"工程后，四川省规划项目学校校舍建筑总面积达到 4 433 万平方米，比 2013 年年底增加了 1 287 万平方米，增长率为 41%，新增寄宿学位 41.57 万个，生均宿舍面积增加了 0.8 平方米，增长率为 22%。四川省全力改善农村学校办学条件，学校实验仪器设备、音体美卫设备、图书基本达到四川省中小学教育技术装备标准配备要求，多媒体远程教学设备让农村孩子共享到优质教育资源。四川省义务教育学校生均校舍面积，由 2013 年的 8.30 平方米增加到 2018 年的 10.15 平方米，六年共增加了 1.85 平方米，增长率为 22%。四川省义务教育学校生均运动场面积，由 2013 年的 6.08 平方米增加到 2018 年的 8.81 平方米，增加了 2.73 平方米，增长率为 45%。四川省义务教育学校生均教学仪器设备值由 2013 年的 1 013 元增加到 2018 年的 2 308元，增加了 1 295 元，增长率为 128%②。

---

① 数据来源：四川省教育厅、四川省扶贫和移民工作局等部门脱贫攻坚经验总结文件资料。
② 数据来源：四川省教育厅、四川省扶贫和移民工作局等部门脱贫攻坚经验总结资料。

4.2.4　推动了东西部教育扶贫协作形成

四川省积极推动东西部教育扶贫协作，2018 年四川省与浙江、广东两省分别签署《教育扶贫协作协议》《教育扶贫协作和对口支援协议》，深化学校结对帮扶，广东、浙江的 460 所学校帮扶四川省学校 383 所。截至 2020 年 6 月，各地与浙江、广东开展对接 1 400 余次，召开会议 425 次，争取教育帮扶资金 11.44 亿元，签署帮扶协议 493 个。同时，四川省积极推进专业技术人员、职教等交流协作，促进东西部人才交流学习。目前，广东、浙江两省累计派往四川省专业技术人才 2 243 人次，帮助四川省培训教师 7.62 万人次；四川省派出专业技术人才 1 667 人次，到东部交流学习先进管理理念和教学方法。四川省累计共有 2 847 名学生到浙江、广东就读职业院校，推动实施职教东西协作。此外，广东省佛山市投入资金 4 775.8 万元到凉山州教体局及各县，主要用于"学前学普"项目工作经费、辅导员和幼儿激励经费、后勤保障经费等①。

4.3　四川省教育扶贫与人才振兴有效衔接面临的主要问题

四川省教育扶贫为乡村振兴奠定了人才基础。然而，教育扶贫作为全面建成小康社会的基础性任务，仅仅弥补了四川省部分地区长期积累的教育缺失或教育不足的短板，在一定程度上缩小了地区之间的教育差距。然而，教育扶贫与人才振兴之间的发展阶段、服务对象、组织力量等方面存在明显差异，致使四川省要完全有效地实现教育扶贫与人才振兴政策机制的转化和衔接仍面临着如下困境。

4.3.1　农村内部人才自生能力不强，城乡教育发展不均衡

教育是人才培养的根本途径。面对推进乡村人才振兴，实现农业农村现代化的宏伟目标，四川省仍面临着内生发展能力不强，城乡培育不均衡的内部与外部双重困境。四川省农村教育资源总量相对不足，由于各县可用财力拮据、自给率低，难以承担义务教育等长期发展资金，乡村振兴阶段实现农村教育持

---

① 数据来源：四川省教育厅、四川省扶贫和移民工作局等部门脱贫攻坚经验总结资料。

续发展和提升难度极大。尽管四川省积极通过新（改）建"一乡一园"、"一村一幼"、其他幼儿园（含小学附设幼儿班）以及通过增加班数（额）等途径新增学位，大力实施了教育扶贫，但仍然不能满足农村所有适龄儿童入学需求，大班额、超大班额占比仍较大，教学资源十分紧缺。再加上四川省部分地区财力薄弱，长期属于"吃饭型"财政，依靠国家大量转移支付，县财政无力承担乡村振兴下一阶段教育发展和提升的长期资金需求。以凉山州为例，截至 2020 年年末，凉山州虽已全面完成了教育精准扶贫和精准脱贫工作，但全州校舍总缺口仍高达 159.08 万平方米，需新建学校 37 所，改扩建学校 884 所，需资金 103.05 亿元①。除去可预测能筹集安排项目资金外，凉山州下一阶段乡村的教育振兴尚有资金缺口近 30 亿元。此外，要实现教育扶贫与人才振兴有效衔接，四川省还需要解决城乡教育发展长期不平衡的问题。例如，由于广大农村交通不便、生活条件差、农村教师收入水平低，优秀教师人才"引不进、留不住"问题突出，造成城乡教学师资力量、教育质量水平等长期存在显著差异。截至 2018 年年底，凉山州全州共核定中小学教师编制 45 732 名。按照师生比（小学 1：19、初中 1：13.5、高中 1：12.5）计算，全州教师缺额将达到 20 993 名，除去教育部举全国之力选派 324 名骨干教师，省委统筹保障县义务教育 3 000 名教师编制，缺额 17 669 名，教育实用性专业人才大量缺失。

4.3.2 农村人力资源数量和质量不高，结构比例严重失调

人才振兴本质上属于农村人力资本开发，其对象类别具有一定的多元性和复杂性，主要涉及农村新型职业农民、农村专业技术人才、农村返乡创业人才、乡村治理人才等。四川省虽然属于农业大省，农业人口众多，但是农业人口普遍受教育程度较低，技术能力不足，专业水平不高，绝大多数农户仍然是传统小农。近年来，四川省农村人口老龄化问题持续加深，人力资源不同年龄层比例严重失调，农村劳动力数量和质量供给水平不断下降对农业发展和乡村振兴极其不利。专业大户、家庭农场等新型农业经营主体的数量和质量也十分有限，急需进一步提高，"谁来种"问题成为农业持续发展和乡村振兴最终实现面临的严峻挑战。要实现教育扶贫与人才振兴有效衔接，就要突破服务对象的差异性，转变支持方式，根据不同服务对象的结构构成和类型特征，因人制宜，采取和实施新的支持方式。

---

① 数据来源：凉山州教育局的脱贫攻坚总结资料。

4.3.3　农村长期处于人才流动洼地，本土人才培育不足

市场是逐"利"的，农村人才引进来自契约不完全性的市场失灵是普遍的。农业作为天然的弱势产业，追求利益最大化的市场机制将不会自动惠及日渐分散、边缘的农村群体，甚至不确定的市场条件反而会对脆弱的农业生产造成诸多风险，使其长期处于人才流动的洼地，排除在市场交易和经济增长的人才吸引红利之外。四川省为解决农村人才内部缺失问题，在国家行政力量强势推动下，充分发挥行政优势和制度优势，以基层党组织为媒介，将政府行政力量嵌入教育扶贫全过程，以国家制度内生化增强人才资源的亲贫性和益贫性，保证选派第一书记、驻村干部等外部高精尖的优秀人才持续停留在农村进行教育扶贫。从2013年开始，四川省向贫困村选派第一书记和驻村工作队，到2015年，实现每个贫困村都有驻村工作队、每个贫困户都有帮扶责任人。然而，行政压力虽然解决了短时间内农村人才需求问题，但是精准扶贫期间的驻村干部、驻村帮扶工作队、扶贫志愿者等外部人才力量并不能完全代替农村本土人才，四川省乡村振兴仍然面临着农村人才短缺，内生发展能力不强等困境。

4.4　四川省教育扶贫与人才振兴有效衔接的思路和建议

4.4.1　基本思路

要实现四川省教育扶贫与人才振兴有效衔接，关键在于针对教育扶贫与人才振兴的发展阶段、服务对象和组织力量的差异，建立和完善教育扶贫与人才振兴的政策接续、扶持转变和组织拓展"三大机制"，实现教育扶贫与人才振兴的有效衔接。

4.4.1.1　建立教育扶贫与人才振兴的政策接续机制

要实现四川省教育扶贫与人才振兴有效衔接，关键在于针对教育扶贫与人才振兴的阶段差异，实现教育扶贫与人才振兴的政策接续。四川省要坚持把握教育扶贫的基础性和乡村教育的长远性基本现状，既要做好教育扶贫，实施农村教育发展优先计划，针对四川省目前农村教育发展的薄弱环节和关键领域，继续把教育发展的重点放在农村区域，巩固教育脱贫攻坚成果，坚决防止发生因学、因教产生规模性返贫现象，保持教育帮扶政策总体稳定；同时，又要从解决农村内部教育不足，教育发展不充分问题出发，解决城乡教育发展不均衡的问题，加大城乡教育资源的均衡配置，促进城市教育资源向农村流动。

4.4.1.2 建立教育扶贫与人才振兴的扶持转变机制

要实现四川省教育扶贫与人才振兴有效衔接，关键在于针对教育扶贫与人才振兴的对象差异，实现教育扶贫与人才振兴的扶持转变。四川省要坚持把握教育扶贫对象特殊性和人才振兴对象多元性的差异，积极推进教育精准扶贫的特殊化政策扶持逐渐转化为乡村振兴人才的普惠式扶持，在确保农村基础义务教育保障基础上，重点通过职业教育，鼓励高等教育，培育新型职业农民，加强农村专业人才队伍建设，促进政策扶持从保基础教育向构建人才体系转变。

4.4.1.3 建立教育扶贫与人才振兴的组织拓展机制

要实现四川省教育扶贫与人才振兴有效衔接，关键在于针对教育扶贫与人才振兴的组织差异，充分发挥政府宏观调控和资源市场调节"两只手"的组织协调作用，实现教育扶贫与人才振兴的组织结构拓展。四川省要继续发挥脱贫攻坚期间政府主导的制度优势和政治优势，围绕抓大局、聚合力、管大事、强导向的基本原则，强化政府主导、部门主帮责任，调动各级政府及社会主体推进人才振兴的积极性，构建政府、行业和社会互为补充的"三位一体"人才振兴大格局。同时，四川省要充分发挥好市场在人才资源配置中的决定性作用，进一步建立健全人才激励保障措施，优化育人环境，形成人才引进和自主培育相结合的人才振兴组织机制，引导乡村振兴人才回流，培育壮大本土化人才，实现各类人才资源向农村流动和聚集。

4.4.2 相关建议

根据四川省教育扶贫与人才振兴有效衔接面临的相关问题，本书提出以下"六点建议"。

4.4.2.1 吸收教育扶贫中的政策措施，着力补齐农村教育发展短板

四川省应继续坚持不懈地推进和巩固"控辍保学"工作，抓实抓细学前的稳定巩固，常态化组织对精准脱贫期间完成审核销号的失辍学人员定期"回头看""大排查"，突出对建档立卡贫困户子女销号化解情况的核查，确保贫困人口就学的稳定。继续实施"一乡一园"计划，指导督促完成幼儿园（村幼）在建项目并投入使用，增加学前教育点位学位。四川省要保持"学前学会普通话"创新举措，扎实开展"学前学普"全覆盖行动，优化学前儿童普通话测评体系，持续开展学前学后对比研究和跟踪测评，加强幼教点的管理，提升学前学普质量。

4.4.2.2 持续加大乡村教育投入力度，重点保障城乡义务教育均衡发展

四川省应调整优化教育经费比列，将新增教育经费进一步向农村地区倾

斜，高度重视农村义务教育工作，同步建设城镇学校，科学推进学校标准化建设，落实大班额消除计划，办好农村学前教育、特殊教育、网络教育，推动建立以城带乡，城乡一体，均衡发展的义务教育发展机制，普及高中阶段教育。继续实施《中小学校长教师五年培养培训规划》，深入实施国、省、州、县、校五级培训，着力加强教师等专业人才队伍建设。进一步推进义务教育教师"县管校聘"管理改革，健全县域内教师交流轮岗机制，实施教师职称"定向评价、定向使用"，引导优秀校长和骨干教师向农村学校有序流动，职务（职称）评聘向乡村教师倾斜。继续采取调剂编制、支教、派遣、顶岗实习等方式，着力解决乡村教师结构性缺员和师资不足的问题。

4.4.2.3　优化职业教育引领机制，大力培育新型职业农民

四川省应积极探索职业农民制度，将新型职业农民的教育培育融入乡村振兴发展战略，设定职业农民教育培育与乡村人才振兴合理的对接机制和资源分配机制，制定四川省新型职业农民教育总体规划，实施高素质现代农民培育工程、农村实用人才培养计划，建立新型职业农民教育培训体系。建好农民夜校，根据不同产业结构对新型职业农民进行专业培训和素养提升，实施卓越农林人才教育培养计划 2.0，大力发展"新农科"，建设一流涉农专业和课程，加强群众培训。

4.4.2.4　聚焦中高职教育探索创新，加强农村专业人才队伍建设

四川省应积极办好职业院校涉农专业，依托各县中职学校技能专业特长，组织中职学校开展新型农民培训，打开职业教育"天花板"，增强职业教育吸引力。四川省应进一步面向曾经的全省深度贫困县应、往届初中毕业生开展五年中高职贯通免费定向培养试点，采取定向招生、免费培养、定向就业方式，打通中职上升渠道。四川省各中职学校采取在学校集中培训、把课堂设置到田间地头、到乡村坝坝培训等方式，对当地农民开展种植、养殖、机耕等技能培训，帮助农村群众提升发展新型农业的能力。同时，在确定高职扩招范围的时候，应将高素质农民和在岗基层农技人员纳入其中。此外，在下达省级教师培训分配名额时，四川省可以重点向农村职业学校倾斜，有效缓解职业教育教师队伍人才短缺的问题。

4.4.2.5　落实人才激励保障，引导乡村振兴人才回流

在教育扶贫过程中，四川省通过行政推动组建驻村工作队，实施对口教育帮扶等形式，充分实现了政府主导下人才引领贫困地区实现精准扶贫精准脱贫的有效尝试。因此，在乡村振兴新阶段，四川省除了继续发挥脱贫攻坚阶段党建引领、"一对一"教育帮扶等组织形式的有效作用，还应积极促进人才引进

从政府主导向政府引导转变，完善落实人才激励保障，充分发挥人才流动的市场激励作用，建立人才刚性引进和柔性引进并重的组织机制，引导乡村振兴人才回流。通过完善和落实驻村干部、选调大学生的晋升、待遇、住房、交通等激励措施，进一步发挥政府人才刚性引进作用，选派优秀青年干部到农村进行挂职锻炼和驻村帮扶，选聘优秀毕业大学生到农村工作，建立村党组织干部后备人才储备库，为乡村振兴积累稳定的基层干部人才。同时，立足四川省乡村振兴人才缺口及专业需求，实施灵活多样的市场化乡村人才引进激励措施，分类制定不同类型人才引进办法。四川省可以建立乡村振兴人才引进专项基金，采取项目合作、兼职聘用、技术攻关等方式，通过"人才+项目""人才+社保""人才+奖励"等形式，吸引高层次技术人才到农村工作。完善进城务工人员返乡创业制度和社会保障平台建设，简化返乡创业指导、优惠政策享受的行政流程，提高返乡创业扶持力度，吸引进城务工人员返乡创业带动农村本地发展。

4.4.2.6 优化协作育人环境，培育壮大本土化人才

四川省教育扶贫与人才振兴有效衔接过程中应高度注重本土人才培育和壮大，通过优化协作育人环境，加强农民与农民之间、农民与新型经营主体之间、农民与其他外部主体之间的合作化协同创业，以主体之间相互协作带动农村本土化人才数量和质量提升。因此，四川省应进一步推进家庭农场、农民合作社等新型经营主体的培育和质量提升计划，加强家庭农场、农民合作社等对传统农户的带动作用。继续充分发挥东西部教育扶贫协作，高校、企业、政府等组织与农户合作的平台作用，通过劳务输出、技能培训、实践锻炼等形式，提升农户的专业技术和业务素质。积极实施乡村贤能培育工程，发挥乡土人情力量，引导村内老干部、返乡进城务工人员、退伍军人、大学生等群体回乡任职，探索在具有一定基础的农民中培养社会工作人才，扎根本土，进行乡村振兴建设。

5　发展壮大集体经济与乡村振兴

习近平总书记在《扎实推动共同富裕》的论述中曾明确强调要"大力发挥公有制经济在促进共同富裕中的重要作用"①。集体经济作为农村最基础的社会经济组织，是社会主义公有制的重要构成部分，担负着全面推进乡村振兴，促进农民农村共同富裕的重要使命。然而，自20世纪70年代末期农村实行统分结合的双层经营体制以来，立足于"分"的农村家庭经营体制迸发出了巨大的生机与活力，推动农村家庭经济飞速发展。但是，立足和有利于"统"的农村集体经济却发展相对迟缓，集体经济薄弱村甚至集体经济空壳村大量存在，难以发挥保障农民持续增收、维护财产合法权益、提供农村公共服务以及维持基层公平正义等富民富村的基本组织职能。特别是我国在打赢脱贫攻坚战，全面建成小康社会以及实现第一个百年奋斗目标以后，进入了巩固拓展脱贫攻坚成果，全面推动乡村振兴，逐步实现共同富裕的新发展阶段，发展壮大集体经济成为新发展阶段化解社会主要矛盾的重要着力点。因此，如何发展壮大农村集体经济，充分发挥集体经济"统"的作用，全面推进乡村振兴是新发展阶段我国必须面对和破解的重要议题。

5.1　四川省集体经济发展的基本现状

自2017年全面启动农村集体产权制度改革以来，四川省各市（州）均开始了农村集体产权制度改革，其中国家试点县（市、区）83个（广元、巴中、遂宁、成都、德阳、绵阳、眉山7个市承担整市推进试点任务）、省级试点县（市、区）130个。按照中央关于农村集体产权制度改革的统一部署，四川省扎实稳定推进清产核资、成员界定、股份量化及成立农村（股份）经济合作

---

① 习近平. 扎实推进共同富裕 [EB/OL]. [2021 - 10 - 15]. http://www.qstheory.cn/dukan/qs/2021 - 10/15/c_1127959365. html.

社等基础性改革工作，并于 2021 年年底基本完成农村集体产权制度改革。通过集体产权制度改革，四川省不仅摸清了农村资产家底，而且有效落实了集体成员对集体资产的占有权和收益权，为发展壮大集体经济，促进农民农村共同富裕奠定了坚实基础。

5.1.1 基本完成集体资产清产核资

四川省针对集体经济在农村"产权虚置"的现实条件，从确定集体产权主体着手，以闲置集体资产资源为重点对象，运用科学方法，不断深化推进农村集体产权制度改革。经过四年多的努力，2021 年年底四川省基本完成了农村集体产权制度改革。全省所有村均成立农村集体经济组织，49 061 个农村集体经济组织完成登记赋码并取得特别法人资格，实现了集体经济组织村级全覆盖。此外，四川省每年还开展资产清查，将资产所有权进一步明确到各级农村集体经济组织，并将其录入全国农村集体资产监督管理平台，实现了资产信息化管理。截至 2021 年 10 月，四川省基本摸清了全省范围内农村集体资产家底，清查核实农村集体资产总额高达 2 292.8 亿元，其中经营性资产 422.5 亿元，非经营性资产 1 870.3 亿元，集体土地 4.94 亿亩。

5.1.2 有序开展集体资产股份化改造

四川省在明晰集体资产产权归属的基础上，通过成员身份确认、股份量化落实权利等措施将统一经营管理的农村集体资产折股量化到人、落实到户，推动资源变资产、资金变股金、农民变股东。截至 2021 年年底，四川省已确认集体成员达 6 916 万人次，以份额（股份）量化集体资产 1 189.9 亿元，发放份额（股份）证书 516 万本，97.5%的村集体实行了"量化到人、确权到户、户内共享、长久不变"的股权静态管理形式，为下一步盘活利用集体资产，发展壮大集体经济奠定了基础条件。

5.1.3 出台地方性集体经济法规

四川省积极探索建立保障集体经济发展的法律体系，全面推进集体经济组织法治建设，2021 年 10 月在《四川省农村集体资产管理办法》的基础上，四川省出台了首个地方性农村集体经济法规《四川省农村集体经济组织条例》（下面文简称《条例》），为全国集体经济相关法规建立贡献了四川省经验。《条例》中不仅确定了每个集体成员的权利，而且要求集体经济组织按规定建立资产经营管理制度、健全的财务会计和档案制度。《条例》在进一步明晰集体资产产权主体和权能边界的基础上,为集体经济组织平等地参与市场竞争,提高经营效率,进而壮大集体经济,促进资产保值增值提供了法律保障。

5.1.4 初步形成集体经济多元发展模式

随着集体经济产权不断明晰,四川省在持续推进农村集体经济产权改革的同时,鼓励多种要素与集体经济深层次结合。2021 年四川省委省政府指出"全面深化农村农业改革,创新发展新型农村集体经济。"四川省各市(州)纷纷探索集体经济发展模式,初步形成了土地统一经营型、资源开发利用型、集体产权经营型、提供劳务服务型、龙头企业带动型、合作组织带动型、资产公司经营型、政策扶持带动型等多元化的运营模式。如彭州市龙门山镇宝山村农村集体经济组织依托丰富的自然资源,采取集体自主经营或对外合作等方式,通过开发利用集体所有土地资源以及水利、矿产、森林等自然资源,积极发展工业、农业和旅游业,并实行工资、奖金、剩余价值工资、工龄折资入股分红、按能力大小限额入股分红、风险共担入股分红、福利股份分红七种分配方式,使村民收入的 95%来自集体经济,实现了全体村民共享集体经济的发展成果,探索形成了资源开发利用型集体经济发展的宝山经验。

5.1.5 建立多层次集体经济激励约束机制

四川省多措并举,建立多层次集体经济激励约束机制,积极鼓励集体经济更快更优发展,让部分乡村闲置资产真正"活"起来。在省级层面,四川省把农村集体产权制度改革、发展壮大农村集体经济等工作纳入对各市(州)党政领导班子推进乡村振兴战略实绩考核内容,激发地方发展壮大集体经济积极性;在地方层面,四川省部分县(市、区)先行先试乡村职业经理人的"头雁"效应,如 2021 年 6 月广汉市在 9 个村率先聘任了第一批村级集体经济职业经理人,帮助村集体成立农业社会化服务组织,带动农民增收;在村集体层面,四川省坚持发挥农村基层党组织的领导核心作用,村支书、村主任兼任集体经济理事长的"三个一肩挑",探索形成村级集体经济收益分配与群众治理积分、公益事业发展、村干部队伍建设"三个挂钩做法",约束村集体经济组织运营管理集体资产行为,建立更稳固、更有效的利益联结机制。

5.1.6 探索开展合并村集体经济融合发展

以"两项改革"为契机,2021 年四川省以 1 292 个村为试点探索开展合并村集体经济融合发展。截至 2021 年年底,四川省试点村集体经济总收入达

2.11 亿元，比合并前的 2019 年增长 225.7%，闲置资产盘活率达 87.6%。以遂宁市船山区为例，2020 年桂花镇金井村村集体为盘活闲置资产，缓解产业单一的问题，将闲置的村小利用起来，通过整修、加固使村小摇身一变成为现代化的矿泉水厂。在此基础上，金井村进一步引入赫溪农夫矿泉水业，壮大了集体经济。据统计，2021 年遂宁市船山区共盘活涉改镇村闲置公有资产 91 宗，约 2.913 万平方米，盘活率达 100%，真正让镇村闲置资产"活"了起来。

5.2　四川省发展壮大集体经济促进乡村振兴面临的主要问题

集体产权制度改革为四川省壮大集体经济促进乡村振兴奠定了基础条件，但明确集体产权主体远远达不到壮大集体经济促进乡村振兴的根本要求。四川省已初步探索形成了一些适应当地的集体经济多元化发展模式，但其仅仅是四川省壮大集体经济促进乡村振兴的实践子集。四川省壮大集体经济促进乡村振兴除了面临着发展弱、认识不足等共性问题以外，更主要存在以下三个方面的矛盾。

5.2.1　集体资产大量闲置和持续管理的矛盾

由于农村缺乏多种要素投入以及存在土地指标、建设许可审批等政策环节的限制，因此在经济发展过程中四川省农村集体资产绝大多数处于闲置状态。一方面，村集体在拥有大量闲置资产的情况下，无法解绑自身投资约束，致使部分资源型集体经济其资产账面上实力强劲，但实际并没有集体收入。另一方面，多数金融机构不愿为农村土地产权市场交易提供金融服务，造成农村集体资产股份权能的抵押融资功能"虚置"。集体经济的持续管理一定程度可以避免集体资产长期闲置而遭受权益损害，但由于资产市场价值评估、资产市场转化率较低等因素，集体经济持续管理效能尚未得到有效发挥。再加上四川省属于劳动力输出大省，每年都有大量的农村人口外出务工，农村空心化、老龄化问题十分突出。另外，集体闲置资产盘活再利用后由谁来运营管理也是摆在四川省壮大集体经济促进共同富裕面前的巨大难题。

5.2.2　集体资产市场化运营与风险防范的矛盾

目前，四川省农村集体经济还处于发展初期，集体资产市场化运营的时间并不长，市场经营能力和抗风险能力还有待市场进一步检验。四川省地方政策法规虽然支持股份化改造后的新型集体经济组织市场化运营,但是集体产权作为一种权属主体分散的公共产权,其性质仍未发生根本性改变,现行主张的成员固化、内部交易等封闭管理与市场化运营的开放性竞争要求在本质上有着难以调和的矛盾。再加上集体经济组织拥有市场法人地位的时间还不长,其获取组织机构代码证、税务登记证、银行独立账户、发票开具等展开市场运营的必备能力还有待市场进一步认可。此外,尽管四川省出台了《四川省农村集体经济组织条例》为防止集体经济资产受损提供了法律保障,但当宏观经济形势不好或者集体资产面临风险冲击时,集体经济抵御风险的自我调节能力较差,往往处于被动局面,从而形成新的集体内部矛盾冲突。因此,集体经济市场化运营过程中如何保护集体资产,维持集体经济持续性盈利不仅取决于集体经济发展方式的行为选择,更重要的是怎样改变农民厌恶风险和规避风险的传统偏好,在共享集体经济收益过程中分担集体经济运营管理风险。

5.2.3 集体经济外部扶持与内生动力的矛盾

农村集体经济"公有制"属性使其在获取政策支持上具有先天优势,2022 年四川省委一号文件更是落实了 4 条支持政策,鼓励发展新型农村集体经济,每个村至少可获得集体经济发展扶持资金 100 万元。然而,四川省集体经济虽然得到了强有力的外部政策支持,但是大多数村集体并没有借此形成可持续发展的核心主导产业,集体经济内生发展动力和造血功能严重不足。若脱离发展基金等外部扶持,村集体经济有可能会再次陷入发展困境,形成集体经济政策扶持的"悬崖效应"。此外,四川省农村长期面临着劳动力不足和人才结构性短缺的问题,尤其是专业化运营管理人才的不足和缺失成为四川省集体经济提升内生发展能力的重要瓶颈之一。《2021 四川统计年鉴》显示,2020 年乡村就业人数为 2 256 万人,相比 2019 年下降了 29.5%。就业人数的急剧下降,不仅说明四川省农村人才市场的"大池子"不断外流,而且说明农村人才市场吸引力不够,缺乏针对内在产业人才的积聚效应。因此,在多年发展中,四川省集体经济长期面临着管理运营带头人等多层次"头雁"式人才短缺困境。再加上村支书、村主任兼任集体经济理事长的"三个一肩挑"制度安排,农村集体经济组织管理层人员与村"两委"人员往往重叠,其运营管理集体经济的激励不足,效率不高,集体经济发展内生动力严重不足。调动集体经济自我发展壮大的积极性和主动性,在更好承接和运营政府支农惠农财政投入基础上,吸收专业知识、现代技术、经营理念等新人力资本要素,实现集体经济内生性发展,才是持续壮大集体经济促进共同富裕的关键。

5.3 四川省发展壮大集体经济促进乡村振兴的对策建议

四川省壮大集体经济促进共同富裕，主要在于针对集体经济发展困境，在集体资产盘活利用、规范管理、职业经营、保值增值、支持保障等方面完善相关配套政策，发挥集体经济在促进农民农村共同富裕中的多功能性。

5.3.1 保障财产合法权益，推动闲置资产盘活利用

四川省目前集体闲置资产数量庞大，有效利用率仍然不足。因此，加强农村集体产权制度改革成果的后续运用，并以此为手段加快盘活利用闲置资产，发展壮大集体经济，以保障农民集体经济收益权促进共同富裕是下一阶段四川省集体经济发展的工作重点。一是在保障集体及其成员权益基础上，探索形成集体经济多元经营模式，依据四川省发布的《四川省农村集体经济组织条例》合法依规制定股权分配计划，在将集体经济这块蛋糕做大做强的同时做好三次分配中的初次分配，保障集体与村民依托产业形成稳定的收益现金流；二是鼓励集体运用政府资金发展配套的集体产业，形成"集体经济组织+农户"的发展模式，通过集体产业发展兜底集体成员收入，令集体经济内生造血机制日益完善，使得第二次分配可以更好地在集体内部起作用；三是鼓励集体"先富"群体与集体合作外部企业通过自愿，在习惯与道德的作用下积极发展慈善事业，志愿服务，将个人价值实现与社会价值实现融合、适配，在集体中培育"大同"思想，使集体成员的物质与精神世界得到有效充实。

5.3.2 加强组织规范发展，完善集体资产监督管理

四川省探索了多种集体经济发展模式，但是集体经济在引入外部企业进村的同时，不能只看收益，忽略风险，也不能只看当下，不看未来。而是要加强集体经济组织规范建设，完善集体资产管理监督，为壮大集体经济促进农民农村共同富裕奠定组织基础。一是要建立相应的监管组织，遇到集体经济资产受到侵害时，监管组织可以处罚相关经营主体或进一步向上反映；二是提高集体资产管理运营者的集体意识，使其时刻牢记资产是集体所有，而不是个人所有，规范其资产运营行为；三是建立有效的防火墙机制，防止集体经济与外部合作时，只盯着每年的净收益，却不考虑风险。在集体经济多元发展的形势下，保障集体经济自身资产不受侵害根本上还是要完善惩罚机制，要让经营主

体有危机意识，在其创新创业失败时建立有效的集体经济保障制度是十分必要的。其保障政策需严格按照 2022 年四川省委一号文件精神，在农村集体经济组织与其设立的企业之间设立"防火墙"，防止农村集体经济组织因设立的企业经营不善而出现重大风险。

5.3.3　优化人才培育体系，培养集体经济职业经理人

壮大集体经济促进农民农村共同富裕要特别注意优化农村人才培育体系，培养集体经济职业经理人，以职业经理为基础的专业化团队来运营资产成为集体经济发展的重要特征①。一是不断加强农村产业发展，增加农村产业对年轻一代的吸引力，吸引年轻人尤其是集体内部的外出青年返乡创业、就业。二是建立集体经济职业经理人相关激励机制，应在保护集体经济与成员利益的同时充分发挥职业经理人的带头作用，解决好外部职业人才进村的一系列问题。要赋予有能力的集体经济带头人相应的集体经济管理权力，引入"头雁"就要让"头雁"带头飞起来，不能对其在集体经济发展上束手束脚。

5.3.4　充分释放改革红利，实现集体资产保值增值

农村集体成员与城市居民在发展过程中最大的区别就是农村土地流转受到制度性限制。城市居民房屋在经济发展中持续增值，这给城市居民带来了巨大的财产性收入。但农村居民的土地资产由于受到土地制度的限制，并不能被市场充分赋值，财产性收入往往仅来自出租土地带来的微薄租金。因此，四川省应进一步释放集体产权制度改革红利，建立符合市场经济要求的集体经济运行新机制，实现集体资产保值增值促进农民农村共同富裕。一是以渐进循环、风险可控、以点扩面的方式进一步推进集体资产股份权能改革，探索推进集体产权有偿退出、抵押、担保、继承等股份权能改革，鼓励集体成员将闲置资产的经营权出让给真正在农村搞建设的经营主体，增加集体成员的财产性收入。经营权放活不仅是促进农民增收，维护集体资产增值保值的有效途径，也是鼓励外部资金进入乡村的前提条件。二是通过物业租赁、合资合作、服务创收等途径以低风险、可持续的方式，多路径获得稳定的农村集体经济收益。探索农民增收道路的同时一定要有底线思维，土地公有制性质不能变、耕地红线不能突破、农民权益不能受损。

---

① 高强. 农村集体经济发展的历史方位、典型模式与路径辨析 [J]. 经济纵横, 2020 (7)：46.

5.3.5 创新农村金融服务，促进共同富裕

集体经济发展需要强大的资金支持，而农村金融服务是保障集体经济资本要素投入，促进共同富裕的重要来源。因此，四川省在创新农村金融服务，壮大集体经济促进共同富裕的过程中，一是要增大资金流量，逐步扩大对农村地区资金投入的支持；二是要不断放活农村集体经济资金存量，将沉淀在农村的基础设施投入转化为源源不断的资金流；三是要优化农村金融资本要素配置，对集体经济发展薄弱的地区加大资金支持力度。具体来说，首先，应稳步增加对"三农"领域的信贷支持力度，积极引导川内大中小型银行提高针对农村地区的放贷能力与效率水平，并监督资金向着农业农村领域流动。其次，农村金融服务投放资金要着眼于有效利用农村现有资产与先天禀赋，使得金融服务更好地适配农村集体经济。最后，农村金融服务要有的放矢，积极创新农村金融服务以优化农村金融资产的有效配置，引导资金流向真正需要的集体以及企业。金融服务要不怕艰难，向农村地区倾斜，在维持集体经济资产有效流动的基础上，做出适当创新。

6　农业生态康养与乡村振兴

　　生态康养产业"以人为本"的特性决定了它高度依赖优良的生态环境和生活条件，即必须满足三个条件：一是具备有利于增进人体舒适度的居住环境，特别要适合老龄和病弱人群生活；二是要有利于形成健康的饮食习惯和生活方式，改善人体免疫系统；三是要有利于隔绝致病因素，让人置身于安全的生活环境①。随着老龄化社会的进入和人民生活水平的提高，以及人们对亚健康状态的不断认识，农业生态康养产业逐渐成为主流，既进入了寻常百姓家，也进入了高端消费人群。生态康养产业不但可能成为我国未来新的经济增长点，引领全民健康生活和消费方式的兴起，而且可能成为四川省乃至全国中医药大健康产业发展和乡村振兴农业产业发展的新动力。

6.1　四川省农业生态康养的六度理论

　　"以人为本、康养为业"是生态康养产业发展的基本内核。考量一个地区是否适合生态康养及其产业发展，需要从温度、湿度、高度、洁净度、优产度、绿化度六个维度综合考虑，我们称之为为"六度理论"（见图6-1）。该理论是一个多学科融合的理论，涉及生态学、养生学、老年学、地理学及经济学等内容。可以通过这六个维度来评估一个地区发展生态康养产业的基础。

---

　　① 四川省"康养产业发展研究"课题组. 生态康养看攀西 以"六度理论"为衡量指标打造同心圆圈层发展体系 [J]. 当代县域经济，2015（4）：26.

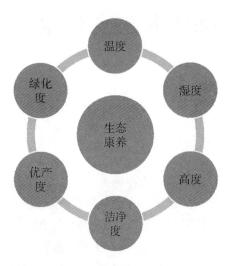

图 6-1   "六度理论"示意图

6.1.1 温度

6.1.1.1   温度的指标及其内涵

温度是一个物理学概念，是物体分子平均动能的标志。温度用来表示物体的冷热程度。温度越高，表示分子的热运动越剧烈。因此，温度是一个物理量，微观上来讲是物体分子热运动的剧烈程度。在"六度理论"中，温度通常指气温，即大气层中气体的温度，是气象学常用名词。它直接受日照影响，日照越多，气温越高。我国以摄氏温标（℃）表示温度。气象部门所说的地面气温，就是指地面高约1.5米处百叶箱中的温度。生命起源最为基础的条件就是适宜的温度，地球位于太阳系的宜居行星带范围内，既不冷也不热的环境温度使得地球拥有了孕育生命体的基础。在"六度理论"中，结合生态康养及其产业发展的内在需求，温度主要包含日照和无霜期两个指标。

地球的温度来自太阳能，即人们通常提到的日照，太阳通过发光发热将能量以日照的形式传递到地球。因此，日照的强度、日照时间的长度与温度紧密相关。日照强度越大、时间越长，该地区的温度也就越高。

除日照外，另外一个反应温度的指标是无霜期。无霜期是一个气候学名词，通常是指一年中终霜后至初霜前的一整段时间。在这一期间，没有霜的出现。农作物的生长期与无霜期有密切关系。无霜期愈长，生长期也愈长。无霜期的长短因地而异，纬度、海拔高度愈低，无霜期愈长。无霜期的知识被广泛应用于农业生产，因农作物对于无霜期的反应十分明显，在很大程度上影响着农作物的品质与产量。霜是一种气候现象，是客观存在和有规律可循的，我国无霜期区域差异较为明显，尤其是南北差异。总体而言，我国南部无霜期较北部无霜期长 100 天以上。例如，云南省、四川省等地无霜期在 300 天以上，长江中下游区域往往在 260 天左右，东北、内蒙古、新疆等地无霜期往往在 150 天左右。在生产生活中，霜是人们观测和感知气温冷暖变化的重要依据，标志着气候的变迁。人们可以通过掌握无霜期的基本知识及时进行农业生产调整和衣着变化。

6.1.1.2　温度的人体学释义

温度与人体的生理状态密切相关。人是恒温动物，人体会根据环境温度的变化通过一系列复杂的生理反应来维持体温的相对恒定。但是人体自身温度调节系统是有限的，一旦周围的环境温度变化超出人体能够承受的范围，过冷或过热都会引起人体的不良反应，严重时甚至会危害人的生命。正常人一天 24 小时的体温波动往往在 0.6℃左右，一般早晨体温较低，下午略高。正常人体腋下温度为 36℃~37℃，口腔温度一般比腋下温度高出 0.2℃~0.4℃，直肠温度一般比口腔温度又高出 0.3℃~0.5℃。以口腔温度为例，正常人的体温一般为 37℃，体温高于这一温度，即发烧现象则会影响人体健康，甚至危及生命。医学界定人的体温 37.3℃~38℃为低热，38.1℃~39℃则为中度发热，

39.1℃及以上则为高热或超高热（见表6-1）。体温低于25℃，或者高于41℃，都会对人体机能造成严重影响。由于体温异常变化往往与疾病有紧密联系，因此，在临床医学上，体温监测是最为常规的检查手段。

表6-1　人体的发热程度

程度	低热	中度发烧	高热
体温	37.3℃~38℃	38.1℃~39℃	≥39.1℃

一般情况下，人体温度往往高于环境温度，因此，人体始终处于散热状态。不同的环境温度对于人体的影响也有所不同。例如，如果室温超过35℃，心跳就会加快，体内血液循环加速，人体容易出现头晕、昏昏欲睡等不适症状；当室温低于4℃时，人就会产生寒冷感，也不容易进入深度睡眠。因此，温度过高或过低都不利于人体健康。人体学实验表明[1]，在冬季，实感温度（主观上感觉最舒适的温度）为17.2℃~21.7℃时，多数人感觉舒适；夏季则为18.9℃~23.9℃。若综合考虑湿度、风速，则下列三种情况，舒适感都相同：气温17.7℃，相对湿度100%，风速为零（无风、0级）；气温22.4℃，相对湿度75%，风速0.5米/秒（轻风、1级）；气温25℃，相对湿度20%，风速2.5米/秒（轻风、2级）。

6.1.1.3　适宜温度的代表性区域

在被世界卫生组织推崇的长寿之乡——广西巴马，年平均气温就是20℃左右。在四川省的攀西地区，米易县河谷区全年无冬，秋春相连，年平均气温19.7℃；盐边县冬暖、春温高、夏秋凉爽，年平均气温19.2℃；西昌市年均气温18℃，气候四季如春。上述区域年均气温均在人体舒适温度范围内，因此，这些地方都非常适合外地人来此避寒去暑，特别适合中老年人居住和养生，促进了当地康养产业的发展。

> **专栏6-2　米易县气候宜人**
>
> 米易县位于四川省西南部，隶属于四川省攀枝花市，处于青藏高原东南边缘与四川省西南角的交接区域，呈南北走向，地势北高南低。米易县属南亚热带干热河谷立体气候，境内干雨季分明，气温昼夜变化大，四季相差较小，尤其在河谷区，全年无冬，秋春相连，夏季长达5个月之久，气候十分宜人。米易县日照十分充足，年均日照数达2 379.3小时，平均年降雨量

---

① 马烈光，洪净，周铮. 中医养生大要 [M]. 北京：中国中医药出版社，2012：56.

1 112.6毫米，年均无霜期307.5天，雨季多为夏秋季节。从地理位置、气温、光照等条件来看米易县是不可多得的生态康养及产业发展适宜区域。四川省本身不乏夏季避暑胜地，而冬季养老的区域则十分有限，米易县全年无冬的特点正是未来养生、养老产业发展的巨大财富。

6.1.2 湿度

6.1.2.1 湿度的指标及其内涵

湿度又称"大气湿度"，是气象学观测的要素之一。温度表示空气中水汽的含量或潮湿的程度。温度常见的表示形式有：绝对湿度、相对湿度、水汽压、露点或霜点混合比、比湿、饱和差等。温度是决定云、雾、降水等的重要因素，也是影响水分、土壤蒸发及植物蒸腾的主要条件。温度一般自沿海向内陆、自低空向高空递减。大气湿度随着四季变化、气候条件而变化。湿度的气象学名称是RH（relative humidity），即相对湿度，单位是%RH。湿度主要反映的是大气中水蒸气的含量，而水蒸气的含量又与大气温度、气压直接相关，相对湿度为100%RH时，水蒸气即达到饱和状态，更多的水蒸气就会凝结出来。在气压稳定的同时，随着大气温度的升高，其比低温时也就相应能够容纳更多的水蒸气，因此，在水蒸气含量相同时，大气的温度越高，其湿度也会越低。在"六度理论"中，结合生态康养及其产业发展的内在需求，湿度主要包含大气湿气和干燥两方面指标。

大气中的湿气主要是指大气中水蒸气的含量，水蒸气含量高则湿度就高，反之则湿度就低。大气湿气是自然界水循环的重要环节，通过水蒸气的形式，水在大气层中得以往复运动，以降雨、降雪、云雾等方式在地球表面构成循环，起到调节气候的作用。夏天由于温度较高，大气中水蒸气含量也会增加，导致湿度增加，冬季则相反，湿度会相对低一些。湿气产生来源是多方面的，大气中湿气主要来自海洋、河流、湖泊、森林及地表的水分蒸发，并伴随着大气流动而实现转移。

干燥则是从另一相反的方向说明大气湿度，空气干燥指空气中缺少水分，相对湿度较低。干燥也是一种特殊而常见的气候现象，干燥相应的干旱则可称之为气象灾害，对于人们的生产生活有较大影响，尤其对农业生产是极具杀伤力的。我国西北地区是干旱的重灾区。显然，干燥的气候在我国也呈现明显的区域差异，我国南方相对潮湿，而北方相对干燥。干燥的气候成因往往是潮湿的空气难以流通到这些区域，导致降水量的减少。一般而言，导致大气干燥的原因也是多方面的，大气干燥与地表水分布及储量、陆地生态系统类型、海拔高度、地形地貌等都有很大关系。

6.1.2.2 湿度的人体学释义

在"六度理论"中，湿度具有十分重要的人体学意义。就人体的舒适度而言，经科学研究和实验表明，湿度在55%RH左右，人体感觉是最舒适的，同时，这一湿度范围也十分有利于人体健康。当环境湿度低于35%RH或高于95%时，对人体健康都会产生负面影响。尤其在湿度过高时人体排汗系统受到抑制，影响人体散热功能的正常发挥，甚至导致心情烦躁、呼吸困难、体温升高等症状，严重时甚至可能造成生命危险甚至死亡。

> **专栏6-3 湿度对人体的影响机理**
>
> 这是因为，在湿度过大时，人体内松果腺体所分泌的松果激素会增多，进而导致人体内甲状腺素和肾上腺素浓度变低，导致新陈代谢减缓，人就会表现出无精打采、萎靡不振的症状。此外，人体长期处于湿度较大的环境下工作生活，容易患上湿痹症。而湿度过低则易引起干燥症等问题，由于在干燥环境中，人体水分丢失加快，引起皮肤干燥、呼吸系统黏膜受损，尤其在寒冷干燥的空气中，病菌更加容易入侵人体引起咳嗽、发炎、感冒等疾病。

科学研究进一步表明，当环境湿度低于35%RH时，24小时后流感病毒的存活率仍在10%以上；而当环境湿度高于50%RH时，10小时后病毒全部死亡。因此，适宜的湿度可抑制病毒、病菌的滋生和传播，还可提高人体机体的免疫力。此外，在医学上空气的湿度与呼吸之间的关系非常紧密。在人体适宜的湿度环境下，氧气比较容易通过肺泡进入血液，使人体产生舒适感。现代气象医学研究建议，在夏季，当室温处于25℃时，将室内空气相对湿度控制在40%~50%RH较为合适。而当冬季室温处于20℃时，将室内空气相对湿度控制在60%~70%RH较为合适。即在天气炎热时，人体难以散热，应降低空气相对湿度，使得人体更加容易通过排汗来调节体温平衡。而在天气寒冷时，过高的湿度会加快人体散热，导致水分流失，此时应增加空气相对湿度避免人体产生呼吸系统疾病。此外，关节炎的发病也与湿度的变化密切相关。

湿度往往与温度综合作用于人体，因此，不同温度下，人体的适宜湿度也会有所不同。我国国家标准规定的灾害性天气标准为：长江以南最高气温高于40℃，或者最高气温达35℃，同时相对湿度大于60%；长江以北地区最高气温达 35℃，或者最高气温达 30℃，同时相对湿度大于 65%①。

6.1.2.3　适宜湿度的代表性区域

我国四川省攀西地区属于干热河谷，安宁河流域湿气春季最小、夏季最大，米易、西昌等地年均相对湿度处于 55%~60%RH，是人体较为舒适的相对湿度区间。海南省乐东县由于地貌和离海岸较远等因素所以形成海南岛独特的干爽气候，该县一年四季随着温度变化，其湿度范围均处于人体适宜范围内，是气管炎、哮喘、风湿病、关节炎的患者的理想疗养地。因此，这些区域的气候更加符合人们对于生态康养的需求。

6.1.3　高度

6.1.3.1　高度的指标及其内涵

高度的字面意思可理解为高低的程度，也用来表示从地面或基准面向上到某处的距离，或从物体的底部到顶端的距离。在"六度理论"中，结合地理学概念和生态康养及其产业发展的内在需求，高度主要包含海拔和紫外线两方面指标。

海拔是一个地理学名词，即指以平均海水面做标准的高度。海拔用来表示地面某个地点高出海平面的垂直距离。我国海拔分布总体上西高东低，平均海拔最高的区域是平均海拔 4 000 米以上、具有"世界屋脊"之称的青藏高原。在我国，高原山地面积十分辽阔，约占到我国国土总面积的 2/3。海拔直接影响着气温、气压、空气含氧量、光照条件等环境因素。大气压随着海拔的升高而降低，海拔不同导致空气含氧量不同。高海拔区域气压较低、空气相对稀薄，氧气含量也会越少。在海拔 8 000 米以内，平均海拔每升高 1 000 米，大气压就会下降 8.13kPa（或 61mmHg），同时氧分压就会降低 0.17kPa（或 13mmHg）。海拔升高会引起大气压降低，进而使得大气中的氧气含量和氧分压随之降低。而环境缺氧导致人体供氧不足，进而产生一系列生理变化。因此，海拔具有十分重要的养生学意义。

海拔的升高对于气温也会产生明显影响，事实表明，海拔每升高 1 000 米，气温平均就会下降 6.2℃，进而产生高原高寒的天气。由于高原地区日照强度大、时间长，其所接受的太阳辐射量也较大，因此，高原地区白天气温较高，昼夜温差较大。同时，高原地区也十分干燥，因高原区域普遍降水较少尤

---

① 　全国气象防灾减灾标准化技术委员会. 专业标准汇编 灾害性天气预警与气象服务 ［M］. 北京：中国标准出版社，2012：73.

其是我国青藏高原和内蒙古高原，水分蒸发也相对较快，形成高原独有的高寒干燥的气候特点，这些因素对人体健康也存在的显著影响。

紫外线是一个物理学名词，又称"紫外光"，是波长介于紫光与 X 射线之间的电磁辐射。紫外线波长范围为 0.04~0.39 微米，属于不可见光。紫外线是阳光的组成成分，紫外光谱能量约占阳光辐射能的 8.3%。紫外线的显著效应是化学作用，且能杀菌。医学上常用紫外线杀菌消毒，治疗皮肤病和软骨病等。

紫外线的强度与海拔也有着直接关系，一般而言，海拔越高的区域，其紫外线辐射强度也越大。高原地区太阳辐射较为强烈，一般情况下，海拔高度每升高 100 米，紫外线的照射强度就会增加 13%。紫外线对人体的影响是正反两方面的，适量的紫外线对人体有益，有助于杀菌消毒，提高免疫力。而过量的紫外线辐射则容易引起放射疾病，导致皮肤、眼睛等受到损伤，严重的话可能导致癌症。

6.1.3.2　高度的人体学释义

结合人体对海拔高度的不同反应，我国海拔大致可分为四类（见表6-2）。一是海拔在 1 500 米以下的称为低海拔区域，这一区域人体一切生理特征正常。二是海拔在 1 500~3 500 米的称为高海拔区域，处于这一海拔区域，只要有足够的缓冲时间，大部分人都能够适应。三是海拔在 3 500~5 500 米的称为超高海拔区域，在该区域的人是否能够适应则取决于个体差异，大部分人都会有不同程度的高原反应。四是海拔在 5 500 米以上的则称为极高海拔区域，该高度的人类很难长期生存，且对人体会造成不可修复的损害。

表6-2　海拔分类　　　　　　　　　　　　　　　　　单位：米

区域	低海拔区域	高海拔区域	超高海拔区域	极高海拔区域
海拔	≤1 500	1 500~3 500	3 500~5 500	≥5 500

生理卫生研究和实验表明，人类生存最为适宜的海拔区域是 1 000~1 500 米。全球著名的长寿及养生保健区域海拔高度大都在 1 500 米左右。这是因为，当人体处于海拔高度 1 000 米时，心跳速度会相应提高 10%~20%，心率在合理范围内低强度的加快有利于加快新陈代谢，增多排汗量，加快脂肪燃烧，女性天然地实现了减肥塑身；而男性的甲状腺、肾上腺、性腺都会更加活跃，多项生理机能得到增强；睡眠、肺功能、造血功能等多项生理指标得到改善，更利于大脑健康和机体长寿。

专栏 6-4　高海拔对人体的影响

当人体处于高原山区时，在空气稀薄、大气压及氧分压降低、氧气含量降低、臭氧成分含量升高、太阳辐射尤其是紫外线辐射明显增强、大气温度较低等因素综合作用下，人体的呼吸、造血、心血管、免疫能力等功能都能得到有效的改善和提高，同时能够加强钙、磷等元素的代谢。因此，高海拔地区对多种慢性疾病都有较好的疗效，是生态康养及其产业发展的良好选择。

西藏林芝是国际享有盛誉的高原养生宝地，历来享有"高原江南"之称。林芝平均海拔 3 100 米，拥有世界最深的雅鲁藏布江大峡谷。该地区气候温润、植物繁茂、风景如画、气候宜人。林芝的高海拔、相对少氧的独特气候环境已经使其成为发展高端养生产业的招牌。

此外，高原高山区域还有一个优势即由于气候干燥、气温较低，蚊虫、细菌的繁殖受到明显抑制，这大大降低了这些地区传染病的发病率。且在这些地区生活，需要更多摄入碳水化合物、纤维素、维生素，而减少脂肪的摄入量，对于心脑血管疾病也有较好的恢复效果。

6.1.3.3　适宜高度的代表性区域

四川省攀西地区平均海拔在 1 300 米左右，安宁河谷流域的河谷平坝、山间盆地和半山阶地海拔均在 1 500 米以下，在此长期居住非常有利于人的健康长寿。此外，我国庐山、黄山、莫干山、鸡公山等高山区域海拔高度都处于 500~2 000 米，这些地区凭借独特的气候特点和地理环境优势，成为我国著名的养生保健、疗养度假的胜地。

6.1.4　洁静度

6.1.4.1　洁静度的指标及其内涵

洁静度包含两方面含义，即空气的清洁程度和周围环境的噪声强度，洁静度是衡量人们生活环境中的空气质量和听觉感官舒适度的一个维度。在"六度理论"中，结合生态康养及其产业发展的内在需求，洁静度主要包含 PM2.5、化学污染、放射性、环境噪声强度四方面指标。

PM2.5 又称细粒、细颗粒，是近年来为公众所熟知的物理学名词，它是指环境空气中空气动力学当量直径小于等于 2.5 微米的颗粒物。由于颗粒微小，质量很轻，能够长时间地在空气中处于悬浮状态。PM2.5 在大气中所含浓度越高，说明空气污染程度越深。总体而言，PM2.5 在大气中的含量并不高，但由于它对空气质量和能见度有着重要影响，尤其会威胁到人体健康，因此获得了社会公众的广泛关注。与一般的大气颗粒物相比，PM2.5 颗粒更小，表面积却很大，具有较强的活性和吸附能力，因此，往往吸附着有害物质（如，化学污染物、重金属、微生物等），具有较大毒性甚至会致癌。加之其能够在空气中长时间悬浮、传播距离远、范围大，已成为大气环境污染的重要组成，对人体健康的威胁越来越大。

2013 年 2 月，全国科学技术名词审定委员会将 PM2.5 的中文名称命名为细颗粒物。其化学成分主要包括有机碳、元素碳、硝酸盐、硫酸盐、铵盐、钠盐等。PM2.5 有自然和人为两个主要来源，自然源包括土壤扬尘（含有氧化物矿物和其他成分）、海盐（颗粒物的第二大来源，其组成与海水的成分类似）、植物花粉、孢子、细菌等。自然界中的灾害事件，如火山爆发向大气中排放了大量的火山灰，森林大火或裸露的煤田大火及尘暴事件都会将大量细颗粒物输送到大气层中。人为源则主要包括各种燃料燃烧及工厂排放，如发电、冶炼、化石燃料加工、化工、纺织印染等各种工业过程，供热、烹调过程，提炼和加工中燃煤、燃气或燃油以及其他化学反应所排放的烟尘。其次在汽车等需要燃烧汽油、柴油等过程中向大气中排放的尾气。

化学污染是指由于未经有效处理化学物质排放到大气中所造成的环境污染，即因化学污染物引起的环境污染。这些化学污染物大多是在人类活动或工厂加工产品过程中产生的。这些污染物经由呼吸道进入人体，日积月累成为人们的健康杀手，尤其是化学有机污染物，由于慢性长期摄入对人体造成不可逆的食源性危害，包括农药残留、兽药残留、霉菌毒素、食品加工过程中形成的一些致癌物（如亚硝胺等）以及工业污染物，如燃烧聚乙烯制品等产生强致癌污染物如二噁英等。

放射性。某些元素（如镭、铀等）的不稳定原子核会自发地放出射线而衰变成另外的元素的性质。大剂量的放射容易导致人体细胞基因突变、染色体变异，导致细胞癌变，严重威胁人体健康。研究表明，如果暴露在 400rad 辐射水平下，人的死亡率为 5%，而暴露在 650rad 辐射水平下，死亡率则上升为 100%。

环境噪声强度指环境中振幅和频率完全无规律的声音的大小程度。根据国际标准化组织（ISO）的调查，在噪声级 85 分贝和 90 分贝的环境中工作 30 年，耳聋的可能性分别为 8% 和 18%。在噪声级 70 分贝的环境中，谈话就感到困难。对工厂周围居民的调查结果显示，干扰睡眠、休息的噪声级阈值，白天为 50 分贝，夜间为 45 分贝。如表 6-3 所示，目前国际上公认的噪声标准为：市区白天小于 55 分贝，夜间小于 45 分贝；居住区白天小于 45 分贝，夜晚小于 35 分贝。一般情况下，人们在白天能够感受到安静的噪音环境小于 50 分贝，感觉到吵闹的噪音环境为 60~80 分贝，80~100 分贝则感觉十分吵闹，100 分贝以上的噪音环境人们则无法忍受。

表 6-3　环境噪声强度标准　　　　　　单位：分贝

区域	市区	居住区
白天	<55	<45
夜晚	<45	<50

6.1.4.2　洁静度的人体学释义

空气的清洁度即空气含尘（包括微生物）量的多少和大小程度。其中，PM2.5 对人体的危害巨大，受污染的空气往往含有大量有毒有害物质，而污染颗粒物的粒径越小，对人体的危害越大，当颗粒物达到 $10\mu m$ 时，就能够沉淀在人体的呼吸道上，PM2.5 已经可以深入呼吸道，直接到达支气管毛细血管和肺泡，甚至血液中，并沉积下来对人体造成持续性伤害。这将进一步引发呼吸系统、心血管等器官的病变。PM2.5 的数值可以用来衡量洁净程度，当 PM2.5 值低于 $35\mu g/m^3$ 时，空气洁净度为优；当 PM2.5 达到 $150~250\mu g/m^3$ 则被评价为重度污染。

噪声污染对人体的危害是多方面的。人在吵闹的环境中持续工作，容易有烦躁、易疲劳、记忆力减退、反应迟缓等症状。强度高的噪音对人的听力会造成永久性损伤，使听力下降，甚至耳聋。当噪声达到 100 分贝时，人会感到刺耳、难受，甚至引起暂时性耳聋；当人暴露在 140 分贝的噪音环境时，会引起中鼓膜破裂，造成视觉模糊、耳聋。在高分贝环境下，人的呼吸、脉搏、血压都会发生波动。

6.1.4.3　适宜洁静度的代表性区域

攀西地区海拔相对较高，大部分区域属于限制开发区和禁止开发区，空气洁净度高，工业污染源少、噪声小。凉山州、攀枝花市空气质量（AQI）为优良，PM2.5 数值常年低于 20，米易、盐边等地空气洁净度更优，环境更静谧，尤其适合呼吸系统病患者静养。

6.1.5　优产度

6.1.5.1　优产度的指标及其内涵

优产度，主要指农产品等物产的品质优劣程度，绿色、有机农产品占农产品总量的比重是衡量一地优产度高低的一个重要指标。在"六度理论"中，结合生态康养及其产业发展的内在需求，优产度主要包含有机生产、产品丰富度和产量三方面指标。

一个地区的粮食、肉类以及果蔬的优产度是判断其是否适合发展生态康养产业的必要条件。膳食养生是生态康养的重要组成部分，谷豆类、肉类、果蔬、乳品四大类食物均是人体保持健康不可或缺的部分。能够生产绿色、有机食品的区域首先是因为当地的水、土壤、空气达到了相应标准，不存在重金属及农药超标问题，因此才能保证生产出来的原材料是符合生态康养产品要求的。有机食品，也被公众称为生态食品。有机食品是国际上对无污染天然食品比较统一的提法。有机食品通常来自有机农业生产体系，其需要根据国际有机农业生产要求和相应的标准生产加工。由于最大限度地限制了农药和化肥的使用，有机食品被认为是安全、健康食品，有机食品的生产理念已经被越来越多的人所接受。当前，我国农业发展方式正处于转变的关键期和机遇期，以生态康养为核心的新的产业形态的形成是推动这一转变的重要力量，其出现也标志着这一新业态的形成和对落后发展方式的淘汰。绿色食品，是遵循可持续发展和有机农业原则，在空气、土壤和水源均无污染的生态环境之中，应用无公害生产的操作规程，产出和加工出的安全优质、富有营养，并经绿色食品发展机构认证，允许使用绿色食品标志的一切食用农副产品的总称①。绿色食品虽然没有有机食品的要求严格，但其整个生产过程和工艺也达到了相应的规范和标准。因此，在我国的市场上，有机食品、绿色食品都具有较高的市场认同度，市场价格也较同类产品高。

6.1.5.2 优产度的人体学释义

健康的身体离不开安全的食物，食疗是一种高级的养生方式。随着环境污染的加剧，生化技术的广泛使用，食品安全问题已经成为影响人体健康的重要因素之一。据统计，我国因摄入不健康食物诱发癌症的比例高达60%。高优产度保证人体能够吃到符合自然规律的当地菜和当季菜，避免过度使用农药、化肥的大棚蔬菜等对人体带来的潜在危害，从而有利于人们的健康长寿。

生态康养首先是膳食的搭配、其次是安全的生产，从膳食的角度来看，以下四类食物是不可或缺的：第一，谷豆类是人类的主食，是人类维持生存的根本，且谷豆类大多味道甘平、不寒不热，具有良好的补益脾胃的作用，是人们不可缺少的重要食物。从优产度来看，大麦、燕麦、荞麦、糯米、大豆、红小豆都是膳食佳品。第二是肉类，肉类是人体所需蛋白质、脂肪、维生素及矿物

---

① 陈天佑. 绿色食品 [M]. 咸阳：西北农林科技大学出版社，2002：63.

质的重要来源，常见的膳食肉类有牛肉、羊肉、猪肉、鸡肉、鸭肉、鱼肉等。第三，果蔬是人类膳食的主要副食，而果蔬由于各自生产环境不同，具有明显的季节性，因此需要尤其注意其不同的康养作用，常见的膳食果蔬有大枣、樱桃、山楂、萝卜、芹菜、洋葱、黑木耳、大蒜等。第四，乳品类则以牛奶为宜，其含有的酪蛋白和卵清蛋白具有增强呼吸道和内脏各器官抗感染能力，能防止病毒和细菌的入侵。

优产度反映的是一个地区生产安全食品的丰富度和能力。从人体学的角度来看，优产度所包含的生态、绿色、有机食品的理念正是发展生态康养产业的有力支撑。因此，优产度不仅反映一个地区是否有健康安全的食品做支撑，而且是一个评估整个生产过程和理念的指标，"优"和"产"是相辅相成的，是二者兼顾的生产过程和结果，既有优良的品质、也有丰富的品种和规模的产量，只有满足这些条件，才能够符合生态康养及其产业发展的内在需求。

伴随着食品安全问题，农药残留逐渐走入了公众的视野。众所周知，农药对人体有着极大的危害，严重时甚至危及生命。有机食品最大的优势不在于营养，而在于其没有污染以及生态循环的生态康养理念，因为有机农业的原则是整个农业生产过程是基于物质与能量的封闭循环。有机农业的整个农业生产过程都以利用农业资源为基础，而不是借用外部资源（如化肥、农药、生产调节剂和添加剂等）影响和改变农业作物自身生长规律和能量循环链条。有机农业的整个生产方式是利用太阳能，依靠动物、植物、微生物和土壤四种生产因素因果关联，不破坏农业生物链循环的客观规律进行生产，因此，整个生产过程中也不会产生污染性的排放。尤其是近年来，食品安全问题层出不穷，人们对于健康饮食极大关注，使得有机食品的市场也在与日俱增。有机食品市场需求的旺盛，反映了人们对于饮食健康的重视程度，也在一定程度上反映出生态康养产业的发展潜力。

6.1.5.3 适宜优产度的代表性区域

攀西地区的安宁河平原是四川省第二大平原，也是四川省的主要"粮仓"、第二大蔬菜基地和唯一的亚热带水果产业带。四川省西充县被誉为"中国西部有机产品第一县"，已经面向全国规模化、标准化、品牌化生产各类优质粮食、水果、蔬菜等农产品，为生态康养产业发展提供了得天独厚的物质基础。

> **专栏 6-5 攀西地区物产丰富**
>
> 位于四川省西南部的攀西地区，地势开阔、土壤肥沃，加之光照充足、气候适宜，盛产各种亚热带特色农作物、蔬菜、水果，物产丰裕度极高。攀西地区特色水果蔬菜有：早春蔬菜，攀西早春枇杷、攀西晚熟芒果、优质攀

西甜石榴等。例如，最负盛名的攀西地区芒果，其产业规模大、发展水平较高，产业规模达到近1万公顷，大部门地区已由国家绿色食品发展中心认证使用A级绿色食品标志，是全省最大的优质芒果产业基地，产生了良好的经济效益与社会效益。攀西地区石榴栽培面积已达2万公顷，年产量15万吨以上，是我国重要的石榴生产基地。此外，攀西地区土地资源、河流资源丰富，也适宜发展特种特色养殖业。攀西地区特色肉类有：肉牛、肉羊、生猪、禽蛋和奶牛等。攀西地区特色水产有：冷水鱼、良种家鱼等。

6.1.6 绿化度

6.1.6.1 绿化度的指标及其内涵

绿化度即绿化程度，一般用森林覆盖率来衡量一个地区的绿化程度。绿化指采用栽种树木、花卉、草皮等绿色植物的措施，以改善自然环境和人民生活条件。绿化可以净化空气，减少环境污染和自然灾害，提供工业原料和其他林副产品。在国防上，绿化还可以起到伪装、隐蔽的作用。在"六度理论"中，结合生态康养及其产业发展的内在需求，绿化度主要包含森林覆盖率和负氧离子两个指标。

森林覆盖率是指森林面积占土地面积的比重，反映一个地区森林资源丰富程度及绿化程度。2014年，原国家林业局第八次全国森林资源清查成果显示，我国的森林覆盖率为21.63%。森林是一个植物群落的生态学概念，是指由乔木、直径1.5厘米以上的竹子组成且郁闭度0.20以上，以及符合森林经营目的的灌木组成且覆盖度达30%以上的植物群落。森林包括郁闭度0.20以上的乔木林、竹林和红树林，国家特别规定的灌木林、农田林网以及村旁、路旁、水旁、宅旁的林木等。俄国林学家莫罗佐夫1903年提出森林是林木、伴生植物、动物及其与环境的综合体。森林群落学、植物学、植被学称之为森林植物群落，生态学称之为森林生态系统。森林不仅提供木材和其他林产品、副产品，还具有保持水土、调节气候、防风固沙、保护农田、卫生保健和有利国防等作用，是地球生物圈中最重要的生境之一。

空气中的分子在高压或强射线的作用下被电离所产生的自由电子大部分被氧气所获得，其中获得一些电子的带负电荷（电子带负电荷）的氧气离子被称为"负氧离子"①。负氧离子并不稳定，因此不是随时都能够保存下来，根

---

① 林金明，宋冠群，赵利霞，等. 环境、健康与负氧离子 [M]. 北京：化学工业出版社，2006：51.

据负氧离子的形成特点可以判断，一般情况下，晴天空气中的负氧离子浓度要高于阴天，从季节分布来看，夏天空气中的负氧离子浓度比冬天高，从一天中的分布来看，中午空气中的负氧离子浓度比早晚高。在室内，如果通风不良或存在空气污染，负氧离子浓度就会大大降低。由于负氧离子具有较强的还原性，因此负氧离子浓度的高低能够在一定程度上反映空气的洁净程度。

6.1.6.2 绿化度的人体学释义

森林生态系统对人类健康起着重要作用，森林所营造的绿色环境能在一定程度上减少人体肾上腺素的分泌，抑制人体交感神经兴奋。使人产生平静、舒服等舒适感。处在森林环境中，人体皮肤温度会降低1℃～2℃，同时脉搏每分钟减少4~8次，听觉和思维活动的灵敏性也会增强。森林具有抑菌作用，早在远古时代，人们就已认识到，在古代，人们常常用树叶包裹食物，用植物汁液或浸提液作为外科手术的消毒剂，说明植物还可充当杀菌防腐剂。森林植物会分泌一些酒精、有机酸、醚、醛、酮等杀菌素，能够大量杀死空气中的细菌、真菌和某些多细胞生物[1]。森林生态系统中的植物，如杉、松、桉、杨、圆柏、橡树等能分泌出一种带有芳香味的单萜烯、倍半萜烯和双萜类气体"杀菌素"，能杀死空气中的白喉、伤寒、结核、痢疾、霍乱等病菌。有研究显示，在干燥无林处，每立方米空气中，含有400万个病菌，而在林荫道处只含60万个，在森林中则这一数值可以降低到几十个。

森林与空气负氧离子浓度直接相关，森林覆盖率越高，负氧离子浓度越高。负氧离子被誉为"空气维生素"，它能够通过神经系统及血液循环对人的机体生理活动产生影响[2]。负氧离子能够抑制大脑皮层活动，改善和调整大脑皮层功能，能够有效发挥镇静、催眠及降血压的作用。人体经由呼吸道吸入负氧离子后，其能够松弛支气管平滑肌，解除痉挛等不适症状。负氧离子进入血液后可促使红细胞沉降变慢、延长凝血时间，有效增加红细胞和血钙含量，有效减少由于疲劳产生在肌肉和血液中的乳酸。同时，负氧离子能够显著增强脑、肝、肾等内脏器官的氧化过程。负氧离子浓度高的区域，人们的寿命往往比较长，说明负氧离子能够减缓人体的衰老过程，为各器官提供更多氧气，促进人体新陈代谢。

此外，负氧离子对哮喘、支气管炎、高血压、偏头痛以及冠心病等疾病的康复有明显的促进作用。此外，负氧离子延缓衰老，促进新陈代谢的功效对女

---

① 刘艳琴. 南京市城市森林抑菌、滞尘效应研究 [D]. 南京：南京林业大学，2006：7.
② 林金明. 环境、健康与负氧离子 [M]. 北京：化学工业出版社出版，2006：55.

性养颜美容也大有裨益。根据世界卫生组织划定的标准，清新空气中的负氧离子含量为每立方厘米不低于 1 000~1 500 个。按照这一标准，我国大部分城市均不达标。由于室内空气不易流通和污染导致负氧离子无法存留，极易引发室内人员头晕、失眠等不适症状，导致亚健康状态。

6.1.6.3 适宜绿化度的代表性区域

我国攀西地区的米易县、盐边县等地的森林覆盖率超过60%，接近全国平均水平的 3 倍、四川省平均水平的 2 倍，是名副其实的天然森林氧吧。全国拥有原始森林的自然保护区均是负氧离子充沛的地方。此外，上海的长兴岛、横沙岛也因负氧离子充沛而获得人们的青睐。2009 年，由亚太环境保护协会、中国西部杂志社、中国城市竞争力研究会西部中心联合发布的《2009 年中国高负氧离子城市美誉榜》前十名的城市为：西双版纳、肇庆、黔东南、伊春、白山、丽水、台北、普洱、河源、衢州。这些城市是我国绿化度最好的地区，也是未来生态康养产业发展的引领者和推动者。

综上所述，"六度理论"的内涵是集合六个维度来综合评价一个区域是否适宜生态康养及其产业发展。"六度理论"的每个维度都可以成为一个评价体系，但这六个维度之间又是紧密联系、互为条件和互相促进的关系，例如，温度不但与日照相关，还因海拔变化而不同；湿度不仅和降水相关，也跟森林覆盖度有关。经过简单评估，可以发现我国生态康养及其产业发展适宜区域有：广西、四川、海南、安徽、江西等地的部分区域，这些地区均在一定程度上符合"六度理论"的评价指标。虽然，"六度理论"中每一个维度都有其很多代表性区域，但纵观全国，六个条件全部符合，在诸多适宜生态康养区域中以我国四川省攀西地区最具代表性，该地区年在六个维度中均处于人体学适宜的合理区间，相比其他区域，攀西地区以其独特的地理位置优势、气候环境优势和丰富的自然资源优势等成为我国生态康养胜地及其产业发展的首选之地。

6.2 四川省发展石斛生态康养产业的实践探索

随着人们对于健康的重视，石斛产业自 20 世纪 90 年代开始发展，成为我国中医药产业和康养保健的代名词。素有"救命仙草"和"药界大熊猫"之称的石斛，以其优质、珍稀的药用价值受到中医界和投资者的青睐。在野生石斛资源已近枯竭的情况下，通过繁育、栽培的技术，石斛产业迎来了 20 多年的蓬勃发展。长期以来，石斛产业一直由浙江、广东等地占据主导地位。而四川省作为铁皮石斛的纯正产地，具有优良的产业发展环境。在起步相对较晚，技术和市场条件薄弱的情况下，四川省石斛产业充分利用后发优势走出了一条特色、快速发展之路，对促进中医药大健康产业的发展和文化传播发挥了积极的促进作用。通过以石斛为载体构建大健康生态产业，四川省在金堂、攀枝花等地建立了石斛产业基地，通过聚焦多种业态，培育了一批充满活力的企业和新型农民经营主体，对于促进农民持续和稳定增收发挥了重要作用。目前，石斛产业已经成为促进四川省中医药大健康产业发展和乡村振兴的新动力。

6.2.1 四川省石斛资源分布

四川省是我国中药材资源产量最大的省份之一，是诸多野生石斛的原产地和主要产区，石斛资源非常丰富。四川省是石斛的老家和源点，也是石斛人工栽培技术的发源地。我国石斛原生品种有 76 种，其中四川省占 60 种，如，金钗石斛、叠鞘石斛、铁皮石斛、曲茎石斛、竹枝石斛、细茎石斛、线叶石斛、矮石斛、串珠石斛、罗河石斛、华石斛、梳唇石斛、广东石斛、昭觉石斛。这些石斛品种主要分布在川南的泸州地区，重庆地区，川西的雅安地区、攀枝花地区，川中的南充地区，遂宁地区，川南的峨眉地区，川西北的江油地区等。四川石斛资源分布遍布全省，具有种类多、分布广、产量大的特点。

20 世纪 60 年代以前，四川省是全国石斛产量最大的省份。目前，四川省人工种植石斛基地仅为 4 000 亩，主要分布在泸州合江县、乐山夹江县、成都崇州市、成都金堂县和绵阳江油市等地区。

四川省虽然不是石斛种植面积最大的地区，却是人工种植石斛最早、石斛药材最为纯正的地区。

6.2.2 四川省石斛产业发展现状

6.2.2.1 石斛资源丰富，但发展经验相对不足

四川省良好的气候和水土环境十分适宜石斛生长，石斛资源丰富且分布广泛。石斛对生长条件的要求十分苛刻，目前，四川省大部分铁皮石斛种植以仿野生环境栽培。铁皮石斛适宜生长在温暖、潮湿、半阴半阳的环境，海拔 500~1 000 米，相对湿度控制在 60%~75%，透光度 60%，生长季节温度 20℃~25℃，冬季气温 9℃~12℃，无霜多雾，年降雨量 1 100~1 500 毫米。因此，四川省的地理气候特点为人工栽培石斛提供了良好的生长环境。

然而，四川省石斛产业尚处于起步阶段，种植规模、市场环境尚不具备大规模发展的条件，产业基础相对薄弱。由于启动石斛产业需要过技术、资金投

入两道"高门槛",且作为新兴产业,缺少成熟经验,生产端和消费端仍需一定时间积累。

6.2.2.2 技术条件成熟,但增长速度相对缓慢

四川省石斛产业企业目前已经具备石斛的 GAP 仿野生种植技术条件,在石斛种子繁育和规模化种植方面的技术研发十分成熟,研究成果和专利均处于全国前茅。如,金堂县拥有全省最大的仿野生铁皮石斛产业园,该产业园由峰上生物科技有限公司创建,是四川省石斛产业发展的代表性龙头企业。该产业园目前已拥有铁皮石斛相关的实用新型专利 21 项,其中,"铁皮石斛规模化生产项目"获得成都市科技局"农业技术成果应用示范项目"。2012 年,该产业园作为成都市中药材代表企业,被推选成为全国中药材流通追溯体系首批试点单位。2015 年,该产业园获得国家科技部"国家名贵中药材产业联盟理事长培育单位"称号。

通过积极联合技术合作单位,支持中国科学院成都生物研究所、四川大学、四川农业大学、西华大学等高校所开展产学研合作,四川省已建立了石斛工程技术中心,在石斛人工种苗培育和规模化种植方面实现了技术突破。然而,四川省石斛产业发展相对浙江、广东等地区仍然较为缓慢,主要原因是高昂的研发成本和规模化种植成本影响了企业投入的积极性,石斛产业对于行业进入者的门槛较高。

6.2.2.3 企业初具规模,但扶持力度相对较小

由于石斛产业未来前景看好,四川省已有 7 家龙头企业相继投入生产,目前四川省最大的铁皮石斛种植基地在金堂县,种植面积超过 1 000 亩,2017 年产值突破 1 亿元。预期未来 3~5 年,该基地即可实现 10 亿元产值。四川省石斛产业企业名单见表6-4。

表6-4 四川省石斛产业企业名单

企业名称	主营业务	基本情况
四川省峰上生物科技有限公司(金堂)	专业从事铁皮石斛育种、种植、研发、生产与销售	2012 年 5 月成立,注册资本 1 000万元;建立 GAP 和有机认证双认证基地 33 公顷;拥有国家专利 21 项
四川省千草生物技术股份有限公司(内江)	铁皮石斛种苗的培育、销售以及铁皮石斛的规模化种植	除主打铁皮石斛种苗以外,还储备了 60 余种特色品种植物的种苗;2014 年 7 月上市(新三板);实收资本 2 800 万元

表6-4(续)

企业名称	主营业务	基本情况
四川省联华农业科技开发有限公司(自贡)	铁皮石斛、金线莲等名贵品种的开发;2010年,与四川农业大学共建产学研示范基地,建立起先进的铁皮石斛科研机构	公司成立于2011年12月,注册资金800万元,每年生产各类组培苗100万瓶
四川省艾思沃农业科技公司(都江堰)	参股中药材及名贵保健果蔬种植和销售项目	成立于2013年12月,注册资金500万元,拥有160亩现代温室大棚
四川省壹原草生物科技有限公司(江油)	重点发展石斛种植、育苗、加工、销售,并致力开发其他中药材	2011年由成都皇斛生物科技有限公司投资在四川省江油市成立,注册资金200万元
四川省万安石斛产业开发有限公司(双流)	石斛规范化、规模化野生抚育,有关川石斛产业化的重大科研	成立于2008年3月,注册资金1000万元。公司在双流区万安镇建成石斛产业科技园,占地1100余亩;建有种苗繁育中心、示范种植基地、石斛生态园、石斛文化博物馆、石斛加工制作车间
成都润惠农业开发有限公司(崇州)	名贵中药材铁皮石斛规范培育、种植的产业化龙头企业。实施中药材铁皮石斛特色效益农业项目	建有19.5万平方米的铁皮石斛种植大棚;推广"公司+基地+合作社+农户"的生产模式,带动项目区域农民种植致富

表6-4所列的7家四川省石斛产业龙头企业拥有较强的技术研发实力,通过10多年的积累,为四川省筛选出优质的石斛品种、品源,积累了丰富的石斛驯化、人工栽培和规模化种植经验,技术实力在全国名列前茅,为四川省石斛产业化奠定了坚实的基础。

然而,四川省石斛产业在市场培育方面与浙江、广东等省仍存在不小的差距,尤其是四川省铁皮石斛价格在2016年经历大幅下跌后,鲜品每千克仅为500~600元,干品(枫斗)每千克2500~3000元。目前,石斛市场面临调整期,四川省石斛产业总产值仍然较低,年产值约5亿元,仅为浙江的6%。虽然四川省石斛企业成长迅速,但总体种植规模仍然较小。因此,无论从种植规模还是消费市场来看,四川石斛产业都有较大发展潜力。

总体而言,虽然部分石斛企业实现了快速发展,但四川省石斛产业仍处于发展的起步阶段,政策扶持力度较小,尤其是四川省尚未定制相关的专项产业扶持政策。由于石斛产业投入门槛高的特点,需要更多政策扶持来帮助企业度过艰难创业期,相对于浙江、云南等石斛大省,四川省尚未建立完善的石斛产业政策支撑体系，在一定程度上减缓了产业前进步伐。

6.2.2.4　市场需求旺盛，但品牌营销相对滞后

浙江等样板市场已经证明了石斛产业具有广阔的市场前景。除了石斛产品本身的品质外，品牌营销也是石斛产业成功的重要因素。对于四川省而言，石斛产品需求量虽然在逐年攀升，市场需求十分旺盛，但本地品牌的知名度以及营销手段尚未在产品市场打开局面。缺乏品牌支撑将导致四川石斛产业难以占据石斛产业链高端，仅能成为初级产品提供者，创造一小部分市场价值。

6.2.3　四川省石斛产业的优劣势分析

6.2.3.1　优势

四川省石斛产业的优势包括：

（1）四川省石斛产业资源丰富，具有道地和发源地优势。经考证，四川省是石斛的故乡。野生石斛源于青藏高原喜马拉雅山脉周围，最先在四川省龙泉山周边人工栽培成功，后经南方丝绸之路传播至东南亚地区，现分布于浙江、云南等地的优质种源均来自古蜀地区。四川省作为古蜀石斛的发源地具有深厚的文化底蕴，是四川省石斛产业发展复兴的灵魂所在。同时，四川省气候四季温润、水源充足、雨量充沛，属于亚热带湿润气候，年降雨量超过1 000毫米，十分适合石斛的生长，是金钗石斛、铁皮石斛等60种珍稀名贵药材的道地产区。如成都市金堂县，地处北纬30°、东经104°左右，有河流13条，在龙门山之东，紧靠龙泉山，生态环境优越，是古蜀石斛栽培之地，具有种植铁皮石斛得天独厚的自然条件。发源地和道地的"两地"优势将有力地推动了四川省石斛产业的发展壮大。

（2）四川省的国际视野和市场优势。四川省占据我国西部核心区位，是我国西部最大的产品和要素市场战略要地，是石斛产业发展壮大最为有效的市场载体。同时，四川省是"一带一路"和"长江经济带"的重要节点，具有与国际市场互联互通的天然优势。随着"一带一路"倡议的落实，四川省将为世界打开一扇国际石斛产业发展的大门，为实现石斛产业走出国门，开拓国际市场打下坚实基础。

（3）四川省已建立完善的石斛产业技术支持体系。以上峰生物科技为代表的四川省7大龙头企业与川内知名高校、科研院所达成战略合作，拓展科研合作，建立产品研发、工程技术等研究机构，邀请该领域权威专家，组建科研团队一举攻克了铁皮石斛从种子繁育到规模化发展的重重技术难关，科研水平和成果位居全国前茅，积累了丰富的理论和实践经验。

（4）四川省石斛产业已积累较强的产业基础。通过上峰生物科技、四川省壹原草生物科技、四川省联华农业等石斛龙头企业的努力，四川省铁皮石斛产业的发展初具规模，并建立了一整套石斛产业链全链发展体系。如上峰生物科技已实现自有科研团队开展品种选育，建立 500 亩 GAP、有机双认证种植基地，通过粗加工生产鲜条、枫斗、花茶等多种石斛产品，通过深加工生产石斛颗粒、冲剂等保健品，与药店、直营店、京东电子商务平台构建完整销售渠道等完整产业链的升级打造，产量规模位居西部第一。这些举措为四川省石斛产业复兴奠定了坚实基础。

6.2.3.2　劣势

四川省石斛产业的劣势包括：

（1）精品化程度不高。目前四川省石斛产品虽然从科技支撑上已经解决了品种选育和规模化种植问题，但是在精深加工的石斛产品开发层面还没有形成具有绝对市场竞争力的产品。另外，四川省石斛产品的精深加工尚停留在以物理方法粉碎或提取石斛成分，而在生物发酵、有效物提取等方面还没有形成足够的产品链条。

（2）规范化标准不够。目前，四川省各石斛生产企业尚处于探索发展阶段，对于石斛行业还缺乏统一的标准，且由于石斛产品种类繁多，制定统一行业规范存在一定难度。这容易使得注重短期利益的投机者利用行业规范漏洞牟取不正当利益，从而扰乱市场秩序，对石斛市场造成冲击。

（3）品牌化运营不足。石斛产业具有高投入、高回报的特点，企业在资金不足的发展初期往往较为艰难，而品牌化运营则更需要强大的资金支持。四川省各龙头企业尚处于起步阶段，其能力尚不足以建立足够强大的市场品牌度和信誉度。同时，品牌化运营人才缺失也是重要原因之一，当前石斛产业重技术、轻品牌的做法十分普遍，而品牌化运营不足对于石斛产品市场十分不利，品牌对于吸引和稳定客户群体发挥着重要作用，而四川省诸多龙头企业虽然已经各自建立了产品品牌，但获得市场的接受度同样需要更长时间的积累。

6.3　四川省发展石斛生态康养产业的潜力评价

6.3.1　大健康产业提供良好机遇和发展环境

四川省人民政府办公厅于 2017 年发布《四川省中医药大健康产业"十三五"发展规划》（下文简称《规划》），为石斛产业创造了良好的产业发展机遇。《规划》指出："以全面提升产业发展水平和综合竞争力为核心，立足中医药资源优势，推动产业规模化、特色化、生态化和信息化发展。"石斛是四川省极具特色的名贵、珍稀中药材资源，具有振兴四川省中医药产业的资源优势。大健康产业发展为石斛产业提供了良好的发展机遇、创造了优质的发展环境，有利于推动四川省石斛展业弯道超车和转型发展，推进从产量增长到质量优化的全面提档升级，助力四川省跻身我国中医药产业强省之列。

6.3.2 消费群体增加带来巨大市场潜力

中产阶级和老龄化人群基数扩大，极大地推进了健康产业发展，石斛产品渐成健康消费市场主流，这为四川省石斛产业打开了一扇千亿元产值的大门。随着消费者对于石斛价值认知的不断增加，石斛产品的需求量也将相应上涨，尤其以在云南、四川省等出产石斛道地药材的区域也将释放巨大的市场需求。就四川省而言，现有石斛总产值仅 5 亿元，相对浙江等发达地区仍有较大差距。另外，由于石斛产品存在供需结构不平衡，供给水平尚不能满足市场需求。在石斛产业规模化的道路上，仍然需要迎合市场需求才能实现产业健康发展。

6.3.3 为大产业融合提供优质基础

石斛产业的发展不仅仅是对中药材产业本身的提升，对一、二、三产业的融合也具有积极的促进作用。石斛作为兰科植物，其花朵、花形都具有较高观赏价值，规模化的基地建设有利于形成花卉景观。同时，采摘和现场制作石斛饮食具有良好的互动参与性，这些对带动观赏、体验旅游活动都有积极的现实意义。石斛可开发价值高，其初加工和精深加工产品都具有较高的市场价值，对于促进中药材加工业开发也具有积极意义。石斛产业需要对土地、劳动力资源进行重新配置，与当地农民合作开展石斛的培育和种植工作，可以有效地带动农民实现稳定增收。随着康养产业的进一步发展，以石斛为纽带的各产业边界将进一步模糊，形成一、二、三产业深度融合的石斛大产业格局。例如，金堂县计划建设的石斛小镇，以石斛种植基地为载体，深度融合石斛产品开发、康养、文化、观赏体验等元素，形成农文旅资源大整合的大产业发展格局，成为极具魅力的地方特色小镇。

6.3.4 四川省具备发展石斛产业的独特后发优势

四川省具有石斛产业发展的独特资源禀赋，且在 20 世纪 60 年代以前一直保持了发展优势。然而近 30 年来，由于改革开放政策促进沿海地区经济快速发展和国家战略要求，沿海地区经济发展水平远远超过四川省，石斛产业培育也早于四川省探索出一条成功道路，培育了多家石斛上市公司和龙头企业，积累了丰富的经验教训。四川省具有发展石斛产业的优良基础，可充分借鉴浙江等地石斛产业发展经验，实现弯道超车，具有十分难得的后发优势。四川省凭借产地优势保障优质石斛产品品质，充分借鉴省外成熟经验，以后发优势降低产业开发成本，仍然具备快速发展石斛产业的潜力。凭借这一独特后发优势，四川省有潜力在西部地区成为石斛产业第一大省，随着产业规模的扩大，逐渐缩小与浙江、广东等地的差距。四川省石斛产业的发展与浙江等地并不构成绝对的竞争关系，目前石斛产品的消费市场大多集中在东南沿海地区，而我国中西部地区对石斛的认识尚不充分，四川省可利用浙江石斛产业区域发展经验，挖掘中西部地区石斛消费潜力，培育更加广阔的石斛产品消费市场。

6.3.5 四川省具有发展石斛中医药产业的传统优势

随着四川省石斛龙头企业的发展壮大，四川省相继探索制定了一系列行业标准，逐步从生产加工到行业规范建立一套规范的流程、标准与制度，以行业的规范化来促进石斛产业市场化的健康发展。由于石斛产品本身的特点，导致产品质量的监督和检查尚存在较多不完善之处。另外，在全省建立的行业规范技术对扰乱石斛市场行为也产生了一定的约束作用。

石斛产品市场的规范是一个逐步完善的过程，随着石斛产业和企业的不断发展，四川省正在构建一个开放有序的石斛产品市场，客观上也需要建立行业规范来保障企业和消费者的权益。四川省是我国中药材产出大省之一，具有发展传统中医药产业的丰富经验，石斛产业作为其中的重要组成部分，也将成为四川省有序、规范发展中医药产业的样板。

6.4 四川省加快发展石斛生态康养产业的政策建议

6.4.1 构建石斛产业的良好发展环境

从顶层设计考虑构建石斛产业良好发展环境。在消费市场层面，公众对石斛产品的认识还停留在表面，石斛远远不及虫草、灵芝等所具有的高知名度。因此，四川省应从政策、宣传、制度等层面创造石斛产业良好的发展环境。

第一，制定四川省石斛产业发展规划和专项扶持政策，创造鼓励创新、创业的石斛企业和经营主体加入石斛产业开发的浪潮。第二，推动中医药文化领域对石斛药用价值、文化价值的广泛传播，使石斛的科学知识以及用途得到公众广泛认知。同时，系统输出四川省对于石斛产业的发展优势以及传播石斛产品对与养生、康养的积极作用。第三，加大对已有石斛龙头企业的支持，广泛听取其发展过程中存在的困难，并着力从政策上加以帮扶，帮助有潜力的龙头企业走出困境。第四，重新审视已有的石斛产业和行业标准和规范，广泛征求行业意见，对过时以及不合时宜的内容加以修正，确保行业规范性文件得到有效落实。第五，以石斛产业开发推动四川省中药创新体系走向成熟和成功。通过石斛产业开发解决传统中医药产业开发进展缓慢、手续复杂的难题。

6.4.2 提升四川省石斛产业的行业影响力

四川省具有石斛产业发展的独特资源优势，但石斛行业的影响力远远不及东南沿海地区。因此，缺乏在行业领域话语权严重制约了四川省石斛产业发展。四川省应从市场定价权，行业标准制定权，行业性、区域性品牌创建等层面积极拓展石斛行业影响力。

第一，针对石斛产品种类繁多，产品市场混乱等问题大力推行行业标准。四川省以石斛原产地身份牵头邀请行业权威专家、组织和机构制定石斛行业标准和产品技术标准，并组织发布会统一向社会发布，以引导消费者掌握识别石斛产品品质的能力，消除扰乱石斛市场的影响因素。第二，组织开展品牌性和区域性行业论坛和研讨会，成立行业性机构、研究中心、专家委员会等开展石斛产业的研究和知识传播。第三，发布行业性文件、成果。以发布会、期刊、书籍等形式定期公布行业观察、统计信息、价格指数、发展指标和行业指导性报告，引导行业健康发展。第四，以行政主导总结石斛产业发展成功经验、成功模式，形成政策建议和指导性文件，在全国范围内推广四川省石斛产业发展的创新性做法和经验。第五，创建区域性和行业性品牌，加大四川省石斛产业辨识度，着力宣传四川省石斛产品道地和发源地两大优势，提升公众知名度和影响力。

6.4.3 补齐短板，培育市场核心竞争力

石斛产业的核心竞争力基于全产业链的各个环节。四川省已经具备培育石斛产业核心竞争力的基础。因此，针对石斛产业发展短板，应从精品基地建设、技术研发保障、经营主体培育、石斛特色小镇、品牌建设等方面提高四川省石斛产业的核心竞争力。

第一，加大力度扶持石斛精品基地建设和新产品技术研发。鼓励企业开展石斛精深加工和新产品生产，提高石斛深加工产品的技术含量。第二，优化石斛生产组织形式，培育新型经营主体。引入企业、联合家庭农场、农民专业合作社等新型工程经营主体。一方面降低企业研发和生产经营成本，另一方面带动地方农业产业结构调整和农民可持续增收。第三，依托四川省石斛发源地打造特色石斛文化小镇。以金堂县为核心，在云顶山附近建设集石斛生产、加工、销售、文旅、体验于一体的特色小镇，使其成为四川省石斛产业的地标、文化旅游和康养目的地。第四，推进石斛文化品牌建设，制作四川省石斛产业宣传片、海报，通过媒体、网站、微博、微信公众号渠道广为传播，传播四川省石斛文化和康养知识，提升曝光率，提升行业知名度和竞争力。

6.4.4 推进石斛大健康产业生态圈建设

石斛产业与健康产业密不可分，推进四川省石斛大产业融合发展是未来石斛产业发展大趋势，依托石斛产业构建大健康产业生态圈有充分的必要性和可行性。因此，应从重点环节着手，着力从产业链延伸、文旅项目结合、互联网+、大数据构建等方面着力构建石斛大健康产业生态圈。

第一，延伸石斛产业链，与健康产业、文旅产业有机结合，形成互相促进的产业生态。通过连接康养基地、文旅小镇等平台，为石斛开辟展区和门店，借助康养和旅游的游客资源提高石斛产品与公众消费者的接触率。第二，推进一批石斛主题的文旅结合项目，打造石斛文化旅游活动、节日、赛事等，吸引公众消费者参与互动，学习和体验石斛文化和知识。第三，推动互联网+石斛产业发展，建立权威、专属的石斛产业电子商务交易平台，推动石斛产业在互联网的传播。第四，以大数据和云计算技术为基础，构建产业生态圈的用户体验。开发石斛产业平台性软件，如手机软件 App，建立用户端接口，接受来自消费者第一手信息和数据反馈，将消费者融合成为大健康产业生态圈不可分割的一部分，充分利用自媒体传播石斛康养知识和理念。积累大数据用户，通过云计算等手段分析用户对石斛产品的真实需求，为用户定制服务内容，作为调整石斛产业发展的重要依据。

6.4.5 石斛产业带来乡村振兴新动力

石斛产业兼具农民增收、生态修复景观、健康三大特征。通过石斛产业大力发展相关的乡村业态，不仅为乡村提供经济增长动力和质量更高的收入来源，同时也成为乡村振兴的有效载体。因此，应以产业先行，培育乡村振兴新动力为指导，从产业兴旺、景观优化、生态修复等方面为乡村振兴提供有力支撑。

第一，拓展和分解石斛产业链，构建企业与乡村"利益共同体"。以土地、劳动力、资金、技术和市场资源为纽带为乡村和企业构建新的利益连接机制，形成利益共享、风险共担的紧密合作关系，保障农民和企业共同参与石斛产业发展。第二，石斛产业基地建设不应单纯以种植和生产为目的，应充分考虑景观层次需求，植入设计导览线路和解说系统，使石斛产业基地成为康养知识、石斛品种辨识的科普基地。第三，石斛作为喜阴植物，基地建设可结合乡村地形、地貌以及生态修复需求，通过栽植树木代替遮阳网等设施，提高水土涵养和生态修复能力。

7 基础设施建设与乡村振兴

近年来，我国对农业基础设施建设的投入力度不断加大，农业基础设施现状得到了整体改善，但仍存在投入不足、效益不高、管护不力、功能不全等问题。在乡村振兴背景下，转变农业发展方式，发展现代农业，提高农业综合生产力，实现农业可持续发展的要求对农业基础设施建设提出了更高的要求。四川省是全国农业大省，通过近几年的努力，高标准农田建设取得了明显的成效，提升了农业的综合生产能力和土地产出率。然而，四川省农田基础设施总体上依然薄弱，农田灌排设施老化失修、工程不配套、水资源利用率不高、抗御自然灾害能力差的状况仍然突出；高标准农田建设过程中规划统筹不够、资金使用分散、融资渠道单一、建设标准不高、建设内容不配套、重建轻管等问题仍然比较突出，这些情况严重影响了高标准农田建设投资作用的发挥。四川省农业基础设施供给的质量和水平、供给的方式、建设和管护体制机制等均还不适应乡村全面振兴，促进农业农村现代化发展的要求。因此，研究新形势下如何通过完善体制机制及相关政策提高农业基础设施投资、建设和管护水平，以支撑农业供给侧结构性改革和乡村振兴发展，无疑具有很重要的现实意义。

7.1 四川省农业基础设施建设的模式探索

为贯彻落实党中央、国务院和省委、省政府关于加快推进农业基础设施建设、发展现代农业的决策部署，成都市积极探索破解农业基础设施建设瓶颈，以实施100万亩高标准农田建设项目为抓手，以建设"现代农业示范园区+'小组微生'幸福美丽新村""农业科技园区+特色小镇"为载体，推进农田整理、水利和道路设施建设，全面提高农业基础设施建设水平。同时，成都市结合高标准农田建设，加快农田基础设施建设安排部署，并积极探索推进包括农村道路（等外公路）和小水窖、小水池、小塘坝、小泵站、小水渠"五小水利"在内的农业小型公共基础设施村民自建试点工程，做到田网、路网、水网配套综合推进。近年来，成都市不断探索农业基础设施投资、建设和管护模式创新，主要形成了 PPP、村民自建等不同建设模式。

7.1.1 高标准农田建设的 PPP 模式

PPP 名称来自英文 Public-Private-Partnership 的缩写，国内译为公私合作制、公私伙伴关系、政企合作/合营/合伙等。在国外的理论研究中，研究者通常将 PPP 定义为：公共部门和民营部门为提供公共服务和公共产品，通过正式的协议建立起来的一种长期合作伙伴关系的模式。在实际运用中，PPP 的范畴是比较广泛的，狭义上的 PPP 指公共部门通过与私人资本建立合作伙伴关系，分担风险，向公众提供公共产品和服务的方式；广义上的 PPP 指公共部门与私人部门为一系列项目而发生的融资模式的总称。结合成都市高标准农田建设基本情况和目前的应用现状，可将 PPP 模式分为三大类。现阶段，成都市主要是以政府购买服务 PPP 的模式推动高标准农田的成片推进。①政府购买服务类 PPP 模式。此类模式由政府投资，民营部门不承担或只承担较少部分投资，由民营部门承包整个项目中的一项或者几项职能。典型的政府购买服务类 PPP 模式有服务协议、运营和维护协议、设计—建设协议、承包运营、租赁—发展—运营和建设—转移—运营（BTO）等方式。②特许经营类 PPP模式。此类模式由民营部门参与部分或全部投资，并通过一定的合作机制与公共部门分担项目风险，共享项目收益，在建设和经营过程中，通过双方的优势互补，提高项目的建设、运营、服务等质量，达到共赢。典型的特许经营类 PPP 模式有扩建（改建）完成后经营并转让产权、转让—运营—转让（TOT）、建设—经营—转让（BOT）以及特许权经营。③民营化类 PPP 模式。此类模式由民营部门投资、建设（或购买、更新）并永久拥有和经营相关设施，在与公共部门签订的原始合同中注明保证公益性的约束条款，受政府的管理和监督。典型的民营化类 PPP 模式有合资—新建、股权转让、购买—建设—运营以及建设—拥有—运营（BOO）等。

专栏 7-1　成都市高标准农田建设的政府购买服务类 PPP 模式

成都市的 100 万亩高标准农田建设项目，涉及全部主要的涉农区（市、县），包括：成都市二、三圈层 15 个区（市、县）和四川天府新区成都片区，突出集中连片高标准农田建设，按照"一二三产业融合发展"的要求，实现田网、渠网、路网、林网、服务网、信息化网、设施用地网"七网配套"，覆盖范围广，建设标准高，投资力度大。因此，成都市在高标准农田

建设过程中，不断进行基础设施建设的融资模式创新，有效解决项目资金"从哪里来"的难题。2016 年，成都市探索形成了"企业建设+政府购买"的 PPP 模式，以高标准农田建设项目为平台，通过政府购买服务的方式委托中际公司进行高标准农田代建，建设完成后中际公司无偿将资产移交给区（市、县）政府管护使用。通过购买服务的 PPP 建设模式，成都市大大盘活了区（市、县）项目配套的资本金，缓解了区（市、县）基础设施建设投资压力，区（市、县）仅需按项目总投资的 20% 落实配套项目资金，其余 80% 的建设资金由中际公司向农发行融资。成都市以国发行投入+农发行贷款（建设期 3 年，还款期 17 年）+地方自筹部分实现三年高标准农田建设项目，静态总投资达 57.9 亿元，20 年后动态投资达到 88 亿元，相比以前每年几千万元的项目投资力度，基础设施建设投资额度几何级增长。

7.1.2 小型农业公共基础设施的村民自建模式

村民自建，是实现政府主导建设向政府引导、村民自建为主转变，逐步形成农业公共基础设施项目决策民主、建设规范、投入高效、运行安全的建设管理机制。具体而言，凡单项资金未达到招标和比选规模标准、技术要求不高、受惠对象直接、进村入户的小型农业公共基础设施基本建设项目，除中央对财政资金使用方式有明确规定的外，积极推行村民自建方式组织实施，主要包括：小型农田水利、水土保持、节水灌溉、农村道路（含机耕便民道）、农村安全饮水分散供水、农村小型沼气、标准化养殖场（小区）等农业公共基础设施和公共服务设施等。在四川省委省政府的统筹安排下，成都市围绕解决农村小型公共基础的需求和建管矛盾，于 2012 年开始进行农村小型公共基础设施村民自建试点，不仅探索了精准识别需求、有效整合资源和优化政府行为等制度创新，还取得了节约成本、提高效率、助农增收和减少矛盾等实际成效。

专栏 7-2　崇州市小型农业公共基础设施村民自建实践探索

2013 年，崇州市按照村民自建项目的适用范围，向成都市申报了整市试点工作方案，被列为成都市 3 个整县（市）试点单位之一，对投资规模在 200 万元以下的农业、水利、村道（含机耕道）等领域的项目全部纳入本年村民自建整县（市）试点范围内进行项目实施和管理，包含各级财政、预算内基本建设及其他政府性投资资金，开始推进实施小型农业公共基础设施的村民自建。近年来，通过各部门的协调配合和努力，崇州市村民自建模式探索取得了更多的成效，主要表现在：一是实现了村民自建 GIS（地理信息服务）管理系统全覆盖。2013 年 7 月初，该市相关部门会同各乡镇人民政府和行政村全力配合成都市经济信息中心，于 11 月初完成了崇州市 235 个涉农村的信息采集工作，并在 2013 年年底前全面完成了崇州市的村民自建 GIS 管理系统并投入使用，实现了崇州市村民自建管理信息系统的全覆盖，提高了农村小型基础设施建设项目决策、建设、管护的科技化、信息化管理水平，为该市将来全面推进农村小型公共基础设施建设投资提供了决策依据。二是将该市投资规模在 200 万元以下的农村投资项目纳入村民自建整县试点范围之内。据统计，2013 年，崇州市采取村民自建试点的项目共计 29 个，总投资 1 972 万元，项目主要涉及村道 40 416 米，排灌沟渠 23 845 米，清淤 2 880 米，在 2014 年 2 月全面完成建设任务，充分发挥了支农投资效益。2014 年，崇州市村民自建模式继续摸索前进，突出表现在两方面：首先是强化了政府服务意识，更加明确了部门职责。崇州市按照成都市的工作安排，结合两年试点的工作经验和存在问题，在广泛开展宣传培训和强化村级治理的基础上，强化政府部门和乡镇政府的指导服务意识，制定规范化操作程序，进一步明确村民自建工作中的每个步骤、各部门的工作职责，确保村民自建项目真正实现尊重民意、简政放权、程序简化、节约资金、保证质量、利民惠民。其次是整合了资源，拓展了自建项目的范围。2014 年，四川省、成都市发改委又增加了两个村作为村民自建集中打造示范点，投入成都市级预算内资金 600 万元、省级预算内资金 150 万元，崇州市方面协调统筹安排在项目区投入了 500 万元，主要用于村道硬化、沟渠整治、格田整治等项目建设；同时，崇州市又多举措筹资开展村民自建，该项举措涉及 28 个项目；崇州市交通局统筹城乡村、组道路投资项目共计 123 个，总建设里程 133.4 千米（其中列入民生工程里程 26.8 千米），投资 7 975 万元，崇州市水务局指导和服务的"第三轮水利扶贫资金水利设施项目"共计 16 个，项目总投资 474.8 万元；截至 2014 年年底，投资资金到位的项目数量达 75%。

7.2 四川省农业基础设施建设取得的成效

7.2.1 有效整合农业基础设施建设资源

成都市立足现有政策和资金渠道，统筹整合高标准农田建设相关资金，确保大规模推进农业基础设施建设的资金需求。2013—2015 年成都市有效整合了涉及农业综合开发、发改委、农委、交通、财政、林业、水利等多个部门的高标准农田建设相关项目 81 个，整合资金 12.52 亿元。其中中央投资 3.28 亿元、省级投资 1.21 亿元、区（市、县）投资 5.68 亿元、群众自筹资金 2.35 亿元。这些举措在一定程度上解决了成都市农业基础设施建设过程中缺乏统一的规划引导，投资分散，同类投资项目重复投入与不同类但有密切关联的项目未能整合投资以及投资重点不突出等问题。

7.2.2 充分发挥财政资金引导带动作用

成都市发挥市场在资源配置中的决定性作用，鼓励各区（市、县）结合自身优势特色产业发展，以高标准农田建设项目为平台，通过土地综合整理、农业综合开发等项目和当地财政预算保障等方式，以政府平台公司盘活区（市、县）配套的资本金，撬动社会资金投入农业领域。例如，在 100 万亩高标准农田建设行动计划中，成都市通过项目整体包装、筑巢引凤，积极引入天使创业基金、私募基金和有实力的大企业大集团进入项目区，计划在整合57.9 亿元项目资本金的基础上带动社会资金三年建设期达到 500 亿元，五年达到 1 000 亿元，有效放大资金倍数。

7.2.3 积极创新农业基础设施管护机制

成都市积极创新管护机制，按照"谁受益，谁管护"原则，受益村村委会或土地股份合作社落实专人负责项目建设形成资产管护，由村委会按照"一事一议"或用土地股份合作社"公积金"方式安排落实工程管护经费。此外，通过试行财政投入补助形成的资产折资量化股权到户和股权流转交易，促进基础设施经营权、使用权与管护责任相统一，有利于摆脱建管分离、重建轻管等问题的不良影响。例如，成都市温江区、郫都区等通过实践探索，初步形成了项目资产量化到户到社的产权制度，项目形成资产以农户自用为主，其产权归个人所有。部分地区将小型水利基础设施承包经营收入的 50% 作为项目的管护基金，使得农业基础设施产权明晰，管护落到实处。

7.2.4 不断提高群众自主参与积极性

成都市在基础设施建设过程中充分发挥农民群众主体地位，鼓励将项目的实施权交给农民群众，项目自选、工程自建、自我管理、自我受益，调动群众自主参与基础设施建设的积极性。一是在高标准农田建设过程中，成都市鼓励地方村民小组、经营主体向当地镇政府申报自建项目；二是积极推进农业小型公共基础设施村民自建，在省预算内基本建设投资中每个试点区（市、县）

安排 150 万元用于支持村民自建试点。自 2012 年开始推行农村小型公共基础设施村民自建试点以来，仅崇州市就以村民自建方式，实施了 421 条农村道路59 429 米、238 条沟渠 71 287 米、人饮管网 14 108 米、桥梁（涵洞）19 座、机井 21 口、山坪塘 10 座的建设工程，直接和间接受益普通群众近 10 万人。

7.3　四川省农业基础设施建设的创新经验

成都市积极开展农业基础设施建设工作，努力探索推进机制，积极完善制度设计，在农业基础设施的投资、建设、管护等方面的实践探索中形成了具有一定推广意义的做法和经验。

7.3.1　以打破部门分割为重点构建多方资源整合机制

成都市立足现有政策和资金渠道，统筹整合高标准农田建设相关资金，确保大规模推进高标准农田建设的资金需求。一方面根据资金渠道和使用方向，打破部门分割，对财政、农委、国土、农发办、林业园林等相关部门管理的涉及高标准农田建设项目进行整合，具体包括：全国新增千亿斤粮食产能规划田间工程、国家现代农业示范区旱涝保收高标准农田建设、退耕还林基本口粮田项目、省财政的高标准建设专项资金、国土部门的高标准基本农田建设资金、农业综合开发、现代农业生产项目以及"10 个粮经产业新村建设成片推进综合示范基地""7 个产村相融现代农业精品园区""3 条都市现代农业示范带"建设项目。另一方面，要求各地以县为单位，搭建项目资金整合平台，建立项目整合工作机制，有力推动项目整合。各区（市、县）都出台了关于涉农资金整合的意见，如邛崃市政府出台了《关于印发邛崃市涉农资金整合意见的通知》、崇州市政府印发了《崇州市涉农项目和资金整合实施办法》。

7.3.2　以推动平台经济为路径创新投融资模式

成都市把高标准农田建设作为吸引其他社会资本投资农业的重要载体，统筹考虑，通盘布局，以推动平台经济为路径创新投融资模式。项目建设过程中，成都市依托基础设施建设推销项目和产业，以招商引资助推高标准农田建设项目推进，以高标准农田的实施吸引农业重大项目落户项目区，创新"统一规划、分级管理、企业建设、政府购买服务"的投资建设模式。

7.3.3 以推进产权改革为基础落实投建管实施主体

成都市在实施农业基础设施建设过程的同时探索包括农业生产设施所有权、小型水利设施所有权在内的农村产权制度改革。一是启动农业生产设施所有权、小型水利设施（如提灌设施）所有权登记颁证；二是对现有农业基础设施的使用权进行拍卖、承包、租赁、转让，或者开展股份制合作，把所有权和经营权分开；三是按照"谁投资、谁获益、谁拥有"的原则，对社会各种资金投入基础设施建设进行所有权明确，同时允许投资者在保障灌溉、饮水作用的条件下，从事水产养殖、乡村旅游等获取经济利益。例如在小型农田水利建设过程中，将农户自用为主的小型水池、水窖，其产权归个人所有；将受益农户较多的小型山坪塘、提灌站，实行用水合作组织管理为主的多种形式的管理体制，产权归协会；灌溉渠系工程根据渠系所提供的灌面，分段将产权划归到协会，实行分段管护。

7.3.4 以村民议事会为载体发挥群众参与的主观能动性

成都市充分发挥村民议事会的作用，让村民的知情权得到充分体现，确保农业基础设施建设项目顺利开展，减少矛盾和误解的有效途径。在农村设施的建设阶段，村民议事会讨论决定工程的建设规模和建设方式，建成之后由村民代表对工程进行验收。在项目选择、实施方案编制、申报、建设等各个阶段，通过将项目建设规模、建设内容、项目投资、补助标准、招标或比选结果、项目进展、资金支付、验收质量、项目决算等情况在村务公开栏和现场公布公示，公开征求并充分听取村民意见，落实村民的知情权、决策权、参与权和监督权。

7.4 四川省农业基础设施建设的政策建议

7.4.1 强化高标准农田建设规划与相关规划的有机衔接和统筹推进

四川省在高标准农田建设过程中，要综合考虑区域自然资源状况和农业生产布局，结合山地、丘陵、坝区的不同情况，粮食作物、经济作物的不同要求，机械化、信息化、标准化、生态化的需要，借鉴成都市集中连片、整体推进的经验，进一步完善"十三五"高标准农田建设规划，优化高标准农田建设布局，优先布局现代农业发展示范区。四川省要进一步加强高标准农田建设规划与现代农业规划、农田基础设施建设规划、农业综合开发规划、土地整治规划等规划的衔接和整合，注重水利灌区配套工程、小型农田水利建设、小流域治理、节水灌溉等工程与高标准农田建设有机结合、配套建设。

7.4.2　以高标准农田规划区域为重要平台加强项目整合

四川省应借鉴成都市的经验，以县为单位，以高标准农田规划区域为重要平台，把相关农业基础设施建设项目、农业综合开发项目、水利建设项目、现代农业项目、土地整理项目纳入整合的范围，鼓励各地探索整合项目和资金的有效模式和经验。四川省应建立整合后的项目管理制度和考核验收制度，统一规范不同渠道项目的项目申报、勘察设计、招投标、工程施工、工程监理、检查验收等，对项目各环节实行统筹管理。同时，四川省应在建设"集中连片、旱涝保收、高产稳产、生态友好"的高标准农田建设的过程中，同步推进现代农业产业发展，提升规模化、标准化、组织化水平；同步延伸农业产业链，促进一、二、三产业融合，打造农业新业态；同步推进经营机制创新，发展"大园区+小业主""公司+基地+专业合作社+农户""农业共营制"等多种形式的经营模式；同步考虑幸福美丽新村建设，促进产村一体化发展。

7.4.3　创新投融资模式破解高标准农田建设资金困境

四川省推进大规模高标准农田建设的任务十分艰巨，需要大量的建设资金，而四川省的财政实力较为薄弱，必须推进投融资模式创新，发挥多元投资主体的作用。四川省可以借鉴成都市的成功经验，一是以高标准农田建设为平台推进财政资金的整合。二是鼓励政策性银行和开发性金融机构把高标准农田建设纳入支持范围，提供长期稳定的信贷资金支持。三是鼓励地方政府探索实行委托代建、特许经营、购买服务等方式，支持新型经营主体和工商资本投资建设高标准农田。四是利用集中连片高标准农田项目建设形成的预期价值，扩大招商引资，既引进业主参与高标准农田建设项目，又吸引现代农业重大项目落户项目区。

7.4.4　把高标准农田建设作为探索推广 PPP 模式的重要领域

PPP 模式适用于具有公共服务属性、政府无法独立承担、期限较长又具有微利的项目。在高标准农田建设领域支持和推广 PPP 模式，对于多渠道增加高标准农田建设投入，推动农业供给侧结构性改革，促进农业持续健康发展具有重要意义。一是鼓励各类符合条件的国有企业、民营企业、外商投资企业、混合所有制企业，以及其他投资、经营主体依法依规平等参与高标准农田建设PPP项目。二是积极探索通过投资补助、资本金注入等方式支持高标准农田建设PPP项目，强化政府投资的撬动和引导作用。三是鼓励金融机构通过债权、股权、资产支持计划等多种方式支持高标准农田建设PPP项目。四是采取资本金注入、直接投资、投资补助、贷款贴息等多种方式，实现社会资本的合理投资回报。

7.4.5　建立健全高标准农田后期管护机制

后期管护不仅涉及管理体制的创新，也涉及产权制度改革。建议四川省借鉴成都市的经验，在全省逐步建立以县为主体、以村为单元的高标准农田建设管理体制机制。一是进一步完善农田基础设施资产使用管护办法，落实高标准农田管护主体和责任，健全管护制度，确保长久发挥效益。二是加强产权制度改革，明晰高标准农田设施的所有权和使用权，按照"谁受益、谁管护"的原则，确定高标准农田设施管护的主体，落实运行管护经费，对公益性较强的灌溉渠系、机耕路、农田林网等设施，地方政府应给予运行管护经费补助。三是建立奖补机制，积极引导和激励专业大户、家庭农场、农民合作社、农民用水合作组织、涉农企业和村集体等参与高标准农田设施的日常管护。

8 城乡融合与乡村振兴

党的十九大报告提出建立健全城乡融合发展体制机制和政策体系，这是在总结中外城乡发展经验的基础上，着眼于当前城乡关系发展实际和未来新型城乡关系发展趋势作出的重大战略部署。四川省作为全国的农业大省和农村人口大省，改革开放以来城乡统筹和农村发展取得了历史性进步，但是除成都市等少数城市带动力强，城乡一体化发展程度较高外，四川省大部分城市带动力还不是很强，城乡二元分割的体制机制仍突出存在。现阶段如何建立健全城乡融合发展的体制机制和政策体系来振兴乡村是四川省面临的突出问题。为此，2017 年 10—11 月，著者对华夏幸福的固安产业园区、机器人特色小镇的"总部—孵化基地"模式、成都蒲江中德工业园区"产业+城市+生态"模式等进行实地调研，认为根据四川省实际，要重点围绕城乡空间转型、产业转型、融资转型、治理转型和文化转型五个方面的重点方向，以产城相融为主线探索城乡融合发展新路径，以产城相融促进乡村振兴，推动城乡融合发展。

8.1 四川省城乡融合发展的基础情况

自 2007 年成都市被批准设立全国统筹城乡综合配套改革试验区以来，四川省积极推进成都国家级统筹城乡综合配套改革试验区和自贡市、德阳市、广元市等省级试验区建设，形成了国家级、省级、市级梯度竞相推进统筹城乡综合配套改革的基本格局，取得了一些可复制、可推广的经验。这些举措为下一步四川省推进城乡融合打下了良好的基础，可助推四川省实现高起点基础上的多维度、高水平、长效性的互动融合发展。

8.1.1 城乡新形态初步建立

四川省近年来深入实施"两化"互动城乡统筹发展战略，通过优化经济结构、产业结构、城乡结构、收入结构，大力推进新型工业化、新型城镇化，加快发展高端现代产业，扎实开展"百万安居工程""百镇建设行动"和幸福美丽新村建设，加快形成具有四川省特点的现代产业体系、现代城镇体系等现代城乡形态，初步构建了以成都市特大城市为核心，绵阳市、南充市、泸州市三个人口超百万大城市为支撑，中小城市为骨干，众多小城镇为基础的省域城镇体系骨架，"一核、四群、五带"的城镇化发展格局，全省 GDP 过千亿市（州）达到 14 个，城乡空间布局得到优化，生产、生活、生态空间实现合理布局。

8.1.2 城乡要素流动不断加快

经 5 年的发展，四川省工业化已进入中后期阶段，城镇化率接近 50%，城乡建设用地"增减挂钩"试点逐步推进，农村土地综合整治与现代农业发展的结合程度不断提高。通过一系列的深化改革，影响劳动力、土地、资本、技术、信息等要素在城乡之间自由流动的体制机制被逐渐削弱，工商资本向乡村流动的趋势日益明显，新主体、新技术、新产品、新业态不断涌现，为城乡融合注入强劲驱动力。

8.1.3 城乡建设内涵更加丰富

四川省城乡建设近年来正由粗放外延式扩张向集约内涵绿色转变，城乡规划、基础设施、产业发展和公共服务统筹得到全面加强，城镇基础设施与公共服务设施更加完善，城镇特色日益突出，生态和文化建设取得有效进展，人居和发展环境得到进一步改善。全省新增建成区面积 112 平方千米，建成地下综合管廊 33 千米，13 个城市纳入国家智慧城市试点。

8.1.4 城乡发展差距显著缩小

促进农民持续稳定增收以缩小城乡收入差距，是四川省城乡融合发展的重要内容。四川省通过积极拓展进城务工人员就业渠道、促进乡村就地就业、提升农民财产性收入等一系列举措，让农民获得了多元、稳定的收入来源。2016 年，四川省农村居民人均可支配收入达 11 203 元，比全国平均水平高 1.1 个百分点。四川省农村居民人均可支配收入自 2010 年以来增幅持续高于全国平均增幅和全省城镇居民可支配收入增幅，城乡居民收入比从 3.12∶1 缩小到 2.53∶1。

8.2　四川省推进城乡融合发展面临的突出制约

目前，四川省城乡工作虽然仍有不足之处，但整体上已经进入了向更高层次的城乡融合过渡的关键阶段，我们要科学审视现阶段城乡融合发展的制约因素，系统谋划乡村振兴和城乡融合发展体制机制的发展方向。

8.2.1　空间布局不合理

通过形成国家级、省级、市级三个层级的试点格局，四川省城乡发展呈现出全省多点开花之势，初步构建起了以工促农、以城带乡、工农互惠、城乡一体的新型城乡关系。但应看到，城市产业空心化现象仍然存在，局部地区城乡分割式发展形势依然严峻，土地稀缺和土地闲置并存，膨胀发展的"大城市病"与发展不足"空心村"之间的矛盾不断凸显，现代城乡形态发育不足。

8.2.2　产业集聚程度低

随着城乡关系进入新阶段，产业间、城乡间的互动融合进一步加深，需要城乡要素能够在更大范围内以更高效率进行合理配置。但是，目前四川省城乡要素市场发育仍相对滞后，主导产业战略研判能力较弱，闭合式的产业生态圈尚未形成，产业带动资源要素在城乡中优化配置作用不明显，缺乏城乡融合的多形态平台，城乡要素自由、双向流动仍存在较多阻碍，难以支撑城乡融合发展的进一步深化。

8.2.3　投资融资渠道窄

西部大开发战略实施以来，四川省进入了城镇化加速发展时期，在城市规模扩大的同时，城乡融合动力机制不足，与全国大部分地区一样，四川省的城镇化建设也采取了以财政投资为主的投融资体制。然而，随着经济增速趋缓、土地市场价格回落，各地政府财政收入增速也随之下降，以财政为主的新型城镇化发展投融资机制难以为继。因此，为了使城乡融合发展形成新的活力，应改变政府直接干预具体的产业项目和城乡要素资源配置的行为，坚持以人性化的细水漫灌的着力方式，发挥社会资本的力量，推进城乡融合发展。

8.2.4　社会治理能力不足

城乡融合的社区的人口结构发生变化，城镇人口和农村人口，本地人口和外地人口处于交错的状态，如何平衡本地村民和"外来村民"的利益诉求，促进城乡社区和谐、共同发展，避免社会风险，对基层社区治理能力提出了严峻挑战。因此，城乡融合新型社区治理要更加注重联动融合、开放共治，既要发挥政府在社会治理中的作用，也要发挥企业在社会治理中的作用，从而建立起现代化的治理模式和治理体系，弥补政府管理灵活性不足等问题。

8.2.5　城乡文化互动不足

城乡融合必须面对传统文化与现代文化、村落文化与城市文化双向演进和文化冲突的新问题。因此，在城乡融合过程中，要在对城乡文化因子的扬弃中实现文化整合与再生产，实现城乡融合新社区秩序的重建与家园归属感的重塑，这也是缩小城乡差距、实现城乡融合理想图景的有益探索。

8.3　四川省以 PPP 模式推进产城融合的模式探索

按照省委、省政府全面创新改革的要求，四川省工业园区积极探索改革创新。国内产业新城运营商龙头企业华夏幸福与四川省一些工业园区合作，采用PPP 模式推进园区转型升级为产业新城，有力地推动了工业化与城镇化互动，走出了一条加快供给侧结构性改革、促进社会资本投资的城乡融合发展实践新路。

8.3.1　主要做法

华夏幸福基业股份有限公司连续几年名列中国产业新城运营商榜首（截至 2017 年 6 月，拥有员工 23 000 名，总资产逾 3 200 亿元，纳税额近 100 亿元）。公司以"产业新城、产业小镇"为核心产品，秉持"以产兴城、以城带产、产城融合、城乡一体"的系统化发展理念，与地方政府采用 PPP 市场化运作模式合作运营产业新城，多个项目被财政部、国家发展改革委列为 PPP 示范项目全国推广。华夏幸福自 2016 年 8 月入川发展以来，正式签约建设蒲江产业新城（原中德中小企业合作园区）、彭山产业新城（原成眉石化园）。2022 年前 10 个月，华夏幸福在蒲江县、彭山县产业新城投资 10 多亿元修建园区道路、公园、水电等基础设施，引进江化微、苏州珂玛（国家千人计划）等企业 20 余家，引资额 100 多亿元。不到一年时间在彭山县初步建成新材料产业集群基础。

8.3.1.1 坚持供给侧结构性改革思路，创新完善PPP市场化运作机制

针对现有中小工业园区建设资金筹集难、产业招商引进难、园区运营成本高等问题，华夏幸福采用"政府主导、企业运作、合作共赢"的PPP市场化运作机制，将由企业自负盈亏、不让财政兜底、不增加政府债务三大要求落实到合作协议中，由华夏幸福在规划设计、土地整理、基础设施建设、公共配套建设、产业发展、城市运营六大领域，为所在区域提供可持续发展的全流程综合解决方案。在PPP模式下，地方政府与企业各司其职，政府是园区开发建设的决策者，拥有规划、土地等的主导权，对基础设施及公共服务价格、质量实施监管，并专门设立园区管委会，负责与华夏幸福进行相关事务的对接。华夏幸福作为投资开发主体，设立SPV公司，负责园区的设计—投资—建设—运营—服务一体化运作。在园区开发建设过程中，政府与社会资本做到无缝对接，成为真正的战略合作伙伴，创造出"1+1>2"的效果。

8.3.1.2 坚持全生命周期统筹整合思路，创新完善产业园区转型升级"全新链条"

相较于单体工程PPP项目，产业新城PPP项目在投资体量、合作期限、交易结构、运营要求等方面更为复杂、多样化，体现出很强的综合性，更强调"全生命周期整合程度"。即由社会资本参与项目的整体规划、设计、建造、运营和维护等全生命周期过程，形成区域的整体规划、整体开发、整体运营，避免了传统城镇化区域开发和供给模式下不同阶段、不同主体之间的衔接、协调和配合带来的成本增加和资源浪费，真正做到"一张蓝图绘到底"。如与国际一流的咨询规划机构合作，对蒲江、彭山产业新城进行顶层设计和战略规划，制定精准的产业定位、产业规划、概念规划和空间规划等一系列规划，并在全生命周期角度统筹城市建设、土地利用、产业发展、生态环境等，有助于构建全链条创新生态体系，破解城镇产业转型升级难题，最终实现合作区域产业与城市的互动发展。

8.3.1.3 坚持"产业与创新"优先思路，提供全流程综合解决方案推动产业集群发展

产业是经济增长的动力之源，更是产业新城的立根之本。华夏幸福以"产业优先"作为核心策略，拥有全球最大的4 600人的产业发展团队，坚持"一个产业园就是一个产业集群"，从产业研究规划、产业落地谋划、全球资源匹配、承载平台建设到全程服务运营，为所在区域提供产业升级、经济发展的综合解决方案。华夏幸福重点采用三大创新方式：一是龙头引领。龙头企业是形成产业集群、延长产业链条、扩大区域产业影响力的基础。通过充分发挥

这些"领头羊"企业在资本、资源、市场等层面的优势,吸引和带动其他中小企业入驻、转型升级,推动产业链上下游集群集聚,逐步构建产业平台生态系统。二是创新驱动。根据区域特色有针对性地引进创新资源、为区域打造定制化的创新集群,华夏幸福创造性地提出并实施"全球技术—华夏加速—中国创造"的创新发展战略,建立"孵化器—加速器—专业园区—产业新城"的产业培植链条,继而通过孵化器、校企合作平台、研发机构等多层次创新平台体系加速成果转化,最终推动全球科技创新成果在华夏幸福的产业新城内"落地生根、开枝散叶、开花结果"。三是资本驱动。随着产业园区发展进入2.0 的新阶段,吸引客商和投资的核心要素由完善的基础设施、充足的土地,渐渐转向资本驱动与产业服务。华夏幸福联动金融资源,建成从天使、孵化、加速到并购、上市的全价值链、多层次的产业投资体系,为企业提供全生命周期的金融服务,实现资本驱动助力区域产业升级。目前,华夏幸福撬动社会资源,与四川省能投、软银资本共同成立了成都新兴产业投资基金,拟通过基金引导龙头项目落户区域。

8.3.1.4 坚持双重绩效约束思路,创新政企诚信合作共赢新模式

华夏幸福为地方政府提供产业新城规划设计、土地整理、基础设施建设、公共配套建设、产业发展、城市运营等服务,实现了绩效考核和社会资本方激励的有机融合。双重绩效约束体现在:一方面政府方通过构建多方位绩效评价体系,按协议确定周期对华夏幸福已提供各项服务进行考核,并按照考核结果确认应向其支付的服务费用,实现 PPP 模式倡导的物有所值和按效付费理念;另一方面政府以合作区区域内新的增量财政收入作为向华夏幸福支付服务费的资金来源,若产业新城内财政收入不增加,则华夏幸福无利润回报,由此倒逼企业在产业发展上自我加压,不能割地方财政"生肉",最终实现政企合作共赢。

8.3.2 主要创新点

8.3.2.1 从投融资机制改革的维度,将 PPP 模式作为推进工业园区转型升级产业新城的重要驱动

国务院办公厅先后印发《关于促进开发区改革和创新发展的若干意见》(国办发〔2017〕7 号)和《关于进一步激发民间有效投资活力促进经济持续健康发展的指导意见》,明确支持引导社会资本参与开发区建设,探索多元化的开发区运营模式;鼓励以政府和社会资本合作(PPP)模式进行开发区公共服务、基础设施建设。重点探索采用政府和社会资本合作(PPP)的模式,既

发挥专业化社会资本与绩效挂钩的现代管理机制，又有效解决资金问题，建立完善多元化的重点项目投资运营机制。针对目前传统园区特别是中小园区开发建设中，社会资本参与度低，园区运营专业化水平相对不高的情况；部分 PPP 项目变相增加政府债务，绩效考核不完善，缺乏项目全生命周期动态管理；部分地区重工程单体 PPP、轻园区产业培育运营的城镇综合开发 PPP 等问题。总结蒲江县、彭山县等地实践经验，创新完善城镇综合开发 PPP 制度，特别是将产业新城作为 PPP 模式推广示范点，对激发社会资本参与四川省经济发展具有重要意义。

8.3.2.2 从新型城镇化的维度，将产城融合作为优化区域布局的典型示范

产业新城是一个经济、社会、生态要素结构复杂、功能完善的大系统。产业是城镇发展的物质基础，城镇是产业发展的空间载体，产业与城镇之间是相辅相成、相互依赖、相互带动、相互融合的关系，有城无产最终沦为"睡城"，有产无城最终缺乏生活配套失去优秀产业、优秀人才的集聚力和竞争力。因此，将产城融合作为新型工业化、新型城镇化协调发展的重要途径，如借鉴蒲江中小园区创立"产业+城市+生态"产城融合高效发展模式，德国风情、生态、配套、品质尽显，努力实现城市发展与产业发展相融共进，生态环境与人居环境相得益彰，吸引大批优秀人才落地发展。

8.3.2.3 从产业集群建设的维度，将产业新城作为四川省工业转型升级战略平台

针对四川省正处于产业转型发展的关键时期，要重新审视传统产业园区发展模式，以建设产业新城为目标，以区域集中、产业集群、开发集约为方向，引导不同区域的专业化产业集聚，构建财政资金引导投资机构和社会资本系统联动机制，带动研究创新力量和服务体系集聚，促进产业上下游和协作关联企业，通过共享、匹配、融合形成若干微观生态链，集成构建为产业生态圈，推动产业园区从单一的生产型园区经济，向生产、服务、消费等多功能的城市型经济转型。对全省工业园区（集中区）进行全面梳理定位，统筹布局建设主导产业明确、专业分工合理、差异发展鲜明的产业功能区，聚焦产业新城（产业小镇），创新资本要素供给，加快建设产业活力强劲、城市品质高端、服务功能完备的现代化城市新区。同时，推进要素供给侧结构性改革。运用产业引导基金，促进创业投资、股权投资、产业投资和并购重组等各类基金支持新经济发展，鼓励和推动各类创新平台为有创新需求的企业和人才提供服务，营造"独角兽"企业发展生态圈。

8.3.2.4 从全面改革创新的维度，充分发挥 PPP 模式产业新城"四两拨千斤"作用

省委改革办要统筹改革力量，高度重视产业新城在多点多极、两化互动、创新驱动"三大发展战略"中的重要意义，站在供给侧结构性改革、激发民间资本有效活力、减轻地方政府性债务、转变政府管理方式等高度，重点推动以下工作，推动省发改委在固定资产投资、省财政厅在产业新城 PPP 项目入库、省国土厅在项目用地保障、金融部门在园区资产证券化和企业融资方式创新等方面，对标沿海发达地区和国内先进模式；全面清理不符合改革精神的政策制度，以改革创新的精神大胆试点，建立容错机制和试错空间，形成保护和激励干部敢作为、想作为还不违法违纪的政治环境；激励相关部门和领导干部群策群力，共同推进产业新城加快发展，进而形成地方重要的经济增长极，甚至在全球化分工中占据"四川省智造"重要地位。

8.4 四川省以产城融合促进城乡融合发展的路径选择

四川省应该以产城相融促进乡村振兴，推动城乡融合发展，解决城乡空间转型、产业转型、融资转型、治理转型和文化转型等难题，探索以产城相融为主线的城乡融合发展新路径。坚持产业导向功能优化配置生产要素，促进城乡空间布局优化和功能特色互补，实现空间转型；坚持产城相融为主线，通过"产业新城（小镇）"为平台推进产城良性互动，实现经济转型；坚持投融资机制改革，促进要素流通的顺畅和资源配置的均衡，实现投资转型；坚持促进居民权利的平等和治理方式的科学，实现治理转型；促进发展成果的共享和秩序重建，实现文化转型。

8.4.1 以产业新城为载体实现"空间转型"

调整优化城乡空间结构，全面构建"中心城市—郊区新城—特色镇—新型社区"四级城乡体系，形成以产业新城为主体、特色小（城）镇为支点的产城一体、城乡融合发展新格局，城市与农村、人与自然、产业与生态和谐相融的新型城乡空间形态。第一，以产业新城为枢纽和载体发展城市郊区类镇。改变传统的单纯以房地产建设的土地城镇化道路，通过引入华夏幸福等实力雄厚的产业新城运营商，对有天然区位优势的城市郊区乡镇和村庄，提供城市设计、土地整理、基础设施、公共配套以及产业发展、运营管理的总体解决

方案，顶层设计与全要素导入以及持续的服务相结合的统一整体。以产业新城建设有序适度扩大城镇和农村社区人口规模，实现以产带城，以城带产，产城相融。第二，打造一批具有小城市形态的特色村。对具有产业基础、自然遗产、文化资源丰富的村庄，明确一个最有基础、最有优势、最有潜力的产业作为主攻方向，在挖掘内涵、规划论证基础上，形成一个包括规划设计、开发建设、投融资、运营管理、人才培训的一揽子全产业链全程解决方案，做到一个特色村一个细分产业，新引进的重大产业项目优先布局到同类特色小镇，增强特色产业集聚度。

8.4.2 以产业引导为核心实现"经济转型"

秉承"产业优先"和"一个产业园就是一个产业集群"的理念，通过"孵化器—加速器—专业园区—产业新城"的产业培植链条建设，着力提升产业园区城市功能，积极推动传统工业园区向产业新城转变。第一，推动存量园区转型升级。采用购买公共服务或者 PPP 模式引进专业化的产业运营公司，通过共建、代建等合作新模式，导入专业运营公司已成熟的工业园区模式和基因，对存量园区进行二次开发和改造升级，精准选择承接非城市功能疏解和产业转移的项目。第二，以智慧集群式创新的模式优化承接环境。充分借鉴苏州工业园区、固安工业园区等建设模式，因地制宜、因势利导为区域打造科技含量高、示范带动强的高端产业集群，承接城市的科技、人才、金融等资源，将核心城市相关创新主体的研发成果在城镇地区进行测试、孵化，构建"研发中枢在核心城市，技术成果转化产业链延伸至中小城市"的区域创新分工体系，实现城市创新资源助推城镇产业培育提升。

8.4.3 以 PPP 模式为动力实现"投资转型"

积极引进多元化市场主体，鼓励社会力量积极参与城乡融合发展的投资、建设、运营和管理，逐步形成多方主体参与、良性互动的城乡融合推进格局。第一，探索推进城镇综合开发 PPP 模式。除市政工程、交通运输项目等单体建设的 PPP 项目以外，在同等条件下，政府投资按照相关管理办法和程序要求，借鉴沿海发达地区和国内先进的城镇综合开发的投融资模式，推动省发展改革委在固定资产投资、省财政厅在产业新城 PPP 项目入库的探索和创新，提高 PPP 项目的入库率。比如城镇综合运营服务、产业导入和产业发展等内容可有优先入库权。第二，科学论证城镇综合开发 PPP 投资思路和适用领域。启动相关专家或委托第三方经专业机构对现有城镇综合开发 PPP 项目进行评估总结，在地方实践经验的基础上，做好 PPP 项目物有所值评价，财政承受能力论证，为现有发展改革委和财政厅的城镇综合开发 PPP 项目入库筛选提供参考。

8.4.4　以乡村振兴为关键实现"治理转型"

乡村振兴战略，是中央在深刻认识城乡关系、变化趋势和城乡发展规律的基础上提出的重大战略。第一，全面深化农村要素产权制度，探索城乡人才双向流动制度、城乡土地制度为主要内容的改革深化路径。例如，在土地方面，建立城镇建设用地增加规模同吸纳农业转移人口数量挂钩机制，保障农村转移进城落户人员的用地需求。鼓励集体预留建设用地指标，或以土地指标入股等方式参与产业发展，与乡村产业发展结合探索多元化的集体土地利用方式。在人才方面，建立进城务工人员返乡创业的多元激励机制，改善乡村创业环境，完善进城务工人员提供创业辅导制度，以政府购买服务的形式向企业、社会组织采购系统化、多方式的进城务工人员提供创业辅导服务。第二，推进乡村治理体系和治理能力的现代化，一方面加强基层党组织建设，推进党建带动村级各类组织建设的协同治理机制，构建科学的村级组织领导体制。另一方面把城乡人口双向流动和混合居住的前瞻性因素纳入乡村治理结构，加强社区治理体系建设，推进社区化服务管理。

8.4.5　以秩序重建为抓手实现"文化转型"

城乡融合不是以城市文明替代乡村文明，不是以乡村文明消失为代价，而是要保留独特的文化差异性，推进社区文化再生产，再造新文化传统，实现城乡之间的文化秩序重建。第一，立足乡村人口实际需求和心理特征，深入挖掘乡村优秀传统文化蕴含的思想观念、人文精神、道德规范，结合时代要求继承创新，以多种灵活形式开展乡村文化生活，增强居民文化认同感，弱化文化冲突。比如园区的园林、路灯、清洁、城管、公交直接由社会资本方委托物业公司负责。第二，强化企业文化和社区文化的凝聚带动作用，将城市文化、企业文化植入到新的社区，以制度重建为抓手加强对居民思想道德教育和文明素质培育，重构社区文化体系和文化传统，增强居民归属感。例如，通过产业新城建设，学校、医院、图书馆等公益机构均由社会资本方自建自管以提供社会服务，创新了新型治理方式。

9 生态保护建设与乡村振兴

生态保护建设是生态文明建设的重要内容和组成部分,是建设生态文明的基础。当前,全国生态整体恶化的态势趋缓,但尚未得到根本遏制,生态保护与建设领域还存在着进展不平衡、制度不健全、投入不足、科技含量不高等不容忽视的问题,还不适应建设生态文明的总体要求。四川省是全国生态建设大省,为了巩固全省前期生态建设成效,保持四川省生态文明体制建设排头兵地位,深入开展生态保护与建设示范区建设研究,梳理生态保护建设重大问题,深入调研、总结经验,推动生态保护建设示范区建设,促进生态保护建设与经济、政治、社会、文化"五位一体"全面融合,为四川省生态保护建设示范区建设和生态振兴提供创新性和可操作性建议。

9.1 四川省生态保护建设的基本现状

自 2008 年起,龙泉驿区人民政府以农民下山、进城、安居、兴业为首要目标,率先实施"生态移民富民工程",鼓励农民自愿流转农村产权,实行股份制合作,推动实现"三充分一持续"(充分就业、充分安居、充分保障,实现可持续发展),取得了显著成效。在此基础上,出于生态移民的客观需求,龙泉驿区洪安镇于 2012 年开始在镇内土门村和化工新村,因地制宜,分别实施生态移民工程,针对生活条件恶劣、生态环境脆弱的土门和化工新村的居民实施以生态移民的名义开展土地流转和整理,通过移民搬迁、易地安置,有效改善了农民生产生活条件,其创新性的做法受到了移民群众的拥护和积极响应。然而,生态移民留置区土地开发和管理问题日益成为关注的焦点,移民区土地可持续经营管理受到严峻挑战。洪安镇移民区土地经营管理正面临走向恶性循环,即镇政府以生态移民的名义开展土地流转整理并支付相应成本,由于后续招商引资到位不足使得土地经营无法持续,进而导致土地流转整理的成本无法收回，镇政府长期负担着土地流补偿租金等成本。一方面，洪安镇政府仍然承担着大部分土地流转和整理的沉没成本。洪安镇政府自启动生态移民工程后，开始以承担土地补偿金的名义支付土地流转整理费用。每年以土地租金、青苗费、过渡安置费等形式向农民支付着大量补偿金，洪安镇生态移民工程已带来了不小的财政负担。另一方面，市场化的招商进展较为缓慢。受到土地区位和环境条件的限制，洪安镇移民区土地对外部资本市场仍未表现出足够的吸引力，市场投资土地观望情绪较浓，即使招商实现入驻，除短期的优惠政策外，也缺乏长期发展的动力支撑，难以实现长期经营。由于镇政府已经兜底支付了土地费用，在招商过程中较为被动，处于两难境地，三年优惠政策耗尽后，引进的企业往往面临无法持续经营的局面。虽然洪安镇移民区土地经营管理面临一定的发展困境，以生态移民工程的名义开展土地流转整理的方式对于生态振兴仍具有积极的现实意义。

9.2　四川省生态保护建设的模式探索

生态移民土地经营管理的"三新"模式是洪安镇结合客观实际制定的新型生态移民模式。该模式以洪安镇政府为主导，以农民自主自愿为基础，由市场主体参与共同推进生态移民工程以及移民区土地的经营管理。通过土地征用或租赁途径实现土地资源集中，再经过土地增减挂钩立项为移民群众修建安置房，同时，农民可获得征地补偿/土地租金、住房安置、过渡安置补助、就业培训、老人社保等资金补偿和公共服务。该模式的核心是围绕移民区土地经营管理推动实施洪安镇生态移民工程，实现土地集中经营和农民妥善安置的总体目标。

9.2.1　四川省生态保护建设的"三新"模式

洪安镇生态移民区土地经营管理"三新"模式的核心是土地流转集中，前提是农民妥善安置，保障是土地可持续经营。其中，土地集中流转重点在集中的方式，农民的妥善安置重点农民身份的转变，土地可持续经营重点在土地经营方式。洪安镇在上述三方面探索形成了一条新的生态移民路径，重新梳理了土地、农民和产业发展三者的关系，形成了符合洪安镇实际的生态移民"三新"模式（见图9-1），具有重要的积极意义。

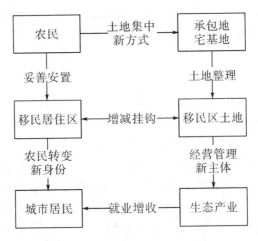

图 9-1 洪安镇生态移民"三新"模式

9.2.1.1 土地集中新方式

洪安镇政府通过生态移民实现了移民区土地承包经营权和宅基地使用权的流转集中。结合生态移民的客观要求,农民生产生活与耕地、宅基地在空间上分离的契机,使农民产生了流转土地主观意愿,使得移民区土地形成了集中的内在动力和客观条件。区别于传统的土地整理项目,洪安镇政府以生态移民推动农民改善生存条件为前提,进一步实现了农民集中土地的主观意愿,在很大程度上降低了土地集中的协调和交易成本,是建立在农民客观需求上土地集中的新方式。

9.2.1.2 农民转变新身份

洪安镇生态移民工程通过补偿安置、配套公共服务等方式推动农民顺利融入城市生活,确保农民身份的真正转变。一方面,农民放弃土地经营使用权,进入城市就业,职业性质发生了根本转变,从单纯的务农劳动人员变为通过提供劳动技术服务获得报酬的城市就业人员。另一方面,农民放弃宅基地使用权,通过生态移民进城居住,享有与城市居民同样的住房、教育、医疗、就业等城市公共设施和服务,以及社会保障,获得与城市居民等同的待遇。因此,洪安镇生态移民赋予了农民真正的城市居民身份,使农民彻底摆脱土地的束缚,纳入城市社会保障体系,从身份到职能彻底实现了市民化的转变。

9.2.1.3 经营管理新主体

生态移民工程实施后,农民从土地的经营管理退出,顺利实现了市民化。土地通过收归国有、集体收回、流转等方式转移到相对集中的管理主体。洪安镇生态移民区土地经营管理承接的市场主体有三大类,即国有企业、集体企业、民营企业，采用独立或合作的方式对移民区土地进行开发和对外招商。实施生态移民工程后，移民区土地实现了连片集中，洪安镇根据土地使用权性质成立国有公司和集体企业对移民区土地的统一管理，确保了国有资产和集体成员的权益，同时，科学处理三方土地经营管理主体的关系，开放对外合作，积极采用招商与合作的方式吸引高效的外部市场主体，开展移民区土地的生态友好产业开发，形成统一规划、合作共赢的新局面，提升移民区土地价值。

9.2.2 "三新"模式的主要做法

洪安镇生态移民工程的推进围绕移民区土地经营管理开展了多项工作，重点针对土地、农民、产业三个方面有的放矢，在确保生态移民工程顺利推进的同时，也争取实现移民区土地和农民的可持续发展。在洪安镇政府引导下，洪安镇生态移民区从土地经营管理到农民妥善安置再到产业发展规划进行了有效实践探索（见图9-2）。

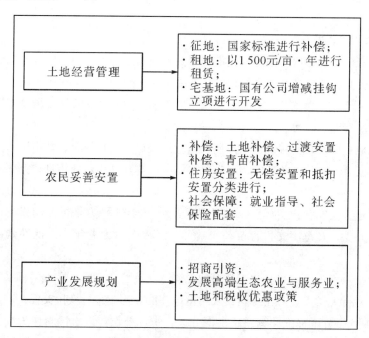

图9-2 洪安镇生态移民区"三新"模式实践探索

9.2.2.1 土地统一经营管理

洪安镇生态移民区土地集中经营主要包括对耕地和宅基地的统筹经营管理。对于移民区耕地经营管理，洪安镇通过征地和租地两种方式实现了土地的集中管理，其中，征地方式，如，土门村，将耕地收归国有用于公益事业。租地方式，如，化工新村，将耕地流转给国有/集体公司，集中后进行统一经营管理。对于宅基地经营管理，洪安镇主要通过开展土地整理，通过增减挂钩立项，在城区为移民群众置换修建安置房，节约出的建设用地指标由国有公司统一经营管理。

洪安镇生态移民实行了两种方式对土地进行经营管理，一方面，在征地生态移民的过程中，由于农民获得了土地补偿和住房安置，放弃了原有土地承包经营权和宅基地使用权，移民区土地收归国有，因此，洪安镇政府通过国有公司对该部分移民区土地进行统一经营管理。另一方面，采用租赁方式流转的耕地实质上并没有改变移民区土地的集体所有性质，因此，在土地整理过程中，以集体经济组织名义成立公司对移民区土地进行统一经营管理，农民作为集体经济组织成员仍然拥有土地经营收益按份共有的权益。同时，农民放弃的宅基地仍然交由国有公司进行统一管理，通过增加挂钩项目对宅基地进行土地整理。

9.2.2.2 农民获得妥善安置

洪安镇生态移民对搬迁农民的安置主要包括三部分，包括资金补偿、住房安置、公共服务，如就业和社保等。在妥善安置搬迁农民过程中，洪安镇实行强化分类指导，真正意义上实现了农民的市民化，实现了移民区群众市民化身份的彻底转变。

征地补偿安置：移民群众按照征地标准获得土地补偿金，并由国有公司无偿提供安置房，政府为有能力、有意愿的移民群众提供就业培训，并落实就业方向。

租地补偿安置：实行抵扣安置方式，对人均 35 平方米标准超出的面积进行土地补偿，并每年支付青苗补偿费和土地租金，为老年人一次性购买社会保险。

根据洪安镇土门村和化工新村的现实情况及群众意愿，在土门村采用征地方式，实行无偿安置。化工新村采用租地补偿方式，实行抵扣安置，即拆迁房以人均 35 平方米标准计算，超出部分进行土地补偿。以农民自愿为前提，搬迁农民既可以只流转宅基地使用权，也可以连同承包土地经营权一起流转，通过建立国有公司进行土地整理和拆院并院的方式将土地集中，以每户人均 35 平方米的居住面积进行住房补偿或等价建设成本的货币化补偿，从而实现土地资源优化配置。同时，实现土地流转的农户还可以获得社会保险、兴业服务等支持，帮助其顺利进城以适应市民化的生产生活方式。在配套产业开发过程中，移民区农民放弃传统分散的土地经营方式，成为城市产业工人，在移民区的产业园区内实现稳定就业。

9.2.2.3 产业发展科学规划

洪安镇政府结合移民区土地资源、环境条件，制定产业发展战略，明确生态农业的主要发展方向，定位成都地区高端市场。通过对流转集中的耕地、林地以及建设用地进行系统规划，因地制宜，充分发挥土地资源比较优势，规划以生态农业和高端服务业为主要载体实现移民区产业优化升级和合理布局。移民区利用各项优惠政策招商引资，引入高端商业投资主体，进而规划形成了高端生态农庄、总部经济、高端科技产业园、就业创业园区等一系列高端业态。通过高端商业开发解决土地资源利用的优化升级，形成具有高附加值的新型生态产业集群，以创新性业态承载移民区可持续发展的重要使命。进一步形成土地向优势产业集中，产业向高端、生态集聚，农民向城镇和二、三产业流动的发展格局。

9.2.3 "三新"模式的创新经验

9.2.3.1 活用土地政策，推动移民区土地流转集中

在移民搬迁的实践过程中，洪安镇结合现有土地政策，通过生态移民的方式实现了移民搬迁和土地流转集中的有机结合，为土地集中规模经营创造了有利条件，同时，也实现了农民进城和市民身份的转变。土门村通过土地征用将农民失去的宅基地和耕地进行一次性补偿，同时对移民群众进行妥善安置。化工新村通过土地整理和增减挂钩有效地将宅基地复垦，通过生态移民为村民进城提供了良好的住房保障。洪安镇将现有土地政策融合到生态移民的目标当中，实现土地、农民的双集中，实现了土地资源的合理利用。

9.2.3.2 尊重群众意愿，鼓励农民自主自愿选择方案

在移民搬迁过程中，洪安镇政府充分考虑到搬迁户的不同需求，分别从移民补偿条件、支付方式到安置方式等方面细化支持政策，根据两村的不同情况做了多项移民搬迁设计方案。通过宣传发动、政策讲解等方式让移民区农民充分了解移民搬迁政策。在生态移民方式决策过程中鼓励农民自愿自主选择移民搬迁方案，因地制宜、因户而异，在充分尊重群众自愿选择的基础上开展移民搬迁工作，大大较低了沟通协调成本，同时也降低了财政负担。在化工新村，在农民资源的基础上分两期完成了搬迁工作，农民以土地租赁的方式每年获得可持续的租金收入。

9.2.3.3 转变政府职能，引导农民有偿有序市民化

洪安镇政府对两个村分别采用不同的补偿方式，有偿有序推动移民区市民

化进程。由于土门村建设成都垃圾填埋场的需要，建成后该区域将不再适宜居住，因此，对土门村采取征地的方式开展生态移民工作。而对化工新村，由于耕地条件较好，适宜农业产业化发展，因此采取土地指标增减挂钩方式，通过土地整理开展生态移民工作。

在土门村，由于生产生活条件恶劣，农民搬出意愿强烈，政府采用征地的方式开展生态移民，并以龙泉驿区征地补偿标准，由财政统一支付征地补偿金和安置费，使农民尽快实现移民搬迁。在化工新村，采用土地整理后增减挂钩立项的方式开展生态移民，农民通过领取土地补偿、青苗费、过度安置费及土地租金。由财政资金参照城镇标准为老年人购买社会保险，使农民得到集中安置，土地尽快实现连片集中经营。洪安镇通过分批实施和分类推进，有序有偿地实现了农民市民化。

9.2.3.4 开展技能培训，保障移民区群众就业增收

为解决移民搬迁群众脱离土地后的就业问题，洪安镇针对有能力、有意愿的移民群体，由政府统一安排其进行职业技能培训，并优先安排到龙泉驿区企业、城管部门、家政服务部门、农业产业化基地就业。经过职业技能培训，返回移民区土地经营管理的农民成为农业产业工人，不但有利于生产效率的提高，也有利于土地的产业化和标准化经营。通过就业转移，有效释放了农村剩余劳动力，移民区农民在不同领域发挥社会价值，也提升了移民群体对城镇生产生活的融入感，确保了移民区的社会稳定。

9.3 四川省生态保护建设面临的主要问题

9.3.1 以生态移民名义开展土地整理导致财政负担偏重

当前，从洪安镇现实情况分析，农民群众移民搬迁的呼声较高。同时，移民搬迁也是城镇化的客观要求，虽然市场条件不足，但在政府项目的支持下，优先将农民搬迁到适宜居住的地区势在必行。因此，生态移民工程实施过程中，由于市场条件不成熟，仅能满足"移民"需求，而难以实现"富民"的目标。市场无法提供足够的资金开展相关的土地整理项目，同时在移民搬迁的后续产业跟进方面也难以形成长期的有力支撑。面临大量的资金投入需求，政府财政预算难以持续支持。在面临持续支付租金和生态移民需求不断扩大的背景下，政府项目补偿租金的措施不可持续，财政投入压力也将不断加大，在生态移民的政治任务和市场导向不清晰的情况下，生态移民工程的落实也面临两难选择。

9.3.2 经营管理主体角色不清导致移民区土地撂荒较多

移民搬迁后，洪安镇移民区土地实现了连片集中分布，然而，有土地通过流转租赁，在土地权属上仍属于集体所有，而洪安镇政府仅在名义上拥有使用权，而实际上没有进行土地经营管理的职能，并不能作为适宜的移民区土地经营管理主体。由于农民搬迁后，其耕种土地意愿大幅下降，导致土地撂荒情况较多。因此，由于现有移民区土地经营管理主体定位模糊，而农民种地意愿明显不足，土地撂荒问题造成了一定程度的资源浪费。同时，在土地经营方式的选择上也出现新情况，由于不具备规模化经营的条件，少数一家一户的分散经营反而具有一定活力，而集体运作实现规模经营则难见成效，集体经营的土地往往入不敷出而导致越经营越亏损的情况使得土地撂荒在所难免。

9.3.3 移民区土地产业定位不明确导致经营缺乏持续性

洪安镇移民区土地适宜农业产业化发展，但就进一步规划而言，该区域尚缺乏科学系统规划，对该区域的适生品种、技术难度、市场条件还缺乏充分的科学论证。现有规划定位使得洪安镇移民区土地虽然有农业产业化发展的大方向，但是具体的产业定位仍不清晰，导致农业产业化项目落地相对滞后。而已有的农业产业化经营仅维持在"吃政策"的短期行为，难以保证产业发展的持续性。通过政府项目开展移民搬迁的土地由当地镇政府代为管理，农民将土地承包经营权出租并从政府财政获得租金。为尽快实现招商目标，在政府项目支持下，为企业实现减免三年土地租金的优惠政策，而农民则通过政府项目补贴足额获取土地租金。这在一定程度上表明移民区土地产业基础仍然比较薄弱，而部分移民区土地资源的开发也还处于初级阶段，尤其是水果蔬菜等初级农产品特色不明显而在市场中缺乏竞争力，同时，分散经营也难以有效降低生产成本，利润率不高也成为限制产业升级的重要因素。

9.3.4 投资主体短期行为导致移民区土地经营不稳定

基于现有市场条件，移民区土地三年的土地即税收优惠政策期限往往难以保证投资主体实现盈利。这导致一些投资者抱着"吃政策"的短期目标选择移民区土地，而缺乏长线经营的规划。一旦政策期结束需要自行支付土地租金和税收时，就会选择退出。使得移民区土地经营无法实现长期稳定发展。而现有政策还难以做到有效筛选长期和短期的投资主体，对投资主体长期入驻和移民区土地稳定经营缺乏有效制度和政策支撑。

基于洪安镇两村农民群众对生态移民的迫切需求，洪安镇政府坚持以人为本的原则，率先开展了移民搬迁工作，保障了移民群众利益。而移民区土地本身外部市场导向仍不明确，对于投资主体的需求还不清晰，导致移民区土地的招商引资存在障碍，难以实现长期有效的投资主体对接，尚未充分发挥市场在资源配置当中的决定性作用。投资主体的短期行为使得移民区产业经营受到影响，而反思单纯的农业项目经营利润率较低、投资大、回报期较长，对于外部企业等投资主体也不具备足够吸引力。现有土地开发条件和招商方式还难以推动产业集聚效益的形成，使投资主体入驻经营也面临较多的不确定性，最终难以对移民区农民持续增收产生有力支撑。

9.4 四川省优化生态保护建设模式的思路建议

9.4.1 基本思路

围绕洪安镇生态移民区土地面临的问题，及现有模式的短板和薄弱环节，应将"资金从哪筹集？土地谁来管理？产业如何经营？利益怎样保障？"四个问题作为出发点和落脚点，进一步完善现有土地经营管理模式。

9.4.1.1 多方面筹集社会资金降低财政负担

强化生态移民区土地经营管理模式的市场环节。以生态移民为目标的土地整理和流转使得移民区土地市场化开发明显滞后，开发成本由单一的财政负担不可持续，不但加重财政负担，也难以实现真正意义上的移民区土地可持续经营。因此，应强化洪安镇移民区土地经营管理模式的市场环节，从政府财政投入为主向以市场资源投入为主、财政投入为辅转变，实现多元化投资主体格局。形成多元化投资主体的格局，应用市场化手段丰富移民区土地经营管理的资金来源，多方面筹集社会资金，使生态移民工程的实施既要满足农民安居，也满足移民区土地市场化经营导向。

9.4.1.2 明晰土地管理主体，实现规范有序经营

在洪安镇移民区土地经营管理"三新"模式中，政府、企业、农民土地权利存在不同程度的重合，同时，也存在管理经营主体不适合的问题。这些问题不但导致撂荒等问题，也难以避免利益相关者产生矛盾或冲突。因此，有必要进一步明晰土地管理主体。首先，农民放弃土地承包经营权和宅基地使用权，土地使用权应由集体收回并保留或重新发包。其次，在现有管理方式中，移民区土地经营管理承接主体有国有公司、集体企业和外部市场主体三方面。

从洪安镇生态移民区土地经营管理经验来看，国有和集体经营管理是现实选择，但缺乏市场活力。而外部市场主体是机会型选择，带有天生注重效率的市场化导向，引入外部市场主体进行移民区土地经营管理有利于提高经营效率。最后，洪安镇生态移民区土地涉及多方利益相关主体。应在此节点进一步明确移民区土地经营管理主体的角色定位，以实现土地规范有序的经营管理。

9.4.1.3 聚焦移民区可持续产业发展，提升经济效益

"三新"模式仅对移民区土地产业进行了规划和探索性经营，距离产业化经营仍然有较长距离。首先，在生态友好产业大方向定位下进一步细化产业发展内容和业态布局，引导实现产业集聚效应的形成。其次，充分挖掘移民区土地资源优势，开发有比较优势、市场竞争力强、附加值高的生态友好产业，避免生产劣质产品和同质化竞争。再次，发展可持续产业。进一步探索资源循环、没有污染的可持续产业开发。进一步推进农业和相关服务业的互动发展。建立移民区土地开发生态友好与可持续产业的格局。最后，特别重视规划指导实践的意义，避免产业重规划、轻落实的普遍现象。通过设定科学发展目标，按照规划认真落实。

9.4.1.4 鼓励合作共赢，保障相关主体利益

结合洪安镇移民区土地经营管理现状，为提高市场化经营水平，必须走开放与合作经营的道路。在市场化的土地开发过程中，应明确收益共享、风险共担的利益保障机制，确保合作各方公平获益和承担相应责任。第一，坚持合作开发、实现利益捆绑。无论是资金入股或是权利入股，都应引导移民区土地合作各方坚持合作开发，明晰各自责权利，确保分工明确、合作紧密。第二，优先保障农民利益。移民区土地经营应优先保证农民的土地租金、补偿和务工工资的支付。第三，在"三新"模式中，农民优先通过财政获得了补偿，农民既不用承担市场风险，也不能参与土地市场开发的收益分配。收益分配应具有对农民或集体经济组织开放的机制，使农民有机会参与到移民区土地的市场开发中。第四，强化风险管理意识。充分树立市场风险意识，建立相应预案和保障措施，提高移民区土地经营风险预知和抵抗能力。

9.4.2 对策建议

9.4.2.1 加快引进外部市场化投资主体

面对长期过重的财政负担，移民区土地经营管理成本应更多地交由市场主体承担。通过一系列政策措施，建立完备的招商引资体系，形成多元化投资主体格局。

（1）编制《洪安镇生态移民区土地利用与发展规划》。在充分调研移民区实际情况的基础上，规划编制一系列充分发挥移民区土地资源优势，充分发挥市场主体能动性的项目清单和针对性的配套政策。适时发布移民区土地发展规划，吸引多元化市场投资主体参与移民区土地经营建设。同时，建立市场主体的准入与合作标准，确保引进来、留得住、做得久。

（2）进一步完善招商引资体系。通过完善移民区土地招商引资体系，建立与外部市场主体交流机制。以对外开放与合作的姿态与企业洽谈合作，以园区的管理方式对外招商，实施双向选择。建立招商引资项目库和评估体系，对招商项目提供咨询服务，帮助投资主体进一步落实项目投资。

（3）洪安镇政府组建招商引资指导委员会。改变移民区土地经营管理投融资策略，建立商业合作信息平台，指导移民区土地开展系统的招商引资活动。

（4）定期举办移民区土地招商信息发布会。通过招商信息发布会，促进移民区招商信息交流，及时筛选和更新重大招商信息，宣传移民区产业发展规划、资源优势、优惠政策条件等吸引各界投资者入驻。

9.4.2.2 创新移民区土地经营管理方式

在洪安镇政府指导下，以集体经济组织名义成立公司与外部投资者开展合作，根据市场需求调整土地经营管理方式，以匹配外部市场主体需求开展投资合作。

（1）明确村集体经济组织参与方式。由村集体经济组织成员出资或以土地补偿金入股，成立集体性质公司，作为移民区土地经营管理的有效合法主体。在尊重农民意愿的前提下，鼓励以村企合作的方式引导农民开展适度规模经营，充分发挥有意愿、有能力的农民参与土地经营管理的能动性。采取对外合作开发、委托管理、投资入股等方式进行移民区土地经营管理，获得租金、经营、分红等收益。

（2）建立移民区土地村企合作经营示范点。以社会企业投资、村企土地入股的方式开展合作经营，对于集中连片、有条件开展适度规模经营的土地，鼓励建立村企合作经营示范点，给予专项的政策扶持，做好产权登记和土地流转服务等支持工作，确保土地经营权利得到落实。鼓励先试先行建立一批土地适度规模经营和优势产业示范点，扩大移民区土地产业经营影响力。

（3）对移民区土地进行园区化管理。由镇政府主导建立移民区土地开发园区管理委员会，对移民区土地实施规范化管理和提供系统的产业开发公共服务，提升企业办公环境，降低企业运行成本。

9.4.2.3 推进移民区产业经营向纵深发展

洪安镇生态移民区应坚持规划先行原则，不仅对移民搬迁安置具有详细规划要求，而且土地经营管理移民区土地利用规划应具备未来 5~10 年的中长期产业发展的指导能力。

（1）优化移民区土地产业功能定位。合理分配建设用地，打造生态农业和相关服务业的产业互动基础，搭配布局农旅服务业，明确生态农业区与农旅服务区融合的产业发展功能定位，形成良性互动的产业布局。

（2）重点布局移民区土地生态农业区。基于新时期洪安镇土地利用现状与产业发展基础，将生态时令蔬菜和应季水果作为生态农业的主要内容，重点布局，确保生产高品质、高产量生态农产品，利用交通便利的优势拉近远端市场，以确保生鲜供给的时效性。同时，也应科学选择适生品种，针对成都市场进行错时供应，避免集中上市，打价格战。

（3）打造高端"菜篮子"标准工程。充分发挥移民区土地集中连片的资源优势，以优质蔬菜、水果农产品作为主打，制定高端"菜篮子"标准，充分做好市场调研，尤其是成都高端蔬菜和水果市场的产品品质和标准，精准定位高端市场客户消费者。

（4）打造优质生鲜农产品供应链。建立精品蔬菜和水果产业基地或园区，至少形成与成都主要蔬菜和水果市场有差异的特色生态蔬菜水果供应链条。优先吸纳本地劳动力到移民区高端生态农业领域就业，推动生鲜农产品产业链从初级生产到初级加工的提升，建立标准化、流程化、品牌化的生鲜农产品供应链。

9.4.2.4 建立投资主体间的利益联结和保障机制

基于洪安镇生态移民工程的实施经验，应继续立足夯实内在发展动力，帮助外部投资主体树立移民区发展信心，与其建立利益共享、风险共担的利益联结机制，共同构建移民区产业发展的新格局和新秩序，维持移民区土地经营的长期稳定。

（1）降低投资主体进入门槛。建议在镇政府协调下，由地方农村产权担保公司为村企土地承包经营权提供担保贷款，鼓励外部投资主体与移民区村企共同出资入股、合作开发，降低外部投资主体的进入门槛，推动移民区土地可持续经营，共同投入、捆绑利益、共享市场信息，建立长期战略合作，实现长效发展。

（2）推进各方利益主体广泛参与移民区土地经营管理。在移民安居过程中，为防止出现过度依赖行政推动和财政支撑的现象，让农民、企业、其他社会团体和个人广泛地参与到生态移民工程中来，形成多元化的投资主体。通过土地整理节约的建设用地指标，以市场化为导向、以政策性减税减费等优惠政策为条件，吸引各方社会投资主体，尤其是资金实力和社会责任感较强的企业。

（3）建立投资合作基金。在移民区土地商业项目开发过程中，通过政府主导，建立合作基金形成投资总盘子，通过银行托管，鼓励外部资金进入移民区土地投资领域，开展移民区项目投资。坚持以企业、个人等市场投资主体为主要投入方，农民或集体以补偿金作为股本参与投资，获得相应的投资回报的机会，从而借助市场的力量为农民带来更多可持续的、稳定的财产性收入。企业、个人等市场投资主体在享受优惠政策的同时，进行产业开发，以较低的门槛实现了产业化和市场化运作，而最终收益也由企业、个人、农户等共享。

（4）建立移民区土地经营开发的保险机制。鉴于市场经济的不确定性，政府可提供一定补贴，支持移民区土地开发项目与保险公司合作，以设立农业产业经验保险基金或者直接购买农业保险的方式规避经营风险。

10 深化集体林权改革与乡村振兴

四川省全面贯彻党的十九大和十九届一中、二中、三中全会精神，以习近平新时代中国特色社会主义思想为指导，牢固树立并践行"绿水青山就是金山银山"理念，认真落实习近平总书记关于集体林改的重要指示精神，认真贯彻《国务院办公厅关于完善集体林权制度的意见》（国办发〔2016〕83号）和《四川省人民政府办公厅关于进一步完善集体林权制度的实施意见》（川办发〔2017〕68号），围绕省第十一次党代会、市第十三次党代会提出的"绿色发展""全域增绿"和市委市政府实施乡村振兴战略推进城乡融合发展的总体部署，结合林业供给侧结构性改革，实现生态提升、产业发展、绿山富民的目标，认真研究、积极谋划、狠抓落实，积极推进和深化集体林权制度改革。坚持和完善农村集体经营制度，落实集体所有权，稳定农户承包权，放活林地经营权，完善扶持政策和社会化服务体系，创新产权经营模式和国土绿化机制，促进集体林权规范有序流转，推进集体林业适度规模经营，推动林业供给侧结构性改革，实现增绿、提质、增效。

10.1 四川省深化集体林权改革试验工作开展的基本情况

通过前期的改革探索，成都市林地所有权、承包权、经营权"三权分置"模式已经形成，相关制度设计也已经初步建成。2018—2020年，成都市作为全国深化集体林权制度改革示范区，根据《四川省成都市深化集体林权制度改革试验方案》，其改革主要包括以下三大任务：

一是深化集体林权股权化改革。全面开展未分到户的集体林资产清产核资和股份量化，建立健全集体资产登记、经营、处置等制度。集体统一经营和联户承包的林地，要依法将股权份额量化到户、股权证发放到户。积极开展农村集体统一经营林地利益联结机制探索，不断发展壮大集体经济，确保集体资产保值增值，带动农民致富增收。

二是探索社会资本投入林业模式改革。建立引入产业投资基金、信托资金等社会资本投资林业重大项目建设的协调保障机制。创新现代林业产业园管理方式，鼓励涉林产业化项目通过公司债券、企业债券和银行间债务融资工具等直接融资。鼓励探索利用"互联网+"、政府和社会资本合作等模式盘活林业资源。探索创新林业龙头企业与农户、家庭林场、专业合作社等主体紧密连接的组织模式和利益机制。

三是创新林权抵质押贷款及林权收储担保融资方式。探索开展林业经营收益权和公益林补偿收益权市场化质押担保贷款方式，鼓励市、区（市、县）建立林权抵押贷款风险金，深入研究林权抵押融资中的风险分担机制，科学分担融资风险，提升林权抵押融资水平。

10.1.1 试验任务进展情况

成都市充分尊重农民意愿和首创精神，按照依法依规、有序平稳、超前探索、创新制度、重点突破、配套推进、因地制宜、突出特色的原则，规范有序地推进改革试验工作，重点开展了厘清产权和林权流转、评估、抵押等制度设计工作，推进社会资本投入林业，主要试验项目进展良好。

10.1.1.1 深化集体林权股份化改革

一方面，探索集体林权"三权"分置。为进一步明晰产权、放活经营权，建立林地经营权流转证制度和经济林木（果）权证制度，成都市在全市采取林权证、林地经营权流转证、经济林木（果）权证"三证并行"方式，稳步有序开展新"两证"颁证工作。目前，全市已颁发林地经营权流转证576本，面积达24.65万亩，经济林木（果）权证2 157本，面积达21.18万亩。另一方面，开展集体统一经营林地股份化改革，培育林地股份合作社。成都市积极探索建立农村集体统一经营林地利益联结机制，围绕"谁来生产、谁来经营、谁来服务"探索实践"林地股份合作社+林业职业经理人+林业综合服务"三位一体的林业共营制，在不断发展壮大集体经济，培育多样化的现代林业经营主体和带动农民增收方面取得明显效果。

10.1.1.2 推动社会资本投入林业模式改革

一方面积极吸引金融资本和社会资本进山入林。成都市在龙泉山探索建立"管委会+投资公司"运营模式，积极与国家开发银行对接，争取储备林专项贷款，探索龙泉山城市森林公园国家储备林项目政府和社会资本合作PPP模式，目前已经初步与国家开发银行达成储备林专项贷款125亿元。另一方面，积极培育森林人家、森林康养基地等新型经营主体，大力发展森林旅游、森林康养、教育体验等新业态。积极推进全市林业产业项目建设，成都市级财政每年专项资金投入林业，带动社会主体造林护林的积极性，撬动社会资本投入林业生态建设达 4.05 亿元。积极与中国农业发展银行对接，争取金融资本投入生态建设，成都市的环城生态区生态修复综合项目（南片区）总投资 131 亿元，2019 年落实贷款 10 亿元，贷款期限 14 年，贴息到位 2 017.73 万元。鼓励和引导工商资本投入林业，探索创新林业龙头企业与农户、家庭林场、专业合作社等主体建立紧密的利益联结机制，发展规模化集约化的林产业。

10.1.1.3　创新林权抵质押贷款及林权收储担保融资方式

一方面，积极推行"三权分置"和"两证一社"抵押贷款改革试点，建立了林地经营权流转证制度和经济林木（果）权证制度，在全市采取林权证、林地经营权流转证、经济林木（果）权证"三证并行"方式，统一发证办法、统一制证、统一规范程序。另一方面，成都市建立完善集体林权估价体系，市级层面出台了林权抵押、评估、担保、收储等系列指导文件，建立了全市林地林木分级评价机制和林权流转基准指导价格机制，对林地林木流转提出了分区域、分林种、分树种、分龄级的指导价格，出台了《成都市集体林森林资源资产评估咨询指导意见》，建立了"森林资源资产评估咨询服务单位和评估专家推荐名录"。同时，将花卉苗木及林权纳入了成都市"农贷通"农村产权抵押融资风险资金使用范围，建立了林权抵押融资风险金。截至目前，新"两证"抵押贷款 10.73 亿元。

10.1.2　改革试验任务的整体效果

总体而言，成都市集体林权制度改革试验进展顺利，成效较为显著。第一是地方政府高度重视，根据改革试验方案形成了较为完善的组织保障，具有明确的目标任务和改革推进计划。第二是改革试验项目实施过程表现出系统、全面的特征，不是零碎的，而是系统化推进。第三是改革重点突出，重点瞄准产权改革中的三权分置、林业投融资、林权规范流转和经营主体培育，促进产改成果有效运用。第四是改革试验循序推进，按照预定方案和时间进度推进股权化改革、社会资本投入、林权抵押融资等创新。第五是改革创新点显著，在重要方面都有成都的特色和成都的经验。

10.1.2.1　系统化政策框架基本形成

在政府主导和部门配合下，成都市制定了一系列深化林改的政策制度，基本形成系统化政策框架。市级层面制定出台了《成都市完善和深化集体林权制度改革实施方案》（成委厅〔2016〕40号）等24个深化林改系列配套文件，破解了三权分置、林业投融资、规范流转、经营主体培育等难题。2018年8月，成都市人民政府办公厅出台了《进一步完善集体林权制度实施方案》（成办发〔2018〕28号），对新一轮全市深化集体林权制度改革工作作出了全面安排和部署。2018年9月，成都市人民政府办公厅出台了《关于进一步加快发展都市现代林业产业的实施意见》（成办函〔2018〕163号），加快推进都市现代林业高质量发展，助推乡村振兴。2020年4月，成都市人民政府出台了《关于推进竹产业高质量发展建设公园城市美丽竹林风景线的实施意见》（成府发〔2020〕8号）。

10.1.2.2 林权融资平台逐步建立

为进一步了解供贷双方需求，研究有效破解林权融资瓶颈，调动社会主体造林、护林的积极性，成都市召集市级相关部门和银行、保险、担保、收储、评估机构及林业经营主体开展专题研讨，召开全市林权抵押贷款政银企对接会，与市地方金融监管局联合修订完善了《成都市林权抵押贷款管理办法》，积极协调成都农商银行、成都银行、邮储银行等金融机构，搭建林权融资平台。2014年以来，全市涉林贷款累计发放额125.9亿元，目前余额2.38亿元。

10.1.2.3 外部发展要素不断融入

通过实施林业补贴普惠制，加大公共财政支持力度，2014年以来，成都市累计吸引社会资本投资林业116.88亿元，其中2016年财政投入带动社会投资额4亿元，金融撬动社会资金28亿元。为解决林业经营主体销售与发展的瓶颈，成都市充分利用现代信息技术提高管理水平，积极建设智慧林业，探索构建林业经济、林业产业发展与互联网结合，探索林产品"互联网+"，搭建"蜀林全汇"电商销售平台。2017年5月，成都市搭建的林业互联网销售平台"蜀林全汇"正式上线运营，打通了林业生产、流通、服务等环节，构建现代营销物流网络。探索"互联网+"销售模式、供给侧结构性改革经营模式，借力"一带一路"，实现了花木产业走出国门，已实现创汇1648万美元。

10.1.2.4 林业新型经营主体快速成长

鼓励和引导工商资本投入林业，发展规模化集约化的林产业，推行"龙头企业+专业合作社+基地+农户""龙头企业+基地+农户"等产业化经营模式，引导专业合作社、家庭林场、农户和林业职业经理人等与龙头企业有效对接，探索建立了提升职业经理人经营积极性和保障林农增收的利益联结机制。目前成都市省级以上林业产业龙头企业41家，培育林地股份合作社55个，培训林业职业经理人1000人，认定职业经理人260人。积极培育森林人家、森林康养基地等新型经营主体，截至 2020 年年底，全市创建省级森林康养基地 33 个、省级森林康养人家 10 个、省市级森（竹）林人家 123 个。

10.1.2.5 林产业转型升级实现重要突破

成都市积极推进全市林业产业项目建设，市级财政每年专项资金投入林业，带动社会主体造林护林的积极性，撬动社会资本投入林业生态建设达 4.05 亿元。通过实施林业共营制、大力发展林业产业，着力提升木本油料、林竹产业、森林药材等产业示范基地建设，全市林业产业基地达 340.16 万亩，培育国家、省、市级林业产业示范园区（基地）10 个。2020 年，成都市实现林业产业总产值 867.1 亿元，成都林地面积只有全省的 1.6%，林业产值却占全省的 20% 以上，实现了"小资源、大产业"。

10.1.2.6 村集体参与度显著提高

成都市充分发挥集体经济组织的重要作用，初步形成了以四川省竹里牧茶农业开发公司、聚峰谷油橄榄产业园等为代表的"集体+"林业发展模式，通过租赁、资产折价入股等方式与林业经营主体形成合作，参与到林业产业发展中来。

10.1.2.7 林农收入水平持续提升

成都市通过财政保护性补助资金直接到户、引导林农以林地经营权入股、合作经营等模式，大力发展林下经济和生态旅游产业。目前，成都市全市农民林业收入逐年增加，2020 年年底人均林业收入达 3 700 元以上，比 2014 年增长 66.9%。

10.1.3 改革试验工作的经验总结

在进一步深化集体林权制度改革中，成都市立足于服务生态文明建设，定位于发展现代都市林业，以创新体制机制为着力点，围绕"共营制"、补贴"普惠制"、交易"入场制"、风险"防控制"、承包"退出制"、融资"多元制"、保护"山长制"7 个方面，形成了深化集体林权制度改革的"成都七大经验"。

10.1.3.1 探索林业经营"共营制"

围绕谁来种地、谁来经营、谁来服务的问题，成都市积极探索实践"林地股份合作社+林业职业经理人+林业综合服务"三位一体的"林业共营制"，构建新型林业经营体系助推小农生产融入现代林业，鼓励符合城镇职工养老保险条件的林业职业经理人以个人身份参加城镇职工养老保险，并享受相关社保补贴。

10.1.3.2 探索财政补贴"普惠制"

为有效调动社会主体造林护林积极性,成都市积极探索建立林业补贴普惠制。公共财政投入按"保护性补助+发展性补贴"政策引导,建立了公益林地方补偿制度、退耕还林直补金制度,公益林每亩补偿30元/年、退耕还林每亩补助20元/年,市级财政每年投入保护性资金5 500万元以上。2016年,市级财政安排发展性资金12 572万元,发展性补贴覆盖80%申报主体。

10.1.3.3 探索流转交易"入场制"

为鼓励集体林权入场交易,成都市积极制定鼓励集体林权入场交易的优惠举措,积极推进林权流转及交易鉴证制度,依托成都农交所交易平台,建成涉林乡镇交易网点193个,已建成了市、县、乡三级林权流转交易体系。截至2020年年底,入场发布林权流转信息4 155条,促成林权流转1 323宗,面积48.79万亩,交易金额共计29.16亿元。

10.1.3.4 探索流转风险"防控制"

成都市针对集体林权碎片化、信息不对称、流转风险较大等问题,对集体林权流转采取事前协商、合作社牵头、项目评估推介、村民委托等程序,探索林权预流转制度,并引入商业保险,探索林地流转履约保证保险,建立林地流转适度性及林权流转风险防控机制,切实保护流转双方的合法权益。

10.1.3.5 探索林权承包"退出制"

成都市以生态移民为导向、以自愿流转为前提,探索建立农民林地承包经营权有偿退出机制,推进龙泉山生态绿化建设。全市退出农户9 716户,退出承包林地5.05万亩,有力推动了生态扶贫、国土绿化,初步实现了绿山富民。

10.1.3.6 探索花木融资"多元制"

成都市在温江区、郫都区等花木种植区积极推行"互助基金""联贷联保""仓单质押""专合贷"等多种花木融资模式,已实现花木融资30多亿元。

10.1.3.7 探索生态保护"山长制"

成都市在都江堰市积极践行"绿水青山就是金山银山"发展理念,在全市建立市—乡镇(街道)—社区(村)—组(社)四级"山长制",通过厘清"山长"的权力清单和责任清单,实现了生态资源保护从部门责任制到党政首长制的新突破。

10.2　四川省深化集体林权改革试验工作的创新点与政策含义

10.2.1　主要的改革创新点

成都市集体林权制度改革在多个方面都开展了卓有成效的探索创新，既取得了实际的改革成果，也蕴含着内在的成功经验，其主要的创新体现在构建了四大机制。

10.2.1.1　创新构建了"林权抵押+林权收储+森林保险"的一体化推进机制

成都市以集体林权产权制度改革为根本，创造条件赋予林地承包经营权、林木所有权抵押融资贷款权利，完善保险机制，以改革成果的应用推进林业产业发展，创新性地构建了"林权抵押+林权收储+森林保险"的一体化推进机制。在林权抵押方面，成都市创新推进"两证一社"林权抵押贷款改革，以放活集体林地经营权为突破口，完善了林权权利人用林权证或不动产权证书（林权）、林地经营权流转证和经济林木（果）权证进行林权抵押融资的各环节，打通了金融资本投资林业的渠道。同时，成都市积极协调金融机构加大支持林业力度，针对林业特点开发适合林业的信贷新产品，创新性地推行"一次核定、随用随贷、余额控制、动态调整"的农户便捷信贷新模式。此外，成都市积极拓宽林权抵押标的物，结合产业特点将花卉苗木及林权纳入成都市"农贷通"农村产权抵押融资风险资金使用范围，创新性地探索建立了花木融资"多元制""保单贷"等新模式，撬动金融支持花木产业发展。在林权收储方面，成都市建立林权抵押贷款风险金，探索设立多种所有制森林资源担保、收储公司。探索采取资本金注入、林权收储担保费用补助、风险补偿等措施支持开展林权收储工作。例如崇州市积极探索建立完善的林权收储平台，利用崇州市蜀兴融资担保公司，搭建带动政府收储平台，探索组建以合作社自治组织担保收储平台等。在森林保险方面，成都市把森林保险工作作为深化集体林权制度改革的重要内容，积极与安盟保险公司衔接沟通，研究和创新林权抵押贷款叠加险等保险产品，在全市范围内初步建立起了森林资源风险防范体系，并在积极探索实践购买森林财产保险基础上，创新履约履证保险险种，建立"预流转+履约保证金"制度，将创新履约履证保险纳入政策性保险范畴，完善林产业发展保险机制。

10.2.1.2 创新实施了"股份合作+职业经理人+综合服务"的共同化经
营机制

成都市充分借鉴崇州市林业共营制模式的经验，探索以林地股份合作社为
基础，以林业职业经理人为抓手，以新型林业社会化综合服务体系为载体，创
新性地实施了"林地股份合作社+林业职业经理+林业综合服务"的共同化经
营机制——"林业共营制"。在股份合作方面，成都市坚持林农土地入股的精
髓，建立企业与林农合资入股，且林农占主要比重的基本格局，避免产业化龙
头企业为代表的工商资本对林农的"挤出效应"。同时，以林地股份合作社为
主，创新实践家庭林场、林业大户开展林业共营制模式的试验，推动小农生产
参与规模化生产经营和市场竞争，并从中学习生产经营和管理经验，通过产业
化示范增添林业共营制机制的活力。在职业经理人方面，成都市在崇州市职业
经理人制度创新基础上，建立更大范围的林业职业经理人资格认定和培训制
度，提供异地、多地和网上办理等便捷的资格认定服务，在更大的区域范围内
推进林业职业经理人流动。在综合服务方面，为引导社会资金参建综合性林业
社会化服务平台，为新型林业经营主体提供技术、劳务、农资配送、病虫害防
治、市场信息、产品营销等服务，成都市按照"政府引导、资源整合、市场
参与、多元合作"的原则，创新性地构建公益性服务与经营性服务相结合、
专项服务与综合服务相协调的新型林业社会化服务体系，为现代林业效益提升

和可持续发展提供有效保障。

专栏 10-2　以深化改革为动力，构建"林业共营制"新型经营体系

四川省成都市崇州市在深化集体林权制度改革试验区建设中，以放活林地经营权为主攻方向，探索构建林地（木）股份合作社+林业职业经理人+林业综合服务三位一体的"林业共营制"，破解集体林业发展面临的经营规模小、管理水平低、服务跟不上三大难题，促进了林业专业化、集约化、产业化经营，保障了林农"离乡不失林、离林不失利"，形成了"共营共赢共享"长效机制。一是培育林地（木）股份合作社，破解"谁来经营"难题。按照"入社自愿、退社自由、利益共享、风险共担"原则，引导农民组建多种形式的林地（木）股份合作社。借鉴现代企业治理机制，构建"理事会+监事会+职业经理人"的内部运行机制，采取"保底+二次分红""纯收益按比例分红"等灵活多样的分配方式，保障入社林农和职业经理人收益共享。二是培育林业职业经理人，破解"谁来生产"难题。建立林业职业经理人遴选机制，选择有志于林业生产经营管理的大中专毕业生、外出经商人员、种养能手等作为培养对象，着力选拔一批懂林业、爱农村、爱农民的新型职业林农队伍。聘请四川农业大学、四川省林科院等高校和科研院所的专家学者，遴选市、乡技术人员组建培训教师团队，形成专家学者、基层技术人员互为补充的培训师资队伍，建立新型职业林农"双培训"机制，开展生产经营型、专业技能型、社会服务型三类人才培训，形成受聘于新型林业敬业主体的"职业经理人+职业林农"的专业生产经营管理团队。三是构建社会化服务体系"四个平台"，破解"谁来服务"难题。建成集科技创新、成果转化、项目合作、人才培养为一体的林业专家大院，搭建林业科技服务平台；依托崇州国家级大数据产业园，搭建现代管理服务平台；整合"银政企保担"五方资源，建立"农贷通"融资综合服务平台，健全流转交易、价值评估、融资服务、信用评价、风险防控、担保收储、政策支持"七大体系"；建立O2O全产业链林业智慧服务平台，构建"公共品牌+区域品牌+企业品牌"营销体系。

10.2.1.3　创新建立了"企业发展+集体壮大+林农增收"的多元化联结机制

成都市鼓励和引导社会资本投入林业，发展规模化集约化的林产业，探索创新林业龙头企业与农户、家庭林场、专业合作社等主体建立紧密的利益联结，推动合作经营、集体经营、家庭经营等多种经营形式共同发展，建立了"企业发展+集体壮大+林农增收"的多元化联结机制。在企业发展方面，成都市积极引导社会资本依法投资经营林业，依法开发利用林地林木，与林农建立利益共享共赢机制，创新构建"公司+农户+基地""公司+合作社+农户+基地""合作社+公司+基地"等生产经营模式。在集体壮大方面，成都市在实施好集体统一经营的林地林木均股均利的基础上，充分发挥村集体的组织、引领作用，积极培育以农民专业合作社为代表的集体类林业经营主体，鼓励农村集体经济组织利用集体"三资"以资产作价入股、财政补助资金股份量化等方式与大项目、大业主开展合作经营，建立农户、村集体、企业三方利益联结机制，实现林业产业高质量发展和集体经济发展壮大的双向突破。在农民增收方面，除传统的土地租金和务工收入以外，成都市积极引导林农自愿以林地经营权作价折资折股，建立"原始股+新增股""受益股+预期股"的股权机制，并通过"先租返包""预分红""订单农业""资产合作"等模式，与当地林农建立了稳定的利益联结机制，探索实现"农户+村集体+企业""农户+企业""农户+专合社"等"农户+"经营，带动林农持续增收，共享增长收益。

专栏 10-3　创新利益联结机制，带领农民发展林业产业

　　四川省聚峰谷农业科技开发有限公司位于成都市金堂县，成立于 2014 年 11 月，是一家以油橄榄科技研发、现代化规模种植、示范推广带动、加工销售、品牌运营全产业链为主，以生态环境建设、乡村旅游、康养度假、文化体验为一体的一、二、三产业融合的综合性农业开发企业。目前公司已经流转土地面积约 1.5 万亩，完成油橄榄种植面积约 7 500 亩，发展林下经济（沙参、芍药）约 2 000 亩，办理经济林果权证面积 4 810 亩。为了更好地发展产业，带动农民致富增收，聚峰谷公司通过土地租赁、劳动打工、农业创业等渠道带动约 2 200 户农户增收。目前公司每年发放土地租金约 300 万元，常年吸纳当地农民就业务工 350 户，并通过"先租返包""预分红""订单农业""资产合作"等模式，与当地农户建立了稳定的利益联结机制。

　　季崧林地股份合作社位于成都市崇州市道明镇斜阳村，由该村 8 组、9 组和 10 组的 106 户林农发起，社员以 1 101.3 亩林地经营权作价折资折股，工商注册成立股份合作社。该合作社通过第三方公司现场测量测算，确定林地、林木折资折股基准价，锁定入社原始股，对新增入社的林地、林木从该宗林地有收入起分红，创新建立"原始股+新增股""受益股+预期股"的股权量化机制。社员享有每年每亩 100 元保底收益，剩余利润按 1∶2∶7 二次分配，即 10% 为合作社公积金，20% 用于社员林地入股二次分红，70% 为职业经理人薪酬，优先使用本社社员参与生产活动，在合作社务工增加收入。

10.2.1.4 创新实现了"资源整合+产业升级+价值转换"的融合化发展机制

成都市坚持以深化集体林权制度改革为抓手,积极争取,整合林业资源,深化推进林业融合发展,探索推动林业生态价值向经济价值、社会价值、文化价值、美学价值转化的新路径,创新实现了"资源整合+产业升级+价值转换"的融合发展机制。在资源整合方面,成都市以林地和耕地整体开发为抓手,实现跨部门资源整合。成都市加强与市公园城市建设管理局、市农业农村局、成都龙泉山城市森林公园管委会对接,结合成都市林产业发展规划和龙泉山城市森林公园生态保护修复暨国家储备林项目建设,围绕林业产业发展、现有林改培、中幼林抚育建设,以坡耕地利用为主,通过林地资源整体性开发带动和拓展低效林的改造,继续深化集体林权制度改革。在产业升级方面,成都市积极实施林地集约化规模化经营,保障土地要素供给,推动龙泉山城市森林公园建设。探索"社会资本+""社会资本+政府引导"和"政府投资+"三种建设模式,引资本上山,撬动林地资产活起来。同时,成都市在保障土地要素,增加土地供应链的基础上,通过土地利用结构调整、农村土地综合整理或者购买土地指标等措施,将增加和节约的建设用地指标用来支持龙泉山城市森林公园建设。在价值转换方面,成都市深化推进林业融合发展,实现生态价值四种转换;与森林康养、游憩度假相融合,实现生态价值向经济价值转换;与乡村绿化、景观景区相融合,实现生态价值向社会价值转换;与人文风情、特色民俗相融合,实现生态价值向文化价值转换;与特色小镇、精品林盘相融合,实现生态价值向美学价值的转换。

专栏10-4 推动多维融合,促进林业生态价值"1"变"4"

成都市金堂县位于成都东北部,面积1 156平方千米,辖10个镇、6个街道办事处,常住人口90.36万人;现有生态林9 294.67公顷(优势树种为柏树),商品林10 552.73公顷,全县森林覆盖率38.24%,其中,龙泉山城市森林公园金堂片区(面积354.3平方千米)范围内,森林覆盖率达56.29%。金堂县紧紧围绕市委"东进"战略和龙泉山城市森林公园建设要求,按照"全域增绿""增绿增景"工作部署,坚持以深化集体林权制度改革为抓手,逐步形成以油橄榄为主、三产融合的林业产业发展方向,探索推动龙泉山生态价值向经济价值、社会价值、文化价值、美学价值转化的新路径,生态产品供给能力持续提升。

一是与森林康养、游憩度假相融合,实现生态价值向经济价值转换。充分依托优质的山水林湖自然资源,引进实力雄厚的现代农业公司发展森林康养产业,开发游憩、度假、疗养等康养产品,盘活"沉睡"的森林资源。

目前，全县已成功创建全国森林康养基地建设试点单位1个、省级森林康养基地3个、省级康养人家2个、省级家庭林场1个。2018年，全县累计接待游客达600万人次，实现林业旅游年收入3.2亿元。

二是与乡村绿化、景观景区相融合，实现生态价值向社会价值转换。以"产业景观化、景观生态化、生态效益化"发展理念，实施"全域增绿"和"增绿增景"，推进核桃、油橄榄、花卉苗木等产业基地特色景观节点建设打造，实现产业园区景观化、可进入、可参与。通过森林绿道、康养步道和森林公园的建设，将绿色健康理念融入生活，不断增强人民群众的获得感、幸福感和安全感，生态价值的社会性表达进一步提升。近年来，全县共新增绿地34万亩、彩叶林3 000亩，建成小游园7个、微绿地1个。

三是与人文风情、特色民俗相融合，实现生态价值向文化价值转换。集成文化创意与生态发展理念，重点挖掘我县特有的鳖灵文化、竹编文化、油橄榄文化等元素，推进产业与历史文化、传统工艺、异域风情等的有机融合。栖贤梨花沟省级森林康养示范基地，打造西部首家乡村美术馆、全国首家版画创作（展示）馆；在金龙镇、广兴镇充分挖掘竹文化，发展竹编灯笼、竹编蒸笼等林产品加工，产品远销俄罗斯等国家和地区。

四是与特色小镇、精品林盘相融合，实现生态价值向美学价值的转换。按照"塑精品、强示范"的原则，以珍稀花卉和特色树种为主，实施生态景观再造工程，合理规划产业布局和景观配置，结合特色小镇、精品林盘建设，打造具有独特风格、风貌、风尚与风情的特色生态小镇和精品林盘，促进生态价值向美学价值的转换。加快推进淮口油橄榄小镇、五凤森林康养哲学小镇、广兴花博小镇等一批独具特色的林业小镇建设，打造转龙鲜花山谷林盘、竹篙花熳天下林盘等精品林盘26个。

10.2.2 主要改革创新内容的适用条件和范围

成都市深化集体林权制度改革在一定意义上是一个改革集成和创新整合。成都市不仅通过集体林地"三权分置"和集体统一经营林地股权化改革为深化林权制度改革奠定了坚实的基础，而且围绕林业经营"共营制"、补贴"普惠制"、交易"入场制"、风险"防控制"、承包"退出制"、融资"多元制"、保护"山长制"7个方面的实践探索，基本建立起了多层次、多渠道的林权成果运用框架体系，既促进了林业产业发展，又强化了林业资源管理，还促进了林农收入增加和生态价值转化。成都市最大的创新在于在深化集体林权制度改革中，立足于服务国家中心城市建设，定位于发展现代都市林业，以"林业共营制"创新体制机制为着力点，通过"职业林农培育""林权抵押融资风险分担""生态价值转换"等多层面政策创新整合，促进林业产业高质量发展。"林业共营制"作为农业制度移植到林业上，也是地方制度的顶级创新点。依托林业共营制建立起来的现代林业治理体系，不仅提高了现代林业治理能力，而且创建了以共建共享共营为导向为核心的全新经营模式。一是林业共营制中合作社的组织架构和管理制度为构建、确保林农生产诉求权和剩余价值索取权提供了借鉴蓝本。二是林业共营制为开放性的城乡林业要素流动撬动外部资源进入、以保护性的林地流转提升林业资源价值创造了坚实基础和平台。三是林业共营制中认定管理、教育培训、政策扶持"三位一体"的职业经理人培育体系得到了更大范围的推广，被应用于职业林农的培育之中，成效显著。四是林业共营制中的专家大院、"农贷通"融资综合服务平台等能够实现资源共享，减少林业共营制的创建和运营成本，持续地推动林业产业升级，探索现代林业产业模式。

10.2.3 改革创新内容对推动全局改革的意义

成都市深化集体林权制度改革不仅仅是明晰产权，就改革而谈改革，更重要的是权能实现和提质增效，利用集体林权产权制度改革成果促进产业转型升级和高质量发展。成都市的改革试验和突破创新，为创新林业经营模式、提高林业综合效益提供了先行先试的典型和样本，对于促进林业产业转型升级、提高林业经济效益、增加林农收入、增强林业生态效益等均具有重要作用，为全国集体林权制度改革尤其是通过多元化的路径促进产改成果的实现提供了宝贵的经验，对于推动全局改革具有重要意义。一是"林权抵押+林权收储+森林保险"的一体化推进机制，不仅为显现林权价值提供了渠道，更为重要的是为促进林业转型升级提供了资金融通途径，系统破解林业融资难融资贵、集体林权碎片化、流转风险较大、风险防控难等多重制约因素。二是"林地股份合作社+林业职业经理+林业综合服务"的共同化经营机制，不仅为人才、科技以及资本等要素的城乡流动提供了平台，形成了更加开放的要素流通和集聚渠道，而且构建了功能齐备、分工明细的"生产全覆盖、服务大包干"集团化、抱团式格局，带动了林业产业结构调整。三是"企业发展+集体壮大+林农增收"的多元化联结机制，不仅在避免对小农户产生挤出的条件下实现了林地的低成本集中和规模化经营，而且引导和鼓励村集体经济组织将集体资产与社会资本入股合作获取收益，形成更加稳定持续的三方互利共荣的合作关系。四是"资源整合+产业升级+价值转换"的融合发展机制，不仅有效地解决了林权改革运行资金，而且通过一、二、三产业融合发展和林业生态价值向其他多功能价值转换，增加林业经济效益和运营风险，有效激活了长期闲置的林业资源，带动社会资源进入。

10.3 四川省深化集体林权改革试验工作面临的主要问题

10.3.1 试验任务本身的问题和风险

10.3.1.1 社会资本进入的精准支持和政策约束有待进一步突破和完善

如何在保护基础上实现林业产业发展，有效破解保护与发展的矛盾，是深化集体林权制度改革，引导社会资本进入林业亟待解决的问题。一方面，林业生产周期长，经营风险大，收益回收慢，致使社会资本进入林业的政策需求发生转变，除传统生产基础设施补助以外，林业经营主体更关心风险防控措施。然而，现代林业建设过程中，相对于社会资本进入农业的政策扶持体系，林业政策扶持不仅薄弱而且尚未形成完整的系统的政策体系，相应的配套扶持政策严重滞后。此外，森林保险覆盖面窄，保险产品种类单一，保险设计和保险力度与林业生产周期和风险程度并不十分匹配，致使林业经营主体抵抗自然风险和市场风险的能力严重不足。另一方面，随着林区经济的不断发展，自然资源及林业资源的开发力度大大提高，给生态健康带来了一定的负担。由于林业资源的生态性，在鼓励、吸引社会力量参与培育家庭林场、生态康养、森林人家等试点建设时，尤其是合理开发利用生态公益林资源发展生态旅游时，由于使用林地法律限制问题，林业产业发展中需要的工程设施和附属设施建设用地审批建设难，一定程度上限制了林业产业转型升级和一、二、三产业的融合发展。

10.3.1.2 林权抵押融资亟须更大程度的突破和创新

深化集体林权制度改革关键在于林权权能的实现，特别是林权抵押融资的破解。然而，由于缺乏顶层设计，成都市试点实施的经济林木（果）权证制度具有一定法律风险。目前，自然资源部、国家林业和草原局联合发文明确了林地流转5年以上、按照"林地一体"的原则纳入不动产登记，非林地上的林木没有纳入不动产登记，因此成都市探索实施的经济林木（果）权证只在市、县层面施行，若发生纠纷引起诉讼，可能得不到上级法院支持。而成都市"两证一社"中的金融担保性质的互助担保合作社的实践探索，已经由于政策限制停办了互助担保合作社，全国目前只有浙江还可以实施。此外，受抵押物监管难、处置难等因素的影响，林权直接抵押贷款较少，金融机构对林权抵押贷款的积极性不够高，贷款年限与林业生产周期不匹配，林业融资问题还没有得到根本解决。

10.3.1.3 产业发展带动性与农村集体经济参与性应当进一步提升

深化集体林权制度改革最终目的是为了最大限度地激活闲置农村资源，以带动小农户参与现代林业体系。因此，如何提高林业产业发展带动性和集体经济参与性，形成多种利益主体共建共赢机制，是林权改革成果运用的重要进展和突破。目前，成都市虽然积极推动合作经营、集体经营、家庭经营等多种经营形式共同发展，初步建立了"企业发展+集体壮大+林农增收"的多元化联结机制，但是农户参与产业发展的程度很低，绝大多数林业产业合作还是传统的一次性租赁流转和务工经济的简单合作模式，尚未在更大范围和区域创新实践多元发展模式，建立产业发展联合体和共同体。林业新型经营主体与农户之间，新型经营主体之间还处于较为松散的利益联结形式，更加紧密和长效的新型发展模式还需进一步提升。此外，集体经济组织"统"的效应和集体"三资"资产在林业产业发展环节的介入并不深入。物业经济目前仍然是集体经济组织最主要的合作模式和最大的经济来源。集体经济组织通过资产折价入股、提供经济服务等新型形式嵌入林业产业发展各环节，在林业共营制的基础上积极引入集体经济组织，探索创新土地股份合作社+集体经济+职业经理人+综合服务的林业共营制 2.0 新模式，建立更加稳定持续的合作模式，发展壮大集体经济还有待进一步挖掘和提升。

10.3.1.4 实践探索的生态价值转化机制仍需进一步完善和推广

就林业谈林业很有局限性，有必要以林业价值提升推动和深化集体林权制度改革，增强集体林权制度改革的稳定性、持续性和有效性。因此，成都市有必要发挥城市森林优势，根据消费者需求变化融入新的产业形态，进一步创新林业产业发展机制，推动林业生态价值向林业多功能性转化，发展现代都市林业，持续推进金融资本进山入林、生态价值核算动态监测及评价体系的建立、探索生态价值转化路径、建立健全碳惠天府和生态保护补偿机制等内容。

10.3.2 工作组织中的问题

10.3.2.1 相关改革的集成协同需要进一步加强

集体林权制度改革看似单一，实际上要做好此项改革试验工作仍然涉及多个部门和领域，可以说集体林权制度改革具有较强的综合性，而机构改革对林改工作的冲击和影响较大。机构改革后，林业工作有的区（市、县）在规划和自然资源局，有的在农业农村局，过去从事林改相关工作的机构和人员发生了较大调整，新的推进机制有待建立健全；原来依托农业项目资金开展的林改工作失去了重要依托，特别是合作社建设、集体经济发展等方面，深化林改工作推进较为困难。因此，迫切需要在现有基础上引进顶层专家团队在全局上更好地指导和协调集体林权改革试验，进一步提高林权改革的系统性、整体性、协调性。

10.3.2.2 系统性经验总结有待进一步提升

虽然成都市充分利用自身平台强化宣传，在成都市公园城市建设管理局官方网站开辟专栏，运用微信微博等宣传平台，展示推广改革中具有示范推广价值的体制机制、创新做法、改革举措等，但还不够完善，迫切需要更加及时、准确、全面地宣传改革试验区的进展情况及先进经验、做法和典型，提高集体林权改革的系统性经验总结。一方面，对内营造良好的林权改革氛围，为深化林权制度改革提供舆论支撑，为扩大林权改革试验成效提供学习典型和推广渠道。另一方面，对外做好经常性汇报和对接跟踪，在更高层面和更宽范围实现成果转化，为成都市深化集体林权制度改革争取更多的支持，营造更为宽松的外部环境。

10.4 四川省深化集体林权改革试验工作有待优化调整的政策建议

10.4.1 试验方向方面，更加强化保障多元化关键发展要素的改革实践

进一步强化关键要素的改革推进。一是改革实践林业工程设施和附属设施建设用地的需求。成都市可率先探索建立林业设施用地改革的实施方案，建议林业新型经营主体在经营区范围内修筑直接为林业生产服务的设施，可依法向县级以上林业主管部门申请审批使用林地，利用一定比例的林地开展森林康养、观光旅游、加工流通等经营活动和配套基础设施建设。同时，在满足设施用地需求的同时控制风险，可结合农业设施用地解决相关方案，将宅基地改革与林业集体产权制度改革同步进行，通过自愿有偿腾退、小规模集体养老等模式解决用地问题。二是更大力度地探索林产业保险制度。除了政策性公益林和商品林保险以外，最主要的是探索林特产品的地方性保险政策的出台。建立针对主推产品和主导产业进行保险政策补贴制度，以林业保险制度完善来突破产业发展瓶颈。三是以农业和林业改革集成解决林业政策扶持不足的难题。通过农业和林业项目整合和打捆试点，解决林业产业中基础设施难题。在加强经济

激励的措施下，更加注重非经济政策的激励，通过选优评优、职业晋升等途径解决林业经理人数量不足等问题。

10.4.2　实验内容方面，更大力度创新完善林权抵押融资政策

创新实践集体林权抵押融资的制度设计，一是建议出台全国、全省林权抵押贷款办法及公益林收益权质押贷款办法，明确金融支持林业生态建设和产业发展的优惠利率，指导林权融资。二是省级层面设立林权抵押融资风险基金和林权收储公司，发生金融风险时帮助金融机构处置林权抵押物，解决金融机构的后顾之忧。三是将林地经营权流转证制度和经济林木（果）权证制度纳入地方性法规建设轨道，保障林权改革持续进行。

进一步提高集体林权制度改革在产业带动和集体经济参与能力提升方面的突破和创新，以产业带动和集体参与作为下一步林权改革的重要突破口。一是在林业共营制的基础上积极引入集体经济组织。结合集体经济组织的特征，林业产业发展中新的延伸性产业和产业环节尽可能地分离出一部分留给村集体组织承担。积极推进集体经济组织通过提供经济服务、劳务合作等新型形式嵌入林业产业发展各环节，探索创新土地股份合作社+集体经济+职业经理人+综合服务的林业共营制 2.0 新模式。二是积极推进"集体+"合作模式。积极推进集体经济组织通过集体"三资"折价入股、政府扶持资金资产作为集体资产投入入股等形式，提高集体闲置资产利用效率，提升林业产业带动和集体经济壮大发展。三是逐步提高集体公益林补偿标准。重点区位的集体林探索采取市场化方式对林权权利人给予合理补偿，积极争取集体和个人所有天然起源商品林管护国家补助政策。

10.4.3　外部保障方面，高度重视系统总结和推广林权改革创新经验

加强总结提炼成都市深化集体林权制度改革亮点和典型经验做法，通过普适性的经验总结，更加深度的模式提炼和推广，提高林权改革创新经验的适用性和影响力。一是通过政策上报等形式加强与上级主管部门的沟通和协调，获得相应的授权或者是政策创新的空间，促进改革实现成果的政策转化和进一步突破。二是加强与其他承担集体林权制度改革任务的地方加强沟通，尽可能建立起长期稳定、制度化的沟通交流机制，让承担相同改革任务的地方通过沟通交流相互取长补短，促进其从封闭式的自我改革创新走向开放式的互促改革创新，形成更加深入和更加丰富的改革创新经验。

11 农村互联网金融运用与乡村振兴

新时代农村金融创新与乡村振兴战略实施具有高度契合性，乡村振兴离不开金融创新的支持，同时乡村振兴也为农村金融创新发展创造了良好环境，是金融系统开展农村金融服务工作的根本遵循，二者有机统一、相互促进，共同推动着农村经济的可持续发展。《国家乡村振兴战略规划（2018—2022）》明确指出"加大金融支农力度，通过强化金融产品和服务方式创新，把更多金融资源配置到农村经济社会发展的重点领域和薄弱环节，健全适合农业农村特点的农村金融体系，满足乡村振兴巨额资金需求与多样化金融需求"以解决乡村振兴中"钱从哪里来"的筹资问题。2019 年，中国人民银行等五部门联合发布的《关于金融服务乡村振兴的指导意见》明确提出"要切实提升金融服务乡村振兴能力和水平"。通过近年来的不断改革探索，农村金融状况大为改观，金融体系日益完善，支农资金不断增加，服务水平逐步提高。但也应该看到，当前我国农村金融体系固有的供需失衡矛盾并没有得到根本化解，金融资金配置天然的"非农偏好"导致城市金融投资需求旺盛、农村金融需求抑制的极度非均衡状态尚未得到改变，农村金融市场化程度低，金融机构竞争不足，农村金融资金的大量外流趋势并没得到根本性抑制。农村金融供给能力仍然无法满足乡村振兴的发展需要，这与金融机构的供给能力有关，但也不应该忽视农村金融需求迅速扩张和多维变化。尤其是在乡村振兴背景下，移动互联网、大数据等平台经济逐渐成为生产经营服务领域的新趋势，农村金融创新与平台构建的理论和实践亟须更新和拓展。基于此，本书根据成都市农村金融服务综合改革试点工作，结合成都市农贷通的地方案例，探讨政府如何通过金融服务平台创新推动农户金融需求与银行金融供给有效衔接，以及金融服务平台建设在实现农村金融供需有效衔接过程中面临的迫切扶持需求，相应的支持策略优化。

11.1　四川省农村互联网金融运用改革试点的基本情况

成都市自获批探索农村互联网金融运用新模式试验任务以来，市委市政府高度重视，精心谋划，出台政策，健全制度，加强督察，创新模式，以"农贷通"平台为依托稳慎推进改革，取得了较为重要的突破性进展和成效，积累了一定的创新性经验和成果，完成了改革试点的预期目标，发挥了先行先试的示范作用。

11.1.1　打造线上线下综合服务平台

成都市以"农贷通"平台开展政策性农业保险试点为突破口，基于互联网理念，线上运用云计算、大数据、区块链、人工智能等前沿金融科技技术，打造集信用体系、普惠金融、产权交易、财政金融政策、资金汇聚、农业保险等服务于一体的综合融资服务平台。同时，根据角色权限不同为政府部门、金融机构等提供信息采集、政策发布、产品管理、数据统计等差异化的管理功能。线下按统一规范，同步建设村级服务站，提供信用信息采集、贷款引荐、金融知识宣传、平台操作辅导、产权交易推送、农业保险承保理赔等服务，全面提升"农贷通"线上线下平台综合服务能力。

11.1.2　建立涉农主体信用信息体系

为了给涉农主体提供高效便捷的金融服务，成都市在中国人民银行成都分行营管部指导下，围绕农业经营主体工商信息、权证资质内信息、生产经营类信息、财务信息、评价类信息以及项目信息六大数据板块，加强农村信用信息数据归集制度和归集标准建设，基本建立了成都市"农贷通"平台农村信用信息归集技术指标体系和涉农信用信息数据库，为有融资需求的农业经营主体从完成工商注册开始全流程跟踪生产、经营状态，形成覆盖全面的涉农主体信用档案。

11.1.3　提升村级服务站市场化建设

深化推广市场化运营的"彭州模式"，通过建立"政府扶持+市场化运作"模式，整合涉农金融服务、打造专业联络员队伍、规范运营管理制度、深入开展宣传推广等措施，引导"农贷通"平台就村级金融综合服务站与银行、保险机构等签订服务协议，加强对市场化选聘的金融联络员的培训指导，完善激励制度，拓展村级金融服务站的生产生活增值服务功能。

11.1.4　打造服务全川的金融服务平台

成都金控征信有限公司在市农业农村局、市金融局、市财政局和人行成都分行营管部的领导指导下，按照"一个平台、四级管理、省市互动"原则，核心系统分为接入层、大数据层、应用层和展示层，采用统一入口方式，建设省、市、县、乡四级线上子系统，页面格局和风格保持统一，系统互联互通，将原有"农贷通"平台提档升级为服务全川的"农贷通"农村金融保险服务平台，以满足全川现代农业高质量发展和农业经营主体多层次、多样化的金融服务需求。

11.2　四川省农村互联网金融运用改革试点的进展成效和创新经验

成都市依托"农贷通"平台，形成了"平台+银行+担保+核心企业"互联网农业供应链金融模式，利用区块链技术搭建"平台+银行+担保+核心企业"的供应链金融模式，服务核心企业上下游客户。其中，"农贷通"平台提供贴息政策支持；银行提供资金支持；省农担提供优惠利率担保；农业企业作为核心企业，为其上游客户提供便捷金融服务，实现信息流、资金流、商流闭环。

11.2.1　改革试点的进展成效

11.2.1.1　线上线下平台活力不断增强

截至 2022 年 6 月底，"农贷通"平台注册用户 96 524 户、企业 2 485 家，有效拓宽了平台客户流量。线下试点村级服务站累积发展注册用户 15 806 户，采集新型经营主体信息 13 555 条，成功对接放款 2 257 笔，金额 4.9 亿元，村站业务量和收入水平不断提升。

11.2.1.2　初步实现村级站可持续运营

2018 年起，成都市在彭州市、新津县（现新津区）开展的村站市场化改革试点，取得明显效果，提升优化村站共计 32 个，较大程度提高了村站的内在发展活力和运营收益，初步实现可持续化运营，总结了一套"可复制、可推广"的市场化改革经验，并在双流区成功推广复制村站市场化改革试点经验。

11.2.1.3　金融服务可获得性显著提升

自"农贷通"平台线上贴息申办开展以来，累积贴息 3 000 余笔，金额 5 100 万余元。累计为 21 524 个新型农业经营主体及农户放款 26 522 笔，合计 452.83 亿元，并推动珠江村镇银行在新津区永商镇烽火村实现全市范围内第一个整村授信 2 000 万元，已累计完成中药材保险承保金额 1 782.18 万元，覆盖面积 72 921.85 亩。

11.2.1.4　金融综合服务功能明显增强

目前，"农贷通"平台累计入驻一级金融机构 79 家，发布金融产品 661 个，已归集各类涉农主体数据、成都产权交易数据 7.7 万条，各类农业奖励补贴数据和农业职业经理人数据 10 万余条，可授权查询 210 万条农村土地经营权数据和 165 万条耕保基金数据，销售保险 1 486 笔，引荐农村产权交易 38 宗。同时，"农贷通"平台已覆盖成都市涉农的 17 个区（市、县）及德阳、眉山、资阳三个地级市。

11.2.2　改革试点的创新经验

11.2.2.1　以"农贷通"平台建设为抓手打造一站式金融服务场景

成都市依托"农贷通"线上线下运营体系，面向政府部门，为各项监管措施、激励政策的有效落地提供抓手，为政府政策制定提供参考依据；面向金融机构，按市场化原则为银行、保险等金融机构提供业务引荐、数据支撑、产品创新等服务；面向农业经营主体及农户，提供融资对接、农险承保、金融教育等一站式综合金融服务，利用互联网金融科技技术完成平台搭建，创建了高效的金融服务，促进金融需求指数性增长，实现"互联网+金融"的一站式金融服务场景。

11.2.2.2　以"政府主导+市场化运营"为根本推进持续化运营

由于农业农村的产业弱质性、风险不可控、信息不对称、经营成本高等因素，导致金融资本不愿意进入农村市场，同时，也导致农村金融需求得不到满足，农村金融获取成本过高等问题。成都市探索形成了"政府主导+市场化运营"的商业运营模式，政府通过政策引导和财政补贴等形式支持平台建设运营，金控征信公司通过开展银行类、保险类、便民金融类等服务推进市场化运营，积极利用政府资源引导金融资本向农业农村倾斜，降低金融机构的经营风险和农业农村的贷款获取成本，避免政府长期投入，实现持续化运营。

11.2.2.3　依托农村熟人社会网络力量打通金融服务"最后一公里"

"农贷通"村级服务站是金融机构服务和产品落地，畅通农村金融服务的"最后一公里"，也是农业农村金融需求挖掘、信用信息采集的重要载体。成都市将村级金融服务站作为固定载体，以村站联络员为纽带，将村两委、村集体、合作社等传统农村熟人社会网络力量嵌入，以农村熟人社会的信任、声誉大幅提升市场化贷款成功率，提高农户和经营主体的信用意识，有效破解金融下乡难、成本高、难度大、不良贷款率高等难题。

11.2.2.4　首创推出农产品仓单质押财产一切险等农业保险产品

成都市彭州市先后创新成立成都首家农村资金互助合作社、农产品金融仓储公司和农村产权评估公司，组建农村产权交易所彭州分公司，首创推出农产品仓单质押财产一切险、中药材种植险等农业保险产品，并在原有农产品仓单质押融资基础上，建立与"农贷通"平台深度嵌合的远程智能监控系统和电子仓单系统，实现传统纸质仓单到电子仓单的信息化传递，建立数字化与标准化的仓单质押流程，更好满足农业经营者对金融产品高效率、低成本的需求，降低金融机构担忧。

11.2.2.5　建立了"引荐—融资—收储"农村产权盘活机制

成都市建立收储机制，以"农贷通"平台为纽带，利用村站引荐服务及平台风险分担功能，建立"引荐—融资—收储"农村产权盘活机制，引导"农贷通"平台就村级金融综合服务站与银行、保险机构等签订服务协议，有效提升农村资源金融价值。

11.3　四川省农村互联网金融运用改革面临的主要问题

11.3.1　涉农大数据库建设内容及其应用有待进一步完善

涉农大数据是涉农政策制定、农村信用体系建设、农村金融服务等相关农村金融活动的基础支撑，对缓解农村金融服务信息不对称，进一步深化农村金融综合服务改革至关重要。但目前存在涉农数据分散、数据不准确、更新慢、采集难度较大、农户信用数据定义不明确等客观问题，导致涉农大数据库在数据归集、融合共享、信用信息场景应用等方面的建设比较迟缓，数据库建设及其应用有待进一步完善。

11.3.2 村级服务站内生动力和规模效应有待进一步提高

村级服务站目前主要依赖财政补贴和外部国资公司支持，市场化可持续运营能力较弱，再加上大部分金融联络员采取村干部兼职，懂金融知识或学过金融的联络员不到10%，且缺乏社保等激励，专业性金融服务人才短缺，内生发展动力不足，服务效能发挥有限。此外，村站试点尚未形成规模市场效应，不足以激起金融供给端积极参与的内生动力，而与村集体、合作社等主体也仅建立了场地供给等简单的关系联结，尚未形成紧密的利益联结机制，村站试点经济社会效应有待进一步放大。

11.3.3 "农贷通"运用模式和金融功能有待进一步拓展

目前，成都市虽逐步建立起以"农贷通"平台为核心的互联网普惠金融服务模式，为各领域各层级的金融机构下乡提供渠道，但其农村金融业务比较单一，功能主要还是集中于经营主体信息收集，开展融资、保险、助农取款等金融服务。然而，近年来随着农村生产经营模式不断发生改变，新型农业经营主体不断出现，农村产权制度改革不断深入，土地承包经营权、住房财产权、宅基地使用权等抵押融资成为农民新的融资渠道，农民的金融需求内容也逐渐向更高层次的综合性金融服务需求转变，享受金融机构专业化综合服务成为农村金融创新的新需求，迫使"农贷通"运用模式和金融功能亟须进一步拓展。

11.4 四川省农村互联网金融运用创新的政策建议

11.4.1 建立涉农大数据库的金融服务资源共建共享机制

成都市有必要进一步健全农村金融信息共享机制，激励和允许中国人民银行、农业农村局、保险公司、担保公司等各部门将涉农的相关数据归集到"农贷通"平台，以完善全市涉农信用信息数据库，建成较为完善的新型农业经营主体信用体系。此外，探索建立农村金融联合信用评价机制，建立金融支农项目资源库，完善农村产权融资抵押物收储处置机制，加大涉农抵贷资产市场化处置力度，实现服务资源共建共享。

11.4.2 探索村级金融服务站持续稳定运营的政策设计

改变单一的场地供给模式，探索将村集体、供销社、益农社等服务内容引入合作的共建共荣共生共享模式，推动建立村站建设与运营相关规范标准，按照服务可量化、易监管的要求，创新政府购买农村金融服务的种类、内容和方式方法，建立服务效果评价指标体系以及绩效考评机制，激发社会力量参与农村金融服务的积极性。同时，借鉴农业职业经理人培育制度，将农村金融人才纳入成都市农业职业经理人扶持政策体系，加强金融联络员专业知识的培训，引进现代农村金融服务人才，建立农村金融联络员初、中、高级等级评定制度、管理制度、考核制度等，采取持证上岗，实行准入及退出动态管理。

11.4.3 在更大范围探索拓展"农贷通"平台的金融服务功能

应进一步创新"农贷通"的金融产品服务，以金融助推新型经营主体培育、产权权能实现和流转、农村信用体系建设等，创新农村产权抵（质）押担保方式，探索小型水利工程使用权证等产权抵押贷款机制，开展承包地上的农业设施设备、农产品、农作物抵押贷款，鼓励发行企业债、"双创"债、"绿色"债和私募债等直接融资产品。

12 增加农民财产性收入与乡村振兴

改革开放 40 多年来，我国农民收入持续快速增长，特别进入 21 世纪以来，农民增收实现"九连快"，从 2010 年开始再度出现农村居民收入增长速度高于城镇居民的可喜局面。但同时也应该看到，城乡收入差距较大、农民内部收入分配不合理的深层次矛盾依然存在。因此，确保农民持续增收，调整农民收入分配结构成为"三农"工作的题中之义、重中之重和统筹城乡发展的关键。四川省作为中国西南内陆的人口大省和农业大省，农业人口高达 4 811 万人，占总人口的 59.8%，但农民人均纯收入却不到城镇居民的 1/3，仅有 7 895 元，全国排名 21 位。在相对不利的经济基础和资源约束条件下，进一步增加四川省农民收入，缩小城乡差距的任务将比其他各省更为紧迫，也更加艰巨。更值得注意的是，在目前宏观经济换挡调速、规模以上工业利润增速放缓、财政收入增速下行的背景之下，通过传统增收渠道促使四川省农民收入较快增长的难度将越来越大，挑战更为严峻。具体表现在：

第一，农民家庭经营收入增长不确定性增大。近年来，虽然四川省农民家庭经营性收入保持平稳增长，但农业的产业弱质性注定了在经济发展过程中农业经济地位的不断下降，从而以农业收入为主的家庭经营性收入将难以保障现阶段农民收入的持续增长。2011—2013 年，四川省农民家庭经营性收入占比从 45.1% 持续下降至 42.1%。此外，生产资料、劳动力等价格不断上扬和农产品价格下挫的逆向变动，致使近年来农业生产经营成本刚性递增，农业效益不断下滑，影响农民家庭经营收入稳定增长的因素越来越多，不确定性和难度加大。

第二，农民工资性收入持续增长空间变窄。从收入构成来看，工资性收入依然是农民增收的最大动力来源。2014 年上半年，四川省农民人均工资性收入 2 426.0 元、增长 14.9%，对农民增收的贡献率达到 53.8%，可以说农村劳动力转移就业人数和务工工资水平双增长成为推动农民增收的重要支撑。但是目前四川省年转移输出劳动力已经高达 2 400 多万，农村劳动力转移面临"拐点"。据相关部门预测，2011—2018 年四川省人口红利对经济增长的贡献率将逐年下降，由 2011 年的 12.3%下降到 2018 年的 7.92%，继续通过增加家庭劳动力转移就业人数提高农民家庭收入的空间不大。再加上经济换挡升级与经济下行压力交织，劳动密集型中小企业难以维持就业岗位扩容，进一步提高农民工资水平的难度越来越大。

第三，转移性收入难以成为农民增收主渠道。近年来国家支持农业、农村发展的力度明显加大，农民转移性收入逐年增加。2014 年上半年，四川省农民人均转移净收入同比增加 122 元、增速达 19.7%，增幅仅次于经营性收入，对农民现金收入增长贡献率为 20.6%，成为农民增收的重要保障之一。但是国家强农惠农富农政策主要是体现政策引导，其提供的资金占农民收入的比重仅为 10%，难以成为农民增收的主要渠道，而在财政增速减缓情况下，转移性收入持续保持较高增速很不容易。

在三大传统增收渠道面临困难的情况下，增加农民财产性收入就必然地成为广泛关注和重视的问题。特别是，随着工业化、城镇化和农业现代化的发展，农村产权制度改革的逐步深入和推进，农村内部的土地利用结构、人口结构、社会结构等发生了翻天覆地的改变，都影响和带来了农民财产性收入的深入变化，大量增加了农民财产增收的机会。因此，当前必须形成判断的问题是，四川省农民有多少资产，这些资产能不能产生财产性收入？四川省农民财产性收入有多大增长空间以及如何拓展？这些问题，都需要我们立足新的发展形势，研究新对策，探寻新路径，在增加农民财产性收入上实现新突破。

12.1 四川省农民财产性收入的问卷调查

本书选择四川省内江市市中区、资阳市安岳县和乐山市井研县三个具有代表性的地区进行实地调研，完成有效农户问卷 218 份。通过问卷分析，著者在全面把握四川省农民财产性收入总体状况的基础上，从微观视角更加细致地总结了农民财产性收入的主要特征并形成了逻辑判断。

12.1.1 调查样本的描述

如表 12-1 和表 12-2 所示，本次调查地点分别来自四川省三个区县的 6 个村，分别是内江市市中区的尚腾新村和鸡冲村；资阳市安岳县的水观村和烽火村；乐山市井研县的瓦子坝村和新胜村。从调查对象来看，218 位被访农户的平均年龄为56岁，其中男性131人、女性87人，55%的被访农户的文化程度为小学及以下。

表 12-1　被访农户的基本情况表

指标			频率	有效百分比/%
调查地点	内江市	尚腾新村	34	15.6
		乌鸡冲村	39	17.9
	资阳市	水观村	33	15.1
		烽火村	36	16.5
	乐山市	瓦子坝村	36	16.5
		新胜村	40	18.4
	合计		218	100.0
性别	男		131	60.1
	女		87	39.9
	合计		218	100.0
文化程度	小学及其以下		120	55.0
	初中		72	33.0
	高中		18	8.3
	大专及其以上		8	3.7
	合计		218	100.0

表 12-2　被访农户的基本情况表　　　　　单位：岁

指标	被调查个数	最小值	最大值	均值	标准差
被访者年龄	218	25	83	56.06	11.072

　　如表 12-3 所示，从被访农户家庭收入情况来看，218 位被访农户的家庭纯收入的平均值为 66 182.6 元，其中家庭财产性收入为 4 169.0 元，占 6.3%。从被访农户家庭劳动力、土地等资源情况来看，218 位被访农户平均家庭总人口数为 5 人，其中平均劳动力人口为 3 人，外出务工人数为 2 人。此外，218 位被访农户家庭平均现有承包地 4.1 亩，流转土地 14.6 亩；平均宅基地面积（不含院坝）150.8 平方米，加上院坝则达到 220.2 平方米。同时，如表 12-4 所示，59.7% 的被访农户认为目前家庭收入处于全村中等收入水平，32.7% 的

被访农户认为目前家庭收入处于全村低收入水平，7.6%的被访农户认为目前家庭收入处于全村高收入水平。

表 12-3　被访农户家庭基本情况表

指标		被调查个数	最小值	最大值	均值	标准差
家庭收入结构	家庭纯收入/元	202	0	3 000 000	66 182.60	224 502.170
	家庭经营收入/元	203	0	250 000	11 503.73	30 692.935
	工资性收入/元	202	0	3 000 000	49 264.26	216 554.808
	转移性收入/元	199	0	50 000	1 245.57	4 971.332
	财产性收入/元	203	0	370 000	4 169.04	27 498.095
家庭劳动力资源	家庭总人口/元	218	1	16	4.82	2.223
	家庭劳动力人口/元	214	0	10	2.69	1.525
	家庭务工人口/元	217	0	10	1.63	1.457
家庭土地资源	现有承包地面积/亩	217	0	80	4.07	5.550
	流转土地面积/亩	79	0	900	14.60	101.079
	现有宅基地/处	216	0	10	1.15	0.706
	宅基地面积1/平方米①	148	24	900	150.83	92.798
	宅基地面积2/平方米②	196	0	1 332	220.19	172.534

表 12-4　被访农户家庭基本情况表

指标		频率	有效百分比/%
你认为你家收入在全村处于什么水平？	高收入	16	7.6
	中等收入	126	59.7
	低收入	69	32.7
	合计	211	100.0
	缺失值	7	

---

　① 宅基地面积1是不包含院坝、林盘的面积。
　② 宅基地面积2是包含院坝、林盘一起的面积。

12.1.2　调查问卷的统计分析

12.1.2.1　农民财产性收入的实现程度低

调查发现，农民财产性收入的实现程度低下，主要体现在两个方面：

（1）财产性收入在农户家庭收入中所占比重低。调查显示，218 位被访农户平均家庭纯收入为 66 182.6 元，其中经营性收入、工资性收入、转移性收入和财产性收入分别为 11 503.73 元、49 264.26 元、1 245.57 元、4 169.04元，分别占总收入的 17.38%、74.44%、1.88% 和 6.3%（见图 12-1）。其中，财产性收入占比虽然为 6.3%，高于全省平均水平，但是若去掉财产性收入最高的两户被访者①，被访农户家庭财产性收入仅占总收入的 3%。另外，从财产性收入分布来看，218 位被访农户中，仅有 81 位农户家庭拥有财产性收入，占总数的 37.2%。可见，无论在总量还是分布上，调查地区农民的财产性收入水平都是偏低的。

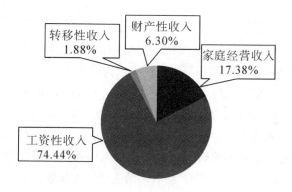

■ 家庭经营收入 ■ 工资性收入 ▨ 转移性收入 ▨ 财产性收入

图 12-1　被访农户 2013 年家庭收入结构

（2）存量资产对农民财产性收入的贡献率小。目前，农民不仅与城镇居民一样拥有现金、银行存款等货币财产，而且还拥有大量的承包地、宅基地、房屋等不动产，但是农民拥有的财产存量并未有效转化为稳定的现金收入，为农民带来实际的经济收益。这一现象在农民宅基地及房屋的资产转化上表现得尤为突出。如表 12-5 所示，218 位被访农户户均房屋建筑面积近 172 平方米，

---

①　调查数据中有 2 位被访农户的财产性收入分别为 73 万元和 12 万元，与其他被访农户的财产性收入差距巨大，为保证最终统计结果的普遍性、有效性和科学性，故将其剔除，进行数据修正。

平均修建年份为 1995 年，其中 57.3% 的房屋是新建或翻修过的砖混结构房屋，且当时修建房屋平均花费 7.2 万元。可以说，被访农户的宅基地及房屋具有不小的经济价值。但是，由于现行政策和法律限制，被访农户的宅基地及房屋的资产的经济价值并没有得到体现，对农户财产性收入增加的贡献率低下。绝大多数房屋仍停留在自我居住等简单的使用价值阶段，一些房屋已经闲置多年。据调查，目前有 32 位被访农户已外迁，农村宅基地和房屋长期处于闲置状态，其中有 7 位被访农户通过宅基地流转实现了财产性收入，5 位农户通过房屋流转实现了财产性收入，占比分别为 21.8% 和 15.6%。

表 12-5　被访农户房屋基本情况

	被调查个数	极小值	极大值	均值	标准差
房屋修建年份/年	207	1949	2013	1 995.38	12.329
房屋建筑面积/平方米	205	0	900	171.99	115.389
当时修建花费/万元	190	0	67.00	7.202 4	9.258 49

12.1.2.2　土地流转收益是农民财产性收入的主要来源

如表 12-6 所示，从被访农户的财产性收入构成来看，农户平均财产性收入为 4 169.04 元，其中从家庭承包地、宅基地、房屋、集体经营性资产、存款等获得的财产性收入分别为 3 084.94 元、321.97 元、251.23 元、5.86 元、204.87 元，比重分别为 74%、7.72%、6.03%、0.14%、4.89%。其中，土地流转收益（承包地、宅基地流转）在财产性收入中所占比重高达 80% 以上，占比最高，贡献率最大，是农民财产性收入的主要组成部分。同时，从被访农户对财产性收入的认识来看，大多数农户都认为土地流转是提高财产性收入的最主要渠道，他们认为缺乏土地流转对象是阻碍农民财产性收入提高的重要原因。当被问及"您认为哪种方式最能增加您家的财产性收入以及您认为当前增加财产性收入的最大障碍"时，在 218 位被访农户中，78% 的被访农户明确表示土地流转最能增加财产性收入，61.8% 的被访农户认为无人来流转土地是阻碍财产性收入增加的主要原因。可以说，无论从现实中农民财产性收入渠道还是从农民对财产性收入的认识上，土地流转收益都是目前农民财产性收入的主要来源。

表 12-6　被访农户家庭财产性收入的构成情况

	财产性收入	承包地	宅基地	房屋	集体经营性	存款利息	投资收益	其他
均值/元	4 169.04	3 084.94	321.67	251.23	5.86	204.87	0.00	300.47
占比/%	100.00	74.00	7.72	6.03	0.14	4.89	0.00	7.22

12.1.2.3　农民财产性收入中一次性收入占比较大

土地流转收益对增加农民财产性收入有重要影响，但同时农民在土地增值收益的分配中获益甚少，农民的土地流转收益表现出明显的"一次性"的现象也需要引起高度重视。调查显示，在 218 位被访农户中，有 89 个被访农户家庭的承包地发生流转，其中 67% 的被访农户采取直接出租或村集体反租倒包形式，入股企业或合作社的仅占 11%。虽然土地流转形式多样，但是"长期出租、固定租金、每年支付"仍然是当前土地流转的主导模式，按实物当年价格计算租金的方式，虽然可以大致规避物价波动的风险，但农民难以充分参与农业规模经营过程并分享产业增值收益。

12.1.2.4　农民有偿退出土地的需求较强

调查发现，超过半数的农民具有退出承包地、宅基地的意愿。如表 12-7 所示，在 218 位被访农户中，有 132 位被访农户明确表示愿意有偿退出家庭承包地，占 60.6%[①]；有 127 位被访农户明确表示愿意有偿退出宅基地，占 58.3%。在愿意退出宅基地的农户中，如图 12-2 所示，有 14 位被访农户愿意有偿交回集体，21 位被访农户希望换成养老保险，86 位被访农户希望换成住房，6 位被访农户选择市场自由买卖等其他方式。这说明农民自愿有偿退出的有效需求是客观存在的。

表 12-7　被访农户土地退出意愿调查情况表

是否愿意退出承包地	频率	百分比/%	有效百分比/%	累积百分比/%
愿意	132	60.6	62.6	62.6
不愿意	79	36.2	37.4	100.0

---

① 该调查结果与普遍认识相比可能相对偏高。一方面，可能与所选定的被调查区域有关。在调查区域里，农户外迁规模较大，平均每个被访农户家庭至少有 2 个劳动力常年在外，这一客观事实可能会对调查结果产生一定影响。另一方面，该调查结果是以假设性设问方式为前提，只能代表被访农户一般性退出意愿，而不是现实真实意愿，因此会与现实有一定偏差，但它也从侧面反映出有偿退出、社会保障完善等条件在一定程度上能激发或提高农户退出意愿。

表12-7(续)

合计	211	96.8	100.0	
缺失值	7	3.2		
总计	218	100.0		
是否愿意退出承包地	频率	百分比	有效百分比	累积百分比
愿意	127	58.3	59.6	59.6
不愿意	86	39.4	40.4	100.0
合计	213	97.7	100.0	
缺失值	5	2.3		
总计	218	100.0		

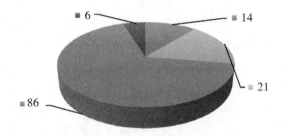

■有偿交回集体 ■换成养老保险 ■换成住房 ■其他方式

图12-2　被访农户宅基地退出方式的意愿选择

12.1.2.5　集体经营性资产收益微乎其微

集体经营性资产是农民财产收入的组成部分之一，但是随着集体组织的衰落，农村集体资产经营不善、资产流失问题严重，农民通过集体经营性资产获得的财产性收入极为有限。在218位被访农户的财产性收入中，依托集体经营性资产产生的收入总额仅有1190元，户均5.46元，仅占财产性收入总额的0.14%。从收入分布来看，在218位被访农户中，2013年也仅有8位被访农户依托集体经营性资产获得了收益，甚至有高达64.8%的被访农户认为村里已经没有集体资产。

12.1.2.6　农民财产性收入区域差异性凸显

一般认为，被调查区域的地理位置客观上会引起区域间农民财产性收入的差异，区域位置越好其农民财产性收入越高，但是，调查发现区域地理位置并不是农民财产性收入高的必要条件，被调查区域的产业基础、生活条件、公共配套设施、农业政策瞄准等因素都会对农民财产性收入的多少以及收入的结构等产生一定影响，农民财产性收入具有明显的区域差异。例如，安岳县的水观村和烽火村，在经济社会基础一定的情况下①，水观村距离安岳县城3千米，烽火村距安岳县城略远，为7千米，一般而论，区域位置越优越农户财产性收入越高，那么水观村被访农户的财产性收入应该高于烽火村。但是，实际调查显示，水观村被访农户平均财产性收入仅有1 388.3元，占总收入的2%，而安岳烽火村农户平均财产性收入却高达3 369.5元，占总收入的5.1%，是水观村的2倍多。通过进一步访谈了解，烽火村作为市级文明新村，近年来政府现代农业项目、新农村建设项目等农业配套扶持资金的大量进入，加快了本村土地流转进程，由此可见，在区域优势差异并不是很大的传统农区，政府农业政策瞄准和扶持力度甚至能弥补区域劣势，大大增加农民财产性收入。

此外，农户通过承包地、宅基地退出获取财产性收入的意愿具有区域差异性。如表12-8所示，通过农户意愿与调查地点的相关统计分析发现，在0.05水平上②，农户承包地、宅基地退出意愿与调查地点显著负相关，相关系数分别为0.164和0.142。也就是说，被调查区域的地理位置以及与地理位置相关的农业产业基础、生活条件、公共配套设施、政府农业政策瞄准等因素都会对农户土地有偿退出意愿产生反方向的抑制作用。越是地理位置好，农业产业基础好和农业政策扶持力度强的区域，其农户相对有偿退出承包地、宅基地的意愿越不强烈。例如，内江市市中区的尚腾新村，随着该村新农村综合体建设完成，葡萄、柠檬等四大农业基地的建立，本村农户实现了就地城镇化，生活水平得到显著改善。据统计，尚腾新村被调查农户2013年人均财产性收入为3 591.6元，占总收入的11.5%，在被调查的6个村中农民财产性收入贡献率最高，而农民承包地、宅基地等土地有偿退出意愿最低，仅有36.4%的被访农户愿意有偿退出承包地，40.6%的被访农户愿意有偿退出宅基地。

---

① 2013年安岳县水观村被调查农户的平均家庭纯收入为67 466元，烽火村被调查农户的平均家庭纯收入为65 894元，这两个村的经济社会基础、农户总体收入水平基本相当，具有一定的可比性。

② 估计总体参数落在某一区间，可能犯错误的概率为显著性水平，用α表示，α选取为0.05，即模型通过95%置信度的显著性检验。

表 12-8　被访农户土地退出意愿与调查地点的相关表

土地退出意愿		调查地点
是否愿意有偿退出宅基地	Pearson 相关性	−0.142*
	显著性（双侧）	0.038
	N	213
是否愿意有偿退出承包地	Pearson 相关性	−0.164*
	显著性（双侧）	0.017
	N	211

注：＊＊表示在 0.01 水平（双侧）上显著相关；＊表示在 0.05 水平（双侧）上显著相关。

12.1.2.7　农户个体特征对财产性收入具有显著影响

如表 12-9 所示，在 0.01 水平[①]上被访农户的文化程度与财产性收入显著正相关，相关系数为 0.251。即被访农户文化程度越高，其财产性收入的实现程度越高，被访农户的文化程度对农民财产性收入具有显著的正向促进作用。而通过进一步相关分析发现，被访农户的性别、年龄等个体特征与农户土地流转意愿以及农户承包地、宅基地等土地退出意愿具有很强的相关性，对农户财产性收入水平产生一定的间接影响。在 218 位被访农户中，男性的土地流转意愿，承包地、宅基地等土地退出意愿明显强于女性，其中男性被访农户土地发生流转的占比、愿意退出承包地的占比以及愿意退出宅基地的占比分别为45.3%、66.9%和62.5%，比女性被访农户分别高 15.2、14.9 和 11.2 个百分点。从年龄上看，年轻的被访者更愿意流转土地，而年纪较大者则更愿意退出承包地、宅基地。据统计，40 岁以下被访农户土地流转发生率最高，为54.5%，比 40~50 岁、50~60 岁、60 岁及以上被访农户的土地流转发生率分别高 16.8、15.2 和 10.1 个百分点，而 50~60 岁、60 岁及以上被访农户意愿退出承包地的比例分别为 70.7%和 64.8%，比 40 岁以下被访农户分别高 12.4%和 6.5%，比 40~50 岁被访农户分别高 19.8%和 13.9%。50~60 岁、60 岁及以上被访农户意愿退出宅基地的比例分别为 69.5%和 58.9%，比 40 岁以下被访农户分别高 33.1%和 22.5%，比 40~50 岁被访农户分别高 14.8%和 4.2%。

---

① 估计总体参数落在某一区间，可能犯错误的概率为显著性水平，用 α 表示，α 选取为0.01，即模型通过99%置信度的显著性检验。

表 12-9　被访农户文化程度与财产性收入的相关表

文化程度		财产性收入
文化水平	Pearson 相关性	0.251**
	显著性（双侧）	0
	N	199

注：** 表示在 0.01 水平（双侧）上显著相关；* 表示在 0.05 水平（双侧）上显著相关。

12.1.2.8　农户对财产性收入存有一定认知偏差

调查发现，被访农户对财产性收入来源、实现程度以及实现路径等方面的认知存在一定的偏差性。

一方面，被访农户集中关注与自身利益直接相关的承包地、宅基地等土地流转收益，而对于集体经济组织的经营性资产和货币资产的关注度和了解度不足。调查显示，有高达 90% 的被访农户认为土地承包经营权流转收益以及房屋、宅基地出租收益是农户财产性收入的重要渠道，而在 218 位被访农户中，没有 1 位农户认为农村集体资产能增加农民财产性收入。而在对农民集体资产的认知调查中，更是发现被访农户作为集体经济组织成员对集体资产认识尚处于空白状态，高达 79.8% 的被访农户表示并不清楚村社集体"三资"的规模、利用开发以及权属关系等情况，并有 13.8% 的被访农户明确表示对于集体资产问题并不关心，致使 64.8% 的被访农户认为村社并没有集体资产①。这就是说，农民共同共有的传统农村集体经济组织的产权制度由于长期的农村集体资产管理不畅，管理不善，农民与集体之间的权力边界已模糊不清，而农民对集体资产认识的匮乏，更是进一步使得集体经济组织的收入分配关系难以界定，在一定程度上加速了农村集体资产的流失。

另一方面，随着收入水平的提高，农民家庭拥有的闲置货币资产逐渐增多。但调查发现，被访农户更看重土地等不动产，而对银行理财等金融性动产收益不甚了解，银行储蓄仍是大部分农户处置闲置货币财产的主要方式。在 218 位被访农户中，有 132 位农户选择将闲置货币存入银行，50 位选择留在家中，分别占 62% 和 23%，这也就意味着，85% 的农户仍选择风险和受益都最低

_____

①　被访农户认为村社没有集体资产，可能是村社真的一直没有集体资产，也有可能是村社有集体资产或者原来有集体资产现在没有。由于被访农户对集体资产的认知存在偏差，农户判断与村社集体资产真实情况可能存在差异，但这正好说明农户对集体资产的了解度不够。在访问中课题组就发现部分被访农户无法具体说清楚他认为没有集体资产的具体原因，甚至有的被访农户不知道集体资产包括哪些资产。

的方式处置闲置货币财产，仅有5%的农户愿意购买银行推荐的理财产品或者投资基金、股票。对绝大多数农民来说，现代金融产品和投资理财方式并不适合，而农户真正需要的能够与农业生产、农户生活方式相适应的理财产品较少，农民缺少风险小、收益稳定的投资渠道。

12.2 四川省农民财产性收入的基本现状

12.2.1 农民财产性收入具有较大的提升潜力和增长空间

无论从宏观上整体分析，还是从农户的微观角度进行问卷调查，均发现目前四川省农民财产性收入基数较低，占比不高，对农民收入的贡献率还不到3%，但是现实中农民拥有大量的土地、山林等资源，拥有农村土地承包经营权、宅基地使用权和集体收益分配权等一系列财产权利，在当前土地已经成为城镇化进程中的重要稀缺资源而且市价仍在不断攀升的形势下，随着工业化、城镇化进程的加快，农民财产性收入具有巨大的提升潜力。根据国际经验和发展规律，农民财产性收入一般占农民当年纯收入的30%左右，上海、江苏、浙江等中国沿海经济发展较快的地区，农民财产性收入的贡献率也达到了近10%左右。因此，在农民家庭经营性收入和工资性收入增长空间相对有限的情况下，四川省农民财产性收入基数较低，占比不高，对农民收入的贡献率小的基本现状是发展的劣势也是增加农民财产性收入，提高农民总体收入的机遇和优势，进一步提升的潜力和空间还非常大。因此，增加农民财产性收入完全有可能成为未来促进农民增收的有效途径。我们认为，随着农村土地产权制度改革的进一步深化，资源要素的流动空间不断扩大，若对农民财产权益进行制度松绑，四川省农民财产性收入的贡献率可以提升到10%以上。

12.2.2 农民资产存量与收入量不对等的根源更在于制度供需失衡

财产权利的实现具有多种维度，如土地可以自耕，可以出借、出租，甚至也可以抵押、质押等，并且由于资源的稀缺性，随着经济水平的提高，财产的使用价值逐渐弱化而经济价值逐渐提高，财产资源开始资产化和资本化，财产权利逐步得到完整释放。但是调查发现，农户承包地、宅基地、房屋等资源仍停留在土地种植、房屋居住的传统使用价值阶段，出租、抵押等收入功能、金融功能并没有得到充分发挥，有近60%的农户主要还是通过土地自种，出售农产品获取微薄的土地经营收益，高达97%的农户宅基地、房屋仍只具有居住功能，并没有形成财产性收入，而土地经营权、宅基地、房屋抵押的金融功能更是处于被限制阶段，没有一位农户进行土地抵押，实现土地的资本化。但是，从农户获取财产性收入的意愿和认识来看，农民对土地的利用结构开始发生根本性改变，大量土地等资源性资产逐渐转变成货币形态资产，农民对土地依附性，甚至恋土、恋乡情结出现松动，表达出有偿退出承包地、宅基地的意愿。由此可见，现阶段农民资产存量与财产性收入的不对等，农民土地等资产转化少的根源并不完全在于农户需求不足，而更多的应该是制度供给上的限制造成农户需求得不到有效表达和实现，制度供需市场出现失衡。农民财产性产权制度供给缺失，交易流转机制失灵，致使农民增加财产性收入的需求得不到有效满足。因此，推动农村土地产权制度改革，在法律上、制度上赋予农户更加完整的土地财产性权利和权能，是增加农民财产性收入中的一个基本方向，而进一步完善农村土地承包经营权流转制度，探索宅基地有偿退出机制，充分发挥市场在资源配置中的决定性作用，则是拓宽农民的财产性收入增收渠道，释放农民财产性收入增长空间的有效途径。

12.2.3　增加农民财产性收入需要关注外部因素的影响

增加农民财产性收入，建立健全农民收入稳定增长的长效机制，不得不面对三个外部因素的重要影响。一是外部经营主体的进入。农村产权制度改革特别是确权颁证赋予了农民更多明确的财产权利，但资产流动才能实现价值。确权颁证为增加农民财产性收入提供了良好的基础和前提，使得农户实现和增加财产性收入的需求得到法律上、制度上的保障，但要真正增加农民财产性收入，关键还是要培育和引进新型农业经营主体，增加对土地等资源的市场需求，激发资产流动的外在活力。愿意流转土地、经营土地的主体越多，市场越活跃，农民通过土地流转获取的财产性收入也就越多。因此，增加农民财产性收入，一方面，不要仅仅关注对农户需求的挖掘，还要注重外部经营主体的进入；另一方面，在农业、农村内生发展动力明显不足的情况下，不要仅仅局限于在本地或者农村内部培育农业经营主体，应该以更开放的视角来对农业经营主体进行选择，拓宽路径，给予种养大户、大学生、甚至城镇居民中有志于将农业作为终身职业的任何人平等的发展机会，实现城乡要素双向流动，让农村的土地、果园、林地、集体资产等的流转利用程度得到不同程度的提高，为实现财产价值、增加农民财产性收入创造良好外部条件。二是政府特殊政策扶持。农业自身弱质性的天性决定了农业经营的高风险性和不稳定性，而作为理性人的农业经营者出于维护自身利益的目的，对发展农业，进行农业经营投资就天然地表现出明显的区域选择性，这就决定了通过外部经营主体引进，带动农民财产性增收必然具有一定的区域限制性。在这种情况下，地方政府各种惠农政策就起到合理的区域平衡作用。在大部分农区，特别是地理位置较差的欠发达农区，农民财产性收入的增长完全依赖市场化条件下的龙头企业进入是比较困难的，在这些区域政府扶持政策力度的加大极为重要，农民财产性收入表现出很强的外部政策依赖性。三是城镇化发展水平。农民财产性收入大多来源于工业化和城镇化的扩展和深化，随着城镇化的进一步发展和城镇化水平的进一步提高，需要大量的交通运输、商业、公共基础设施等与之匹配，这就在无形中增加了对城镇化涉及区域农民土地、宅基地、房屋等财产要素的需求，增加了增长农民财产性收入的机会。有关研究表明，城镇化对农民财产性收入的正向促进作用最为明显，约占60%以上，并且这种城镇化对农民财产性收入的正向作用具有长期的累积效应①，城镇化水平越高，农民通过房屋出租、不动产投资等方式获取的财产性收入越多。因此，城镇化对农民财产性收入增加具有很强的辐射带动作用，是增加农民财产性收入不容忽视的关键性外部因素之一。但同时也要注意，增加农民财产性收入是城镇化的结果，而不是城镇化的目的，政府在城镇化过程中应尽量避免和减少人为加快城镇化进程，扩大城镇化范围的动机，确保农户能真正地分享城镇化带来的红利，走以人的城镇化为核心的新型城镇化道路。

12.2.4 农村产权制度改革是现阶段增加农民财产性收入的制度基础

目前，农村产权制度存在的一个突出问题是土地等财产的产权界定不清晰，各项权利的边界模糊，农民作为产权主体的地位不能得到保障。产权的模糊导致土地在流转和利益分配过程中的不规范、农户权利受损等一系列问题，更使得土地抵押、担保等土地资本化尚不具备条件。可以说，农村产权制度改革是现阶段增加农民财产性收入的制度基础，是在现有条件下维护农民收益分配权、壮大农村集体经济组织、完善农村经济体制的重要举措。在新一轮改革中，应通过全面、深入的确权颁证工作，明确农民对土地、农房、集体资产等的财产权利，逐步建立起"归属清晰、权责明确"的现代农村产权制度，以此为基础，促进农民的土地、房屋等资源转变为资产，实现产权要素的市场化配置，提高农民的财产性收入。

---

① 常文涛. 工业化、城镇化与农民财产性收入关系研究 [J]. 统计观察，2013（24）：18-25.

12.2.5 土地资本化是建立农民长效增收机制的关键性制度创新

从农民财产性收入结构来看，现阶段四川省农户财产性收入的来源主要集中在土地流转方面，其占比甚至高达80%，那么进一步推动传统农民与耕地剥离，改变农民与土地低效利用结构和利益联结机制，推动土地由资源性资产向资本性资产转变，就成为提高农民土地流转收益等财产性收益增长的重中之重。同时，随着土地等财产性收入的增长，土地资本化的不断深入，土地承包经营权、宅基地使用权、林地使用权等各类产权抵押、担保的金融功能需求快速扩张，土地金融价值逐渐凸显，农村土地各类产权与金融资本实现有效对接，土地银行、土地衍生金融产品不断涌现，使农民理论上的财产转变为货币和资本形态的财富，土地资本化的隐性价值彻底显现，对农民不动产甚至动产等财富积累产生强劲的乘数效应，此时，农民的财产性收入将会随着土地资本化迈入几何级增长阶段。可以说，土地资本化是农民最终实现农民财产性收入持续稳定增长的有效途径，也是全面带动农民财产性收入增长的突破口。

12.2.6 建立土地退出机制，增加农民财产性收入需要警惕潜在风险

随着大量农民离开农村进城务工、经商，农民与承包地、宅基地等土地的利用关系也因为农民职业流动、变迁和外移悄然发生着结构性改变，土地等资源的经济价值大幅提升，开始转变为资产，建立土地退出机制也逐渐成为农民的客观需求和增加农民财产性收入的渠道之一。但是，政府在引导农民逐步放弃农村宅基地、承包地，建立农民土地有偿退出机制时，必须警惕机制建立过程中可能遇到和存在的潜在风险，特别是退出机制建立初期，要试点先行，分阶段分步骤逐步开展，防止过热过快的盲目推进。要在农户自愿有偿退出的基础上，加强风险宣传，对退出农户的职业、经济收入、城镇住房等情况进行甄别，提高农户风险意识和土地退出后的抗风险能力；要通过规范合理的制度设计和执行机制，让农民全程参与到机制的设计、执行和监管过程中，给予农户一定的补偿选择权，防止地方政府、村组干部等压低、侵吞补偿款，强制农户进行土地退出的行为。

12.3　四川省增加农民财产性收入面临的主要问题

随着农村产权制度改革深化和增加农民财产性收入改革试点启动，四川省农民财产性收入出现加速增长势头。但是，在现行制度因素和农村历史累积问题的制约下，改革的推进仍然存在一系列阻碍，增加农民财产性收入面临下述主要挑战。

12.3.1　农村土地产权不明晰阻碍了农民财产权利的实现

明晰的产权关系是降低交易成本、推动资源高效配置，增加农民财产性收入的前提和基础。目前，农村产权制度存在的一个重要问题就是除部分改革试点已完成或开始土地确权颁证外，四川省大多数地区农村产权制度改革还未完成，各项财产权利的边界还很模糊，农民作为产权主体的地位仍不能得到保障。产权的模糊导致土地在流转和利益分配过程中的不规范和农户权利受损等问题。随着新一轮农村改革的不断深化，全省进入土地确权全面推进阶段，但是在实践中，第一阶段的土地确权成本较高，而确权后的成果运用渠道受阻，致使地方政府的确权动力不足，进一步加大了农村产权制度改革的推动难度，使产权制度改革出现滞后。

12.3.1.1　地方财政面临着土地确权成本的压力

土地确权包括土地登记申请、地籍调查、隶属审核、登记注册、颁发土地证书等一系列工作，每一部分都需要成本支出。据统计，平均每亩承包地确权成本超过30元，那么一个县总成本高达数千万元甚至更高，这对财政困难的地方政府来说是一笔巨额支出。此外，随着土地确权工作的深化，确权难度加大。一方面，部分地区经历了土地多轮流转，耕地被公益设施建设用地占用，农转非以及婚丧嫁娶，农户间互换田块等，土地权属界定的难度较大。另一方面，已经开展确权的地区对确属存在纠纷的地块采取设立"争议区"的办法，实际上是回避了难度较大的工作，但是，随着改革的深化，原有争议地块的权属问题必须解决，否则将对土地流转和规模经营造成不利影响。因此，这部分内容将成为确权工作的难点，成本也将进一步加大。

12.3.1.2　土地确权后难以通过流转实现经济价值

在现行征地制度下，地方政府可以通过征用的方式将集体土地变为国有土地后出让，这一过程中，政府可以获得巨额的土地增值收益。而确权后，农民对土地的财产主体地位得到明确，财产权利得到明晰，征地的难度和成本将会大幅提高，政府从土地征用中占有的收益也将减少。基于对既得利益的保护，地方政府既缺乏对农民土地等财产进行确权的积极性，也缺乏推动土地确权之后实现有效流转的内在动力。而且，在经济落后地区，由于需求相对不足，土地确权后也难以通过流转迅速实现价值，进一步削弱了政府确权的动力。

12.3.2 土地承包经营权流转的"低位固化"压缩了农民土地的财产性收益空间

目前，大部分农村地区并没有形成规范统一的土地承包经营权流转市场，土地流转的交易平台和社会中介组织极为匮乏，致使流转信息传播渠道不畅，供需双方信息无法得到有效沟通而产生土地承包经营权流转方式的"低位固化"。即由于农户与企业之间信息不对称造成土地承包经营权流转以租赁方式为主，入股、股权合作等股权性质的流转较少，从而形成对农民土地级差地租利润空间的挤压。从表面上看，租赁和入股都是将土地的经营权转让给具有农业经营能力的受让方获取级差地租，但是由于出让方和受让方双方利益联结机制不同也会带来地租的巨大差异。"长期出租、固定租金、每年支付"的土地租赁模式，虽然按实物当年价格计算租金的方式基本保证了土地流转收益的安全性，而且每年也会根据市场价格的变化对租金进行相对调整，但其并不能随着土地经营期的增加而获取更高收益，具有一次性固化收益的特征。而以土地入股或者股份合作等方式进行土地承包经营权流转，农户通过股份分红能持续分享农业经营中的增长收益，使其能够获取在土地上连续投资而增加的超额利润。调查显示，以入股形式流转土地的农户每年获得的土地收益为 1 088 元/亩（1 亩 ≈667 平方米），而以租赁方式流转土地的农户每年能获得的租金为 883 元/亩，两者每亩之间相差 205 元。因此，在信息失衡和地方政府行政干预的情况下，单一选择以土地租赁的方式流转土地往往使农民土地流转收入低位固化，压缩农民的土地财产性收益。

12.3.3 新型农业经营主体匮乏限制了农民财产性收入的增加

调查发现，各类农业新型经营主体的不足，使农村土地价值难以实现，成为限制农民财产性收入增加的关键制约因素。在 218 个被访农户中，有 53% 的农户认为，无人来流转土地是阻碍自身财产性收入提高的主要因素。而对被访农户土地流转情况进行进一步调查发现，目前仅有 42% 的被访农户土地进行了不同形式的流转，高达 58% 的被访农户为尚未流转土地的农户，其主要原因是

"土地无人来流转或价格低而不愿意流转"的占到66%。由此可见，大户、家庭农场、合作社、龙头企业等新型经营主体正在成为我省农业生产的主要力量和土地流转中重要的需求者，新型经营主体的发展壮大也是农民土地财产价值提升和实现的重要条件。因此，通过农业扶持政策鼓励和引导新型经营主体的发展是增加农民财产性收入的重要途径。但是，目前的农业扶持政策体系存在着较大偏差，或者严重偏向农业企业，或者低效率普惠小农户的政策支持方式不仅没能有效改变农业超小经营规模现状，而且甚至出现农业商品化经营向传统自给自足式农业发展的倒退，抑制了新型经营主体的发展和流转土地的积极性。其主要体现在：

12.3.3.1　普惠式农业补贴造成"逆向激励"

目前许多补贴都是以农户为单位发放的，补贴与农民户籍挂钩，而不是与实际经营者相联系，这种缺乏有效的农业投入瞄准机制的普惠式农业补贴，使部分将土地转包、转租的农户可获得农业补贴，而转入、租入耕地的实际农业经营主体却无法获得补贴，甚至许多脱离农业，长期外出务工的"离农"农户仍可以享有农业补贴。农业政策性投入偏离目标，农业补贴与农业经营者的错位，不仅容易激起真正从事农业生产者对这种"不公平"补贴的逆反情绪，而且会产生逆向激励，为获得补贴，农户不愿放弃土地，人为地增加经营主体土地流转难度，调查显示，有2%的被访农户明确表示是因为农业补贴而放弃流转的，补贴反而成为抑制农业规模化生产的因素。

12.3.3.2　扶持政策过于向公司倾斜，缺乏对大户、家庭农场等更为本土化的新型农业经营主体的激励

除投资结构不合理、投入资金分散等问题外，各地的基础设施投入、农业保险等补贴存在着向龙头企业过度倾斜的问题。为了吸引企业进入，地方政府往往根据企业需求进行集中式的农业基础设施建设，而忽视规模经营实际覆盖面更广、农户带动能力更强、区域选择更宽的大户、家庭农场、合作社等更为本土化和可持续的农业经营主体的实际需求。如家庭农场对农田水利设施、机耕道路等具有更高的资金需求，对农产品仓储、晾晒场、机具库等生产经营性基础设施需求更大，而这些往往在扶持政策中得不到有效满足，严重影响了其生存和发展。

12.3.4　宅基地退出机制缺失抑制了农民财产权有效需求的实现

宅基地和附着其上的房屋是农民最重要的财产权利，但是按照相关法律规定，宅基地使用权只允许在本集体经济组织内部进行流转。宅基地使用权在流

通方面基本上受到很大限制，即对宅基地使用权的出让、抵押、赠与等流转行为基本上被禁止。这就意味着，农民因为进城不需要宅基地时并不能对宅基地使用权进行转让和处置，其财产价值难以实现。调研发现，全省大部分农村地区都存在大量长年举家外出务工的家庭，宅基地及房屋对其而言基本失去了居住价值，部分农民具有有偿退出承包地、宅基地的有效需求和意愿。据统计，在 218 位被访农户中，平均每户有 2 名长期外出务工的人员，并且 60.6% 的被访农户明确表示愿意有偿退出家庭承包地，58.3% 的被访农户表示愿意有偿退出宅基地。更需关注的是，在现有法律限制和机制缺失的情形下，14.6% 的被访农户家庭已在城镇购买房屋，但仍在农村保有承包地和宅基地，保持"两栖"状态。而在一些交通、区位条件不好的欠发达传统农区，外迁、离地农户的土地、宅基地等资源在土地流转、房屋出租市场缺失的情形下更是使用价值和经济价值均归零，形成普遍化的稀缺资源闲置。由此可见，随着城镇化进程的推进，农户大量的外移，农民自愿有偿退出的有效需求是客观存在的，但是满足农户实际需求的相应的土地退出机制的缺乏，导致农村宅基地浪费，农户宅基地的财产权利得不到有效实现。

12.3.5 农村集体经济组织衰退侵害了农民财产权益

虽然许多地区正在重新构建各类新型集体经济组织，但是调查发现，全省范围内农民集体组织衰退和组织功能弱化的问题较为普遍。

一方面，农民集体组织严重衰退。除少数城郊农业较为发达地区外，全省大多数地区的集体组织严重衰退，许多集体没有任何集体资产，农民成员权利意识模糊，集体组织处于"名存实亡"甚至"名实俱亡"的状态。同时，农民在集体组织中的地位弱化。在部分存在集体资产的村社，农民也基本失去了对集体资产的处分权，许多村民并不了解其所在村组有多少集体经营性资产，对这些资产如何经营及收益归属问题也并不知情。在 218 位被访农户中，64.8% 的农户认为村里没有集体资产，高达 82% 的被访农户表示并不清楚集体资产是否办理产权证。调研还发现，许多年轻人根本不知道有集体组织的存在，还有相当部分村民认为集体经济组织就是村委会。

另一方面，集体资产流失问题较为严重。调研发现，集体资产主要经由两种途径流失：一是组织"代理者"侵吞或低价出售集体资产。由于集体资产所有权行使主体缺位，部分村干部就成为集体资产的实际控制者，在缺乏内部约束和外部监督的情况下，村干部能够任意侵占或低价出售集体资产，损害村民利益；二是集体资产长期闲置，导致资产收益能力弱化。调研发现，部分地区集体资产长期闲置，原村办企业、学校等占地依然闲置，并未得到复垦或有效利用，一些村组的集体水利设施等无人维护，已经非常陈旧。如何真正重建农民集体组织，实现农民对集体资产的所有者权利，使农民能够在集体资产经营中获益，防止少数乡村"能人"控制集体资产谋取私利，并提高集体资产使用效率，避免集体资产流失，这是下一步改革必须解决的问题。

12.4　四川省增加农民财产性收入的政策选择

12.4.1　全面完成农村产权确权颁证工作

在坚持集体所有制不变的条件下，通过地方政府引导下的确权颁证工作的全面展开，将农民的土地、房屋、宅基地、经营性建设用地等农民财产权利在农村集体内部得到较为清晰的界定和固化，是农村土地产权制度改革的第一步，也是增加农民财产性收入的基础环节。

12.4.1.1　整体推进农村产权确权

改变部分地区采取分步推进的确权登记方式，整体推进农村承包地、宅基地、农村集体建设用地、房屋、集体经营性资产等确权登记工作，少设或不设"争议区"，避免风险叠加和累积，实现农村产权确权登记在区域和类型上的全覆盖。

12.4.1.2　鼓励地方自主探索多种确权登记方式

在确保"确实权、颁铁证"的前提下，鼓励和支持各地结合自身实际情况探索更低成本的确权登记方式，采取相关部门联动方式提高确权效率。

12.4.1.3　同步建立农村产权数据库

整合国土、农业、住建等相关部门的数据资源，联合开发建立农村产权数据库，为确权后农村土地产权的流动和后续管理建立基础。

12.4.2　进一步深化土地承包经营权流转制度改革

12.4.2.1　建立健全农村土地流转服务体系

当前，应当加强和完善的环节是为农民土地承包经营权流转提供更多的法律法规服务、合同服务、仲裁服务、土地价值评估服务，建立土地流转信息平台，公开发布待流转土地的相关信息及流转政策，减少政府对土地流转价格的直接干预，形成市场化的定价机制，降低流转主体双方的信息成本。

12.4.2.2 鼓励流转方式多元化

对于土地承包经营权的流转，要在农业用途范围内按照"依法、自愿、有偿"的前提，积极探索转让、抵押和互换等物权性质的流转，出租和托管等债权性质的流转，入股、股份合作等股权性质的流转等多种模式，给予农户更充分的选择权。

12.4.3 培育多种形式的农业经营主体

推进土地流转和适度规模经营，增加农民财产性收入绝不是仅需要确权颁证等制度突破的支撑，而是必须在产权改革基础上不失时机地调整一系列不适应的相关政策，以此完善政策体系，校准政策目标，培育多元化农业经营主体发展，显著提高推进土地流转和规模经营的政策绩效。

12.4.3.1 要培育多元化的农业经营主体

在引入龙头企业等外来农业经营的同时，应更加重视培育本地的新型农业经营主体，扶持家庭农场、专业大户、合作社等真正从事农业经营的各类主体发展，形成多元经营主体优势互补、竞相发展的立体化、多层次经营体系，扩大农业经营主体区域覆盖面，增强农户带动能力。

12.4.3.2 要加快建立健全新型经营主体的政策支持体系

应改变偏向农业企业或者低效率普惠小农户的政策支持方式，重点从改善生产性基础设施条件、完善土地经营权抵押融资功能、强化抵御风险能力三个重要方面，对更具规模理性和实际带动力的专业大户、家庭农场、农民合作社等给予针对性更强的政策支持。

12.4.3.3 要加快社会化服务体系建设

新型经营主体虽然拥有一定的土地适度规模，但这种规模并没有大到能够将其所需的各种社会服务内部化的程度，必然引致对社会化服务需求的快速扩张。因此，应加大对产前、产中、产后的农资供应商、生产性服务商、农产品批发商等社会化服务体系的构建政策支持，采取政府订购、定向委托、奖励补助、招投标等方式，创新公益性服务模式，大力开展农技推广、抗旱排涝、统防统治、产品营销、农资配送、信息提供等各项公益性生产服务，更有效地满足家庭农场对社会化服务的多样化需求。

12.4.4 探索农民宅基地的有偿退出机制

12.4.4.1 加强宅基地使用权流转的有关制度建设

宅基地比农用地具有更大的财产增值空间。但目前法律规定宅基地使用权不能流转、转让、买卖、交易，严重限制了进城农民将其变为现实财产的可能性。农民在进城过程中由于存在失去宅基地使用权的担忧，从而在很大程度上影响到其市民化的选择。实际上，在市场经济加快发展和城市建设用地日益紧张的背景下，农村宅基地流转的隐形市场已经大量存在。因此，当前最紧迫的不是简单取缔而是适时地规范法律调整，应该在政策法律上取消宅基地不能流转、转让、交易的限制，赋予其转让权、收益权、抵押权，使农民的宅基地和住房具有与城市居民私宅同样的财产权利。

12.4.4.2 积极试点农民宅基地使用权流转的有效方式

应划定宅基地退出试点地区，允许并鼓励符合条件的农民自愿有偿退出宅基地，放宽对宅基地和农房流转的限制。一是放宽对宅基地及房屋流转的限制。扩大农民宅基地及农房出租、转让的范围，为农村房屋交易搭建平台，在农村成立房屋租赁服务中心，农民房屋取得合法手续的情况下，允许进入市场交易、租赁、抵押等。二是提供充分、多元的退出补偿方式。提供货币、房屋、社保、经营性资产等多种补偿方式，允许农民自主选择退出后获得的补偿方式；赋予农民更多选择权，允许农民能够在不放弃原有财产权利的前提下落户城镇。三是防范宅基地退出过程中的各种风险。要提前防范农村宅基地退出过程中可能出现的各种风险，通过规范合理的制度设计和执行机制抑制政府、村干部等压低、侵吞补偿款的行为；建立充分的农民意愿表达机制，避免出现强制农民退出的情况；强化乡村法治建设，提高农民组织程度，防止强势农户和乡村恶势力抢占弱势农户宅基地、房屋等财产。

12.4.5 促进农村集体资产股份制改造

农村集体资产的股份制改造，是农村集体经济组织在坚持农民集体所有的前提下，按照股份合作制的原则，将集体资产折股量化到人，由农民共同共有转变为农民按份共有的产权制度改革，其目的在于"还权于民"，构建"归属清晰、权责明确、保护严格、流转顺畅"的农村集体经济组织产权制度，有效保障农民的财产权利。因此，应根据各区县集体经济发展水平和干部群众愿望要求，统筹考虑农村综合改革试点，在经济发展水平较高、农村集体资产较多、改革愿望较强的地区选择农村集体资产股份制改革试点单位，开展农村集体资产股份制改革试点工作。

12.4.5.1 明确集体经济组织成员权

应依法推进，在充分尊重成员主体地位和当时集体经济组织发展的客观实际的基础上，结合户籍关系、土地承包、居住状况以及义务履行等情况，兼顾各类成员群体的利益，特别注重保护妇女、儿童等弱势群体的利益，开展成员资格界定，明确农村集体经济组织成员边界。

12.4.5.2　赋予财产权利

将农村集体资产折股量化到人、落实到户，建立农村集体资产股权证书管理制度和台账管理制度，纳入农村集体资产信息化管理平台，保障成员对农村集体资产股份的占有权；完善收益分配制度，明确范围，确定比例，兑现分配，落实成员对农村集体资产股份的收益权；在保障落实成员对农村集体资产股份占有权和收益权的基础上，有条件的地方可探索成员对集体资产股份的有偿退出权和继承权的实现形式，以及开展赋予成员对农村集体资产股份抵押权、担保权的试点工作。

12.4.5.3　增强清产核资透明性

一是区（市、县）政府要切实加强组织领导，明确职责，精心组织实施，建立村民监督小组，对清产核资工作进行监督指导。二是应当遵循宣传动员、调查摸底、民主决策、结果公示、资料备案的操作程序，严格规范成员资格界定行为，增强清产核资过程各个环节的透明性，使集体资产相关信息随时接受村民和全社会的监督。

12.4.5.4　创新集体资产运营方式

在做好风险控制的基础上，创新集体资产运营方式，分类经营好、管理好农村集体资产。一是经营性集体资产既可选聘职业经理人经营，也可以农村集体经济组织自主经营，以入股、联营、外包等形式，与各类市场主体合作、联合组建经济实体直接进入市场，还可以选择承包、租赁等多种方式进入市场，提高资产的使用效率和盈利能力。二是在尊重成员意愿的前提下，探索引导成员利用耕地、林地、草地等资源性资产，发展多种形式的股份合作。三是探索建立集体统一管理非经营性资产的有效机制。

13　农村宅基地制度改革与乡村振兴

2020年6月30日，中央全面深化改革委员会第十四次会议审议通过《深化农村宅基地制度改革试点方案》，要求巩固试点成果，拓展试点范围，丰富试点内容，完善农村宅基地制度设计。为贯彻落实党中央、国务院关于深化农村宅基地制度改革试点的有关要求，2021年，四川省提出，要稳慎推进农村宅基地制度改革试点。2021年3月《西昌市农村宅基地制度改革试点实施方案》等9个实施方案获中共四川省委、四川省人民政府同意，方案从宅基地三权分置、自愿有偿退出、退出宅基地统筹利用以及节余指标交易管理办法等方面进行了制度探索建立，并在全市选取了不同类型的6个试点乡镇（街道）的8个市级试点村进行6个改革方向的先行试点。然而，西昌市农村宅基地管理失序和审批监管长期缺位、"一户多宅"、自主搬迁户大规模存在，村间交叉居住等农村宅基地历史遗留问题与矛盾逐步显现且日趋复杂，对宅基地制度改革工作的有效推进造成严重阻碍。因此，只有深入分析和准确掌握各试点乡镇（街道）宅基地制度改革中存在的问题和面临的困境，提出有针对性的政策建议，才能高效推进西昌市农村宅基地制度改革工作，助力乡村振兴和农业农村现代化。

13.1　四川省农村宅基地制度改革试点工作开展的基本情况

西昌市安宁镇、佑君镇、樟木箐镇、裕隆乡、海南街道和安哈镇6个乡镇（街道）的农村宅基地制度改革情况如下。

13.1.1　安宁镇

安宁镇位于西昌市城区北部，现辖14个行政村和1个社区、共122个村

（居）民小组，辖区面积89平方千米，2020年年末全镇总人口为68 185人。安宁镇现有10个先行试点村，涉及地块35个，49户，可新增建设用地指标1.844 9公顷。

13.1.1.1 改革主要任务和组织情况

安宁镇承担的宅基地制度改革任务主要是"集体建设用地入市试点改革"。安宁镇以探索宅基地"三权分置"为基础，重点盘活农村土地资源，创新集体建设用地开发利用机制，开展腾退宅基地用地指标转化为集体建设用地入市制度改革，改革和完善宅基地管理制度，从而促进乡村产业振兴。为完成本次试点工作，安宁镇组织相关部门进行了实地调查和规划论证，并安排镇、村、组干部对宅基地改革试点项目做了大量宣传动员工作。同时，聘请技术公司对拆旧复垦潜力地块逐一进行调查，根据调查结果，优先选取闲置危房进行拆旧复垦。

13.1.1.2 改革取得的进展和成效

一是基本确定村级试点。安宁镇拟在和平村、土坊村、柏枝树村、凤凰村、株木树村、太平村六个村先行实施宅基地改革试点，并对六个村分别制定了"宅基地改革试点项目"规划实施方案，方案目前已上报市农业农村局。二是初步形成宅基地制度改革思路和方法。安宁镇紧紧围绕集体经营性建设用地指标入市的主线，采取了先易后难的改革方式，分批次推进宅基地腾退工作。前期腾退49户农户D级危房，后期逐步推进200多户超占乱建、"一户多宅"等腾退来增加集体经营性建设用地指标，从而降低目前改革的难度。三是开展拆旧复垦工作。安宁镇拟申报拆旧复垦面积1.844 9公顷（27.673 5亩），复垦地块35个，其中涉及宅基地农户49户，根据摸底调查，实际有意愿腾退户数为27户。

13.1.2　樟木箐镇

樟木箐镇辖9个汉族行政村、61个村民小组，现有人口14 238人。目前樟木箐镇可腾退利用宅基地面积309亩，其中农民集中安置区建设需占用指标98亩，基础设施建设11亩，预计节余建设用地指标200亩。

13.1.2.1 改革主要任务和组织情况

樟木箐镇承担的宅基地制度改革的主要任务是"城乡建设用地增减挂钩试点改革"。按照西昌市委市政府关于开展宅基地改革工作要求，樟木箐镇结合安宁河谷"农、文、旅"阳光生态走廊规划，依托城乡建设用地增减挂钩项目实施，在丘陵村樱桃小镇建设的基础上开展试点工作，将闲置宅基地复垦为耕地或建设农民集中居住点，探索退出宅基地统筹利用模式。

13.1.2.2 改革取得的进展和成效

一是落实改革实施主体和责任。在西昌市委市政府、国资委的支持和自然资源局指导下，樟木箐镇现已完成拆迁安置方案编制工作，确定由西昌市安宁水投公司实施开展规划增减挂项目、邛海旅游投资开发有限责任公司实施樱桃小镇建设拆迁安置项目。在实施过程中充分尊重农民意愿，维护农民主体地位，实现好、发展好农民群众的长远利益。二是全面推进农村宅基地改革工作。樟木箐镇将依据实际情况和相关规划，对现有的且农民有安置意愿的老旧房屋进行拆除复垦，同时积极开展居民集中居住点建设，完善村庄内布局空间和基础设施配套，以项目产业开发为依托促成宅基地制度改革。

13.1.3 安哈镇

安哈镇位于西昌市东南部，下辖 7 个村、共 53 个村民小组，户籍人口 26 330 人，常住人口 42 054 人，其中 15 424 人为自发搬迁人员。目前安哈镇已调查出第一批农村闲置宅基地 299.889 亩，涉及农户 196 户，预计可获得建设用地节余指标 299.889 亩。

13.1.3.1 改革主要任务和组织情况

安哈镇承担的宅基地制度改革的主要任务是"探索统规统建农民公寓试点，推进自主搬迁农户规范管理"。结合全镇实际情况和农民意愿，安哈镇计划将退出闲置宅基地等存量土地资源复垦后形成的集体建设用地节余指标，按照集约高效原则，保障农民公寓、乡村产业发展、农村公共设施和公益事业建设等用地需求，或节余指标在市内流转交易。同时，结合修建农民公寓集中安置点等改革举措，引导自发搬迁农户合法改善居住条件和环境，享受基本公共服务，消除社会治理盲区。

13.1.3.2 改革取得的进展和成效

一是开展宅基地摸底调查，编制实施方案。在符合国土空间规划和用途管制的前提下，依据第二次全国土地调查成果和高清遥感影像，对全镇闲置宅基地开展了摸底调查工作，拟定了相应实施方案。二是对残垣断壁和闲置宅基地实行有偿（无偿）退出，已腾退宅基地 130 多户，其中包括"残垣断壁"等危房或拆旧房 120 户左右，自发搬迁户搬走后的遗留房 10 户左右。三是探索建立以农民公寓集中居住方式对自主搬迁户进行规范管理。在尊重农民意愿前提下，聘请中科院对集中居住点和住房建设进行规划设计。农民公寓的房屋所有权归村集体所有，自主搬迁户以长期租赁形式享有居住权。

13.1.4 裕隆乡

裕隆乡区域面积 44.09 平方千米,辖 5 个行政村。截至 2019 年年末全乡户籍人口 18 524 人。

13.1.4.1 改革主要任务和组织情况

按照西昌市委市政府关于开展宅基地改革工作要求,裕隆乡主要以探索宅基地自愿有偿退出机制,妥善处置历史遗留问题,整治村庄建设乱象,提升村庄村容村貌为主要改革目标。为推进改革工作,裕隆乡选取星宿村进行村庄乱象整治试点,对建新不拆旧、断壁残垣零乱的村落进行整治,按不同类别,采取无偿、有偿和享受政府相关优惠政策等方式鼓励多占户退出多余宅基地,对于严重违法的依法予以拆除。

13.1.4.2 改革取得的进展和成效

一是宅基地住房"残垣断壁"基本解决。在推进土地"增减挂钩"政策实施过程中,星宿村重点将破旧、无人居住、宅基地面积大、腾空率高的房屋纳入重点突破区,并结合人居环境治理,消除农村破旧房屋。二是充分保障农户腾退宅基地的安置权益。兴富村每人户按人头 2 万元的拆除补助,在规定时间内拆旧的另加 1 万元的奖励,加上'增减挂钩'项目中的节余指标奖励 10 万元/亩,大部分农户有 10 多万元的补助。并根据村民实际需求,规划了 2 人户、3 人户、4 人户和 5 人户共 4 种户型,农户可自主选择安置点。各安置房项目建成后,下一步将集中配套广场、路灯、卫生设施等公共设施设备,并配套生产用房,发展集体经济。

13.1.5 佑君镇

佑君镇现有区域面积 39.08 平方千米,现辖 1 个社区和 12 个行政村。截至 2019 年年末,全乡户籍人口 15 469 人。

13.1.5.1 改革主要任务和组织情况

佑君镇农村宅基地制度改革路径以探索建设新型集镇社区新模式为主要内容。主要包括:结合国家重要项目成昆线建设、西昌市医院佑君分院、香城学校扩建进行拆迁安置;结合土地增减挂钩项目,通过安置建新区;结合镇产业发展项目,主要是佑君镇农产品中心、食品加工园建设,探索建设新型集镇社区新模式。

13.1.5.2 改革取得的进展和成效

一是掌握和分析摸底调查基础数据。通过最新影像判读,选取潜力图斑总个数 1 046 个，总面积 1 760.26 亩。考虑农民意愿等因素，预计宅基地指标共702.19 亩。结合对大椿村、磨盘村共 1 153 户农户及其宅基地住房进行的摸底调查，分析得出，农民宅基地主要有农户宅基地位置及其户口均在本村，共428 户、256.64 亩；部分农户宅基地位置不在本村但户口在本村，共 214 户、198.06 亩；部分农户宅基地位于本村但户口不在本村，共 256 户、165.46 亩；"一户多宅" 161 户、82.02 亩。二是摸底调查涉及农民退出和集中安置意愿。从两个村摸底调查数据来看，愿意参与宅基地有偿（无偿）腾退农户共 1 059户，涉及宅基地面积共 702.19 亩，参照土地增减挂钩可节约用地指标 491 亩左右，并对宅基地 4 种类型农户集中安置类型进行了意愿调查。三是分类考虑农户搬迁和集中安置类型。对农户宅基地位置在本村的，后期考虑修建单户小别墅；对部分农户宅基地位置不在本村但户口在本村的，后期考虑修建单户小别墅或小高层；对部分农户宅基地位于本村但户口不在本村的，后期考虑修建小高层；对 "一户多宅" 的考虑拆除多余房屋，规范一户一宅。

13.1.6　海南街道

海南街道办事处由大箐乡、海南乡、洛古坡乡俄池格则村合并成立，系彝族、汉族两个民族聚居的街道办，共辖 8 个行政村、56 个村民小组，现有村民 4 477 户、18 190 人，自主搬迁 723 户、3 243 人。

13.1.6.1　改革主要任务和组织情况

按照《西昌市农村宅基地制度改革先行试点工作实施方案》具体要求，海南街道主要以探索宅基地使用权流转管理，建立健全农村宅基地使用权流转制度和程序，发展乡村旅游等新产业新业态。海南街道以大石板社区为试点，在整治乱占耕地、开展调查摸底、科学编制村庄规划的基础上，从新型社区建设、有偿使用、入市流转、自愿退出等方面先行开展试点探索，并在此过程中不断完善改革方案和具体操作细则。

13.1.6.2　改革取得的进展和成效

一是建立改革试点领导小组。海南街道办事处在第一时间成立农村宅基地制度改革试点工作领导小组，组建基础工作组、督察督导组、风险保障组三个工作组，党委主要负责人负总责，亲自抓，分管同志具体抓、深入抓，建立目标责任制，将责任落实到人，在规定时间内确保各项工作任务高效快速推进。二是多元主体参与退出宅基地的集中建设经营。积极探索村集体集中建设经营、引进第三方投资主体统一经营、村民自主建设经营以及引进企业成立联合开发公司共建共营等多种经营模式。

13.2　四川省农村宅基地制度改革试点的创新经验

基于西昌市 6 个试点乡镇（街道）的实地调研，结合西昌市宅基地制度改革的基本特征与发展趋势，西昌市各试点乡镇（街道）在此轮宅基地制度改革工作中积极探索，初步形成了改革的"四大"创新经验。

13.2.1　以地方适应性为根本，采取差异化改革措施

西昌市在全市选取 6 个不同类型的试点乡镇（街道），根据其区域特点和基本情况分别确定宅基地制度改革的重点方向，探索形成 6 个具有地方适应性和差异性的先行先试改革路径。其中，安宁镇主要试点探索开展腾退宅基地用地指标转化为集体建设用地入市，支持乡村振兴产业发展；樟木箐镇丘陵村主要试点探索退出宅基地统筹利用，以建设美丽村庄；安哈镇营盘村主要试点探索统规统建农民公寓，推进自主搬迁农户规范管理；裕隆乡星宿村主要试点探索村庄乱象整治，提升村庄村容风貌；兴福村主要试点探索腾退宅基地用地指标，发展集体经济；佑君镇主要试点探索新型集镇社区建设，保障农民住房需求；海南街道大石板社区主要试点探索宅基地使用权流转管理，发展乡村旅游新产业新业态的具体路径。

13.2.2　以实际问题为导向，开展改革基础调查工作

在农村宅基地基础数据摸底调查工作中，西昌市各试点乡镇（街道）坚持以宅基地基础数据不清、自主搬迁农户乱占乱建、管理混乱、规划滞后、超占乱建、未批就建等突出历史遗留问题为导向，按照"边实践、边总结、边完善、边提升"的工作要求，不断总结和分析问题，积极寻求解决问题的方式和途径，查缺补漏，不断完善宅基地基础数据的摸底调查。

13.2.3　以先易后难为思路，逐步化解历史遗留问题

西昌市试点乡镇（街道）坚持先易后难与攻坚克难相结合的改革思路，在尊重历史基础上分类分步地稳妥解决遗留问题，尽可能地将改革成本和改革风险降到最低。例如佑君镇在对全镇农户户籍和宅基地类型进行信息匹配和分类梳理的基础上，根据宅基地和户口均在本村、宅基地在本村而户口不在本村、宅基地不在本村但户口在本村、"一户多宅"四种类型改革的难易度进行

时序排列，优先选择宅基地和户口均在本村的农户进行宅基地制度改革，逐步实现四种农户和宅基地类型的全面改革。此外，安宁镇通过"一户多宅"农户前期危房排查，以全镇200多户不适宜居住的D级危房的拆旧复垦为突破口，先易后难，稳健推进宅基地制度改革，降低改革风险。

13.2.4 以居住模式创新为抓手，规范自主搬迁户管理

自主搬迁户是西昌市较大规模的特殊群体，其无序建房、无序垦荒、乱搭乱建以及与当地群众出现资源争夺和冲突等一系列问题长期困扰着西昌市各级政府部门。为从根本上解决自主搬迁户管理无序和住房安全问题，西昌市依托农村宅基地制度改革试点工作，在不损害自主搬迁户基本权益基础上探索农户居住新模式，以改变自主搬迁等流动人口居住方式为抓手，完善"一户一宅、限定面积"的建房用地和配套用地分配方式，实现自主搬迁户规范化管理。例如安哈镇创新性地提出了以农民公寓稳定解决自主搬迁的探索方案，以统规统建、集中居住的方式引导自主搬迁户规范化管理。

13.3 四川省农村宅基地制度改革面临的主要问题

通过对西昌市农村宅基地制度改革试点的调研发现，西昌市目前在推进农村宅基地制度改革试点工作中主要面临以下七个方面的困难。

13.3.1 宅基地改革的制度设计亟待补充完善

从调查结果来看，西昌市目前只有安宁镇、安哈镇、海南街道等部分试点乡镇（街道）初步形成了宅基地制度改革试点实施方案，宅基地改革制度设计整体进度相对迟缓，且相关政策有待补充和完善。一是尚未建立完整的系统性改革制度体系。目前先行试点乡镇（街道）宅基地制度改革实施方案更强调和注重农村宅基地自愿有偿退出、宅基地退出复垦和节余指标入市交易等改革实践探索，而对于如何建立合理退出补偿机制、加强宅基地退出复垦质量监管及利用、探索宅基地收储利用、闲置宅基地盘活利用和宅基地有偿使用等突出问题尚未形成统一性的系统政策文件。二是宅基地制度改革的核心问题亟待触及。农村宅基地使用权流转模式的选择作为农村宅基地制度最核心问题，决定了宅基地制度的执行方向和特点。然而，西昌市各试点乡镇（街道）现阶段主要仍停留在对闲置农房拆旧复垦纳入土地增减挂钩项目，或者通过房屋租

赁实现宅基地使用权流转等较为传统和浅层次的改革探索，而宅基地使用权入股、抵押、继承等核心问题的制度支撑尚未建立。三是缺乏完善宅基地"三权分置"权能的相关制度设计。西昌市各试点乡镇（街道）制度设计中，三权分置权能完善上还没有新的制度突破，普遍缺乏集体成员享有宅基地资格权的认定标准、宅基地集体所有权权能实现机制、宅基地使用权流转方式及其利益分配机制等相关制度设计。

13.3.2　宅基地基础信息的摸底调查并不彻底

为尽快固化宅基地拆旧复垦后的建设用地指标，获取二调和三调之间的斑图差，西昌市各试点乡镇（街道）普遍存在宅基地基础信息摸底调查不充分、不彻底的共性问题。除了考虑现阶段这一问题产生的现实合理性以外，更重要的是警惕和防范因宅基地基础信息摸底调查不彻底可能带来的后续改革阻碍和风险。一是宅基地基础信息调查不完整。宅基地摸底调查是一个现状和需求并存的综合性信息调查，不仅包括宅基地地籍数据现状信息，而且需要对宅基地类型和农户需求意愿展开调查。现阶段，西昌市各试点乡镇（街道）宅基地基本信息摸底调查主要集中在宅基地的数量、面积、位置、布局及附属用地面积等地块性基础数据采集，而对宅基地权属、宅基地及地上建筑的利用情况等信息的掌握并不充分，农户腾退补偿标准、补偿方式、住房安置等意愿调查甚至没有涉及。二是宅基地摸底调查覆盖面不全。摸底调查目的主要是完成对各个农户实际宅基地情况的鉴别，为宅基地改革提供基准，确保符合一户一宅面积的法律合规性。然而，各试点乡镇（街道）对"一户多宅"、超占乱占、自主搬迁户住房等历史遗留问题的合理性和合法性并没开展调查核实，这将有可能影响宅基地腾退的后续推进工作，甚至容易引发农村内部矛盾冲突。三是尚未形成统一的宅基地基本信息数据库。目前各试点乡镇（街道）聘请不同技术公司独立进行摸底调查，虽然市级相关部门前期统一对其进行了培训，但由于不同技术公司的数据模板和处理方式不同，难以形成统一的宅基地数据库，导致后续房地一体的确权登记和发证工作难度加大，不利于对腾退宅基地的统筹利用。

13.3.3　宅基地制度改革的组织力量较为薄弱

强有力的组织力量能有效打通政策传导机制，促进政策尽量下沉到乡镇。然而，西昌市宅基地制度改革的组织力量目前仍较为薄弱，对宅改组织力量建设的重视性有待进一步提高。一是改革工作队伍建设滞后。从西昌市 6 个试点乡镇（街道）的情况来看，每个乡镇（镇街）负责宅基地制度改革工作的人员数量平均只有1~2人，且大多都是临时抽调或组建。基层具体推进宅基地制度改革的工作人员偏少，尚未建立稳定的工作队伍。二是业务人员专业水平有待提高。由于此前机构调整，各试点乡镇（街道）部分人员刚刚接触和负责宅基地制度改革试点工作，对镇域内改革情况并不十分熟悉。再加上宅基地制度改革内容复杂，对基层负责人员的业务水平要求较高，致使宅改相关业务人员普遍存在对改革了解不清、了解不深的情况，宅改关键问题交流面临障碍。

13.3.4　宅基地改革成果与村集体发展联系不足

集体经济组织理应成为宅基地制度改革的重要主体，但从整体来看，各试点乡镇（街道）和村（社）集体经济组织参与宅基地制度改革的主动性和积极性不高，宅基地改革成果与村集体发展联系严重不足。一是依托宅基地改革激活集体经济发展的意识不强。各试点乡镇（街道）和村（社）整合农村资源要素发展集体经济的思路不清和氛围不浓，普遍缺乏依托宅基地制度改革发展集体经济的观念意识。二是宅基地集体所有权权能并没有充分实现。以海南街道大石板社区为代表的试点村（社）虽然已初步形成了通过流转经营、入股经营、自主经营等方式盘活利用集体空闲废弃房屋及其宅基地的模式，但各试点乡镇（街道）、村（社）集体经济组织基本上都还没有充分参与到农户宅基地使用权流转的经营管理和利益分配之中，乡镇（街道）、村（社）集体对农户宅基地所有权权能的实现方式还没有展开根本性的实践探索。此外，乡镇（街道）、村（社）集体经济组织利用宅基地集体所有权抵押融资发展集体经济的途径和方式尚未打通。三是宅基地节余指标的留存发展考虑不足。各试点乡镇（街道）和村（社）本应把推进宅基地制度改革作为解决宅基地历史遗留问题，激活集体经济发展的重要机遇，以宅基地节余指标留存满足村（社）新增人口、集体经济发展壮大的用地需求。然而调研发现，部分试点乡镇（街道）和村（社）主要采取宅基地节余指标入市交易这种更加直接和快速的收益方式，从而忽略或弱化乡镇（街道）和村（社）集体经济发展用地意愿和未来用地需求。

13.3.5　村庄规划对宅基地改革的统筹作用有待加强

科学编制村庄规划，充分发挥村庄规划对宅基地制度改革引导和约束作用，是宅基地制度改革的基础和前提。然而著者在调研中发现，西昌各试点乡镇（街道）和村（社）普遍缺少具有指导性和实用性的村庄规划。一是村庄规划对产业发展的引领和协调作用有待进一步强化。科学村庄规划的缺失不仅导致农村土地利用结构失衡，使得发展新产业新业态的过程中无法充分利用包括宅基地在内的零星分散的存量建设用地来保障农村产业用地需求，也无法对农民集中居住点位和布局进行指导引领，严重影响了农村土地集约利用，造成产业发展布局杂乱、无序扩张。二是村庄规划对乡村建设的约束和调控作用并没有得到充分发挥。西昌各村（社）长期存在着农民建房选址随意性大，乱搭乱建的突出问题，导致在村庄建设过程中农民建房占地面积超标、"一户多宅"和耕地破坏、宅基地闲置并存的不合理现象，严重影响村容村貌提升，必须加快村庄规划对闲置废弃的房屋改造和住房建设管理，推动西昌市美丽乡村建设。

13.3.6 宅基地审批和监管机制亟须进一步优化

宅基地制度改革是一个各项改革高度集成的制度性改革，不仅要重视宅基地"三权分置"权能实现等核心改革部分，而且要重视宅基地改革前端的审批机制和改革后端的监管机制的制度设计，形成各环节协调推进、高度集成的改革闭环。然而调研发现，西昌市在宅基地审批和监管环节的制度创新严重滞后，制度设计还存在部分亟待完善和优化的地方。一是宅基地审批长期停滞严重阻碍了宅基地制度改革的推进。据著者了解，截至目前，西昌市已经长达28年未对宅基地进行审批，需要建房的农民无法通过合法途径获得宅基地，部分农民群众的新增建房需求得不到满足，"户有所居"的基本居住权得不到合法保障，致使农民违法违规私下交易宅基地和住房、城市居民在农村买地建房、农民无序建房等问题突出，使得超占乱占、土地细碎化现象更加严重。宅基地审批受阻引发连锁反应，导致西昌市村庄内部土地管理失衡，为西昌市宅基地制度改革增加了难度。二是宅基地后续监督管理机制有待进一步完善和优化。调研发现，各试点乡镇（街道）和村（社）普遍缺乏对宅基地规模总量控制、农民违规私下交易和宅基地利用变更等问题的有效监督和管理。一方面保障激励不足在一定程度上大大削弱和降低了农村宅基地监管的有效性。农村宅基地大多比较分散，而国土管理相关部门的专业人员少，力量薄弱，工作经费不足，很难对辖区内宅基地利用变更管理到位；另一方面宅基地监管手段比较落后。大多对违法用地问题处理采用的是以罚代拆方式，致使部分村民认为只要交了钱就可以建房，给杜绝违法占地行为带来了负面影响。

13.3.7　历史遗留问题的特殊性和复杂性需引起重视

各试点乡镇（街道）和村（社）要充分考虑到历史遗留问题的特殊性和复杂性，在宅基地制度改革过程中需高度警惕潜在矛盾的化解，既要勇于探索、敢于创新，同时又要保持足够的耐心、采取渐进式的改革方式。其主要集中在三个方面，一是凉山州大规模自主搬迁户的特殊性问题。为了经济收入和自身发展，大量农户通过自发移民流动获取资源，加之政策匹配不足，随之带来了大量的土地私下交易、无序垦荒、乱占乱建以及与当地群众出现资源争夺和冲突等一系列管理问题。二是部分地区农村宅基地布局散乱。由于现行宅基地审批工作停滞和村庄规划不完善，土地整理不足，致使农村居民户边报边建、未批先建、乱占耕地等现象突出。三是农民建房无序、闲置住宅低效利用或未利用、超标准占地、村与村之间交叉居住等各种交错叠加。由于历史、政策、继承或建新未拆旧等多种原因累积叠加，农民建房无序、闲置住宅低效利用或未利用、超标准占地、村与村之间交叉居住等问题在个别试点地方还相当突出。

13.4　四川省农村宅基地制度改革的对策建议

结合本次调研的主要发现和总体判断，西昌市农村宅基地制度改革试点应主要围绕下述十个方面优化调整、积极创新、重点突破。

13.4.1　加快完善农村宅基地改革制度规范

加快推进农村宅基地改革相关制度法规建设，促进宅基地盘活利用或转变上市规范运行。一是完善农村宅基地改革制度设计。在充分考虑地方适用性的基础上，加快编制完善西昌市农村宅基地改革试点细化实施方案，加强在宅基地自愿有偿退出补偿机制、宅基地退出复垦质量监管及开发利用、宅基地审批和监管机制、宅基地收益分配机制等方面的制度设计和制度创新，建立健全宅基地管理制度。二是完善农村宅基地盘活利用制度体系。在遵循《中华人民共和国民法典》《中华人民共和国土地管理法》中涉及宅基地利用与管理的现行有关规定前提下，针对西昌市区域内突出问题进行补充完善，针对盘活利用农村宅基地的主体、对象、条件及程序等做出规定，形成一套规范的宅基地盘活利用制度体系，重点探索建立闲置宅基地收储、宅基地统筹利用、宅基地有偿使用、宅基地历史遗留问题解决等方面制度设计。三是建立健全农村宅基地"三权分置"制度。积极探索农村宅基地"三权分置"制度，完善宅基地集体所有权行使机制、宅基地农户资格权保障机制、宅基地使用权流转方式及其利益分配机制等相关制度设计。

13.4.2　全面推进宅基地基础信息摸底调查

由于宅基地改革问题错综复杂，涉及利益面广，全面摸清底数、夯实宅基地制度改革数据基础、分类进行研究才能找准改革方向。一是高度重视宅基地基础信息摸底调查工作。西昌市人民政府相关部门及负责人应实地调研查看摸底排查工作情况，指导摸排工作，对各试点乡镇（街道）和村（社）摸底调查工作亲自把关，全面安排部署，确保摸底排查工作的顺利开展和取得成效。二是扩充宅基地调查内容，专题研究摸底调查方案。结合二调、三调数据及现有图斑，对宅基地权属信息、宅基地及地上建筑的利用情况、"一户多宅"历史合法性等数据进行补充调查。同时，增加对农民腾退宅基地的补偿标准及补偿类型、安置方式及房屋类型等内容的意愿调查，并专题研究摸底调查实施方案，形成宅基地分类处置办法。三是提高宅基地基底数据分析使用质量。建立统一化管理平台，根据摸底排查工作任务要求和内容，及时搭建宅基地系统管理平台，实现数据录入、校验、汇总、分析等功能，形成市级层面统一的宅基地数据库，方便后续宅基地的管理应用。

13.4.3　加强宅基地改革基层组织管理建设

加强农村宅基地改革基层组织管理建设是宅基地制度改革工作中的重要内容之一。一是形成上下联动的改革组织机制。西昌市各级政府部门应提高对宅基地制度改革的重视性，尽快组建宅基地制度改革专班，落实宅基地改革的组织架构和主体责任。在试点镇、村建立宅基地管理小组，试点镇宅基地管理小组由镇政府主要领导和主要工作人员组成，试点村宅基地管理小组由村"两委"干部及党员代表、村民代表组成，加强组织保障，确保层层落实宅基地制度改革任务，必要时可把抓宅基地制度改革管理这一责任落实到乡镇（街道）目标管理考核责任中去加以管理。二是增强部门之间改革的协同推进。加强市农业农村局、自然资源局、城乡规划建设和住房保障局、财政局等部门的沟通协调，建立政策的统筹协调机制，促进改革项目统筹安排，政策协同衔接，资源信息共享，最大限度释放改革制度的叠加效应。三是开展常态化的改革业务培训。市级部门定期组织宅基地制度改革专业人员向各试点乡镇（街道）基层负责小组成员讲解最新的宅基地改革相关政策，基层负责人员必须尽快掌握了解本试点区域内改革工作进展与基本情况，不断提高改革的工作能力。

13.4.4　增强宅基地改革与集体发展的联系

集体经济组织作为农村宅基地所有权主体，是宅基地制度改革中极为重要和关键的主体。西昌市农村宅基地制度改革试点应将集体经济的深度参与作为重要创新和突破，创新集体经济组织参与改革的发展模式和利益联结机制，充分发挥农村宅基地集体所有权权能。一是提高集体经济组织参与农村宅基地制度改革意识。树立宅基地制度改革与村集体经济发展相辅相成和相互促进的改革意识，充分把握和发挥废弃住宅、闲置宅基地的盘活利用为村集体经济发展带来的机遇，给予村集体带动农户产业转型，探索城镇融合发展的改革机会。二是严格落实集体经济组织权益。在推进拆旧复垦节余指标流转后，尽可能地将流转收益资金交由村集体经济组织进行民主管理和分配，以及用于村庄基础设施建设、农民生产生活改善等，保障和落实集体经济组织基本权益。三是要不断发展壮大集体经济。结合宅基地制度改革，对无人居住的危房和废弃宅基地进行清理，并由村集体经济组织依法收回并盘活利用，探索发展乡村旅游、农产品冷链和仓储、初加工等一、二、三产业融合的新兴产业项目，以村集体经济的发展壮大促进集体经济组织发展能力提升。

13.4.5　提速开展村庄规划的科学编制工作

宅基地制度改革要结合村庄发展需要，统筹推动实用性村庄规划的科学编制工作。一是要将宅基地制度改革与村庄建设相结合。在拆旧建新和集中安置等过程中，尽可能地与村庄建设统筹进行，整体提升村容村貌。二是要将村庄规划与村庄发展用地相结合。按照集聚提升类、城郊融合类、特色保护类和搬迁拆并类等村庄分类发展思路，结合不同村庄的发展现状、区位条件、村庄现有的闲置宅基地和废弃房屋等情况编制不同类型的村庄规划，以促进农村一、二、三产业融合发展、建设美丽宜居新型农村社区为目标，探索乡村特色产业发展、村庄村容村貌整治、公共服务设施配置和基础设施建设。三是促进"多规合一"。充分发挥村庄规划的生产、生活、生态、文化传承等功能，推进村庄规划与产业发展规划、集体经济发展规划、生态修复规划等各类规划在村域层面"多规合一"。

13.4.6 保障村内社会发展多功能用地需求

宅基地作为农村土地的重要组成部分，其改革发展要与保护耕地和保障农村建设合理用地需求相结合，给予村（社区）内生性发展空间。一是适度满足村庄内生发展用地需求。宅基地制度改革的节余指标要尽可能地适度考虑和满足村域新增人口的合理建房用地需求、农民生产生活功能用地需求等，以促进农民改善农村居住环境。二是预留保障公共设施用地需求。统筹安排闲置农村宅基地和房屋，用于村民委员会、综合服务站、综合性文化服务中心、卫生室、养老和教育等公共服务设施建设，以激活农村土地资源资产、盘活农村存量建设用地，保障乡村振兴用地需求。三是保障产业发展用地需求。积极探索宅基地制度改革成果的可持续利用方式，尽可能地保障乡村特色产业及其冷链、加工等产业链用地需求，以及为发展乡村商贸、休闲旅游服务等预留用地空间。

13.4.7 探索优化宅基地审批监管运行机制

进一步探索和优化宅基地审批监管运行机制，为农民群众提供便捷高效的服务和保护，保障农民居住的基本需求。一是加快建立运行宅基地审批管理制度。在试点乡镇（街道）尽快建立宅基地审批管理专班，专门负责各试点区域的农村宅基地审批管理工作。按照村级初审、乡镇（街道）审批、县级监管原则，加快探索多部门联动运行的农村宅基地和建房联审联办制度，并不断简化审批程序，建立规范农村宅基地申请报批流程。二是市级层面统一建立自上而下的宅改制度监督机制。改变现在简单的报表制度，各试点乡镇（街道）、村（社区）可探索设立专门人员，负责监督和上报动态性的进展情况，第一时间掌握试点村（社区）的宅基地制度改革工作推进进度和宅基地利用重大变化。三是加大宅基地监督管理激励。对宅基地监督管理较好的镇、村相关部门和负责人给予适当奖励，以提高其参与管理的积极性和主动性。

13.4.8 赋予农户参与宅基地改革自主权益

赋予农户参与宅基地改革自主权益，以内生性改革引导和促进农民退出宅基地和适度集中居住，实现农村土地集约利用和村庄建设规范管理。一是稳慎分类促进农民退出宅基地。针对宅基地面积超占、"一户多宅"、违法建房、自主搬迁户违规建房等问题，按照相关法律法规在确保"住有所居"的前提下可强制其退出宅基地；对历史原因形成的合法合理的闲置农村宅基地，可按照有偿腾退方式进行补偿，引导和推动农户退出宅基地。二是逐步引导农民适度集中居住。遵循"以民为本、尊重意愿、实事求是、因地制宜"的原则，加大政策支持力度，鼓励和引导农民相对集中居住。要兼顾农民生产生活习惯，适度规划集中居住规模，节约土地资源，切实改善农民生活居住条件和乡村风貌。

13.4.9　稳慎探索解决宅基地历史遗留问题

考虑到历史遗留问题和潜在矛盾的复杂性，西昌市在宅基地制度改革中既要勇于探索、敢于创新，同时又要保持足够的耐心、采取渐进式的改革方式，通过深化改革化解现实矛盾。一是建立宅基地历史遗留问题纠纷处理机制。在市级层面指导建立纠纷调节机制，指导各试点乡镇（街道）针对本区域内不同类型的宅基地历史遗留问题进行分类解决。二是采取先易后难方式解决不合法遗留问题。结合第三次国土调查数据（若拿不到数据可先按第二次国土调查数据）、宅基地使用权确权登记颁证等情况，对"一户多宅"分别采取强制拆除、有偿收回等措施；对违建住房予以拆除。三是采取长短结合方式解决自主搬迁户等遗留问题。针对自主搬迁户搬迁建房问题，要长短结合，用时间稳步分类化解历史问题。如对迁入本村的搬迁户若已纳入二调数据可以考虑以较低补偿标准进行集中安置、本地户口迁出又搬回本村的可按照高于外来搬迁户和低于本地户的标准补偿。此外，探索小组微生、中小型公寓等规模适中的组团式安置方式，以集中安置推进自主搬迁户的管理规范化，化解和防范私下买卖宅基地等历史遗留问题。

13.4.10　建立宅基地改革资源多元整合机制

在改革试点的政策赋能和制度设计中充分发挥政府资源统筹、辐射带动等方面的重要作用，建立宅基地改革资源多元整合机制，助推改革有效实施。一是向上争取专项资金支持。充分考虑西昌市巩固脱贫攻坚成果艰难性、乡村发展基础薄弱性、自主搬迁户历史性等原因，可向中央、省级争取申请"以宅基地制度改革助力巩固脱贫攻坚成果"以及"自主搬迁户历史遗留问题化解"等专项资金支持。二是促进各部门政策和资金整合。建立各部门政策统筹协调机制，促进各项政策的互补和协调。包括：危旧房改造资金、地质灾害拯救资金、产业发展资金等。三是引进多元主体推动改革。除依托农村产权交易市场建立本区域内宅基地和农房流转交易平台，促进宅基地流转或转为集体建设用地入市外，尽可能地引入社会企业等组织参与宅基地制度改革工作，分担和降低政府改革成本，形成多位一体的改革推进机制。

14 建设区域共同体与乡村振兴

在世界经济低增长背景下，双边经贸合作的迅速增长、政治关系持续加温为"中印孟缅经济走廊"建设奠定了重要基石和保障，"中印孟缅经济走廊"建设形势乐观。然而，由于中印双边口岸经济发展水平差异性较大，基础设施薄弱，多重区域合作机制互相竞争等多重客观因素限制，"中印孟缅经济走廊"建设对双边地方经济发展贡献仍十分有限，因此，中印双方应抓住"一带一路"倡议，以"中印孟缅经济走廊"合作机制为依托，加快开展基础设施互通和资金联通，通过口岸建设以及口岸经济的发展，深化区域内价值联系，实现中国与印度的深度经贸合作和互利互赢。

中印两个正在崛起中的最大邻国保持和平共处，通过中印孟缅经济走廊建设推动沿边开发与开放，以交通和基础设施的互联互通促进跨境经济合作，是符合两国根本利益的。从经济发展视角来看，中印孟缅经济走廊涉及全世界40%的人口，GDP总额接近11万亿美元，蕴藏包括动物、植物、原油、天然气、矿产品等在内的丰富自然资源。作为两个最具潜力的新兴大国，中国在制造业、电力和电信设备以及工程承包领域拥有较为先进的技术，在基础设施领域有较强实力和丰富管理经验，而印度在信息产业、软件外包、制药和文化产业等方面相对发达，通过中印孟缅经济走廊建设为中印双方各具有比较优势和相对具有市场需求潜力的产品提供贸易便利的制度安排，增加投资力度，不仅有利于缩小印度对华贸易逆差，还可将中印两大市场连接起来，创造更多就业机会，提升两国经济的可持续发展能力。同时，中印孟缅经济走廊也刚好契合中国"向西开放"和印度"东向政策"战略，贸易效应可直接辐射到东亚、南亚、东南亚等地区，促进区际之间次区域合作机制的"联网"，进一步扩展中印双方共同的经济空间，培育新的经济增长点，形成开放型经济带。因此，从中印两国经济合作视角研究如何推进中印孟缅经济走廊建设，对实现人的全面发展和乡村振兴具有重要的现实意义。

14.1 中印孟缅经济走廊的现状

中印孟缅经济走廊涵盖的区域范围十分宽广，仅核心区域就涵盖了孟加拉国、印度东北部、缅甸与我国西南地区的广袤空间，面积 165 万平方千米，人口约 4.4 亿，涉及全世界 40% 的人口，所经过的区域都是所涉国家的边境地区，绝大多数区域属于世界严重欠发达地区，因此，中印孟缅经济走廊特殊的区域位置决定了其建设的初始条件与其他区域合作机制不同，其是建立在是世界最贫穷的集合地带基础上的区域合作机制。

14.1.1 经济水平

2017 年中印孟缅经济走廊各国人均 GDP 分别为孟加拉国 1 517 美元，中国 8 827 美元，印度 1 940 美元，缅甸 1 299 美元，分别排名全球第 147 位、73 位、139 位、154 位。按每天 1.90 美元衡量的贫困人口比例，2016 年中国贫困人口比例为 0.7%、2011 年印度为 21.2%，2016 年孟加拉国为 14.8%，2015 年缅甸 6.2%。而作为核心区域的印度东北部地区和中国云南省的平均发展水平也都大幅落后于各自国家的平均水平。

14.1.2 产业基础

从产业结构上看，孟加拉国和缅甸是典型的农业大国，工业基础十分薄弱，经济增长主要依靠农业支撑，而印度东北部地区和中国云南省也分别是印度和中国两国的传统农业地区。其中印度东北部地区主要以初级产品加工和劳动密集型产业为主，平均工业比重不到 30%，劳动力主要从事传统农业生产，而云南省是中国典型的农业大省，农业人口占比 66%，工业化水平低于全国平均水平。

14.1.3 人力资本

中印孟缅经济走廊地区人类发展指数严重滞后，人口生存质量和发展潜力的水平低。如表 14-1 所示，2017 年中印孟缅经济走廊各国人类发展指数分别为中国 0.752，印度 0.640，孟加拉国 0.608，缅甸 0.578，分别排名全球第 86 位、130 位、136 位、148 位。此外，印度 15 岁及以上成人识字率仅 69.3%，在中印孟缅四国中排名最后。2017 年，15 岁及以上成人识字率，中国为

95.1%，缅甸为 75.6%，孟加拉国为 72.8%，印度为 69.3%。

表 14-1　2017 年中印人类发展指数全球排名

国家	人类发展指数（HDI）	排名
中国	0.752	86
印度	0.640	130
孟加拉国	0.608	136
缅甸	0.578	148

资料来源：联合国《Human Development Report2018》，2018。

14.1.4　基础设施

中印孟缅经济走廊地区的空间分布呈现与生态脆弱地区高度契合的格局，地势复杂险峻，多以深山区、石山区为主，环境闭塞，基础设施落后。从全球范围来看，对于中国和印度这样的发展中国家而言，基础设施尤其是在信息和通信方面，与发达国家和地区相比差距悬殊。中国和印度在基础设施方面的得分分别为 77.9 和 68.1，分别排名全球第 36 位和第 70 位。其中，航空运输服务效率和饮用水安全两项是影响中国基础设施全球排名的主要指标。公路连通性、电力供应质量是影响印度基础设施全球排名的主要指标。

14.1.5　开放程度

中印孟缅经济走廊的核心地区主要内陆边境地区，被陆地包围而无法接触邻近市场，使得该地区的经济全球化和政治全球化水平相对落后，各国国际贸易、投资、信息、文化交流发生频率普遍低于世界平均水平。2012 年中印孟缅经济走廊各国全球化指数分别为孟加拉国 40.65，中国 59.43，印度 51.57，缅甸 31.98，分别排名全球第 156 位、73 位、107 位、177 位。此外，云南省和印度东北部地区大多属于典型的内向型经济区域，经济开放程度并不高，其中 2012 年云南省外贸总额为 210 亿美元，仅占全国总额的 0.5%，而印度东北部地区的外贸额在印度外贸总额中的占比几乎可以忽略不计。

14.2 中印孟缅经济走廊建设的做法成效

2013 年中印两国总理共同倡议建设中印孟缅经济走廊，并于当年年底召开了中印孟缅四国工作会议之后，中印孟缅经济走廊建设出现了历史转折，终于在开启"二轨"议程 15 年、举办过 12 次会谈会议之后上升到中印孟缅四国政府认同和主导的"第一轨道"，在政府层面达成了建设中印孟缅经济走廊的共识。中印孟缅合作机制先后经历了四次名称的变换——中印孟缅地区经济合作与发展会议、中印孟缅地区经济合作论坛、中印孟缅地区合作论坛和中印孟缅经济走廊，但该机制却是中印孟缅四国目前达成共识的唯一的多边合作机制。故从 2013 年来，中印双方主要从加强双边互信交流、通道建设和经贸合作三个方面促进中印孟缅经济走廊建设。

14.2.1 以中印孟缅经济走廊的互信交流为核心推动中印双边经济合作

以中印孟缅经济走廊建设为基础的中印次区域经济合作，不仅能够在经济上实现合作共赢的"绝对收益"，而且有助于获得政治互信方面的"相对收益"。2014 年莫迪总理上任以后，将印度已经实施了二十几年的"东向政策"强化为"东向行动政策"，更加强调印度参与亚太地区经济事务的意愿和决定，大大加强了与中国的关系复合性与交融性。中印关系进入历史最好时期，两国领导人多次互访，两国社会的相互好感和认知也明显提升。2018 年 4 月，莫迪总理访华，在武汉进行了中印两国领导人第一次非正式会晤，展现了两国拓展经贸合作的决心，"中印孟缅经济走廊"建设开启新模式。2019 年，习近平主席前往印度金奈，与莫迪总理开展第二次非正式会晤，为中印双边关系再上新台阶奠定了基础。

14.2.2 以中印孟缅经济走廊的交通建设为优先促进中印双边互联互通

根据相关预测，如果 2010—2020 年每年向交通和通信领域投资约 3 200 亿美元，交通运输的改善将使印度的贸易成本下降 1/5，中国的贸易成本下降 1/7；通信设施改善将减少印度 11.2% 的贸易成本①。因此，目前中印双方对

---

① 亚洲开发银行研究院. 亚洲基础设施建设 [M]. 北京：社会科学文献出版社，2012：106.

中印孟缅经济走廊合作议题的认识基本一致，即中印孟缅经济走廊建设主要通过互联互通加强经济合作，实现互利互赢。互联互通建设是目前中印的优先合作领域。互联互通包括交通连接、制度连接和人与人之间的连接，其中实现孟中印缅地区交通连通成为目前推动中印双方区域经济合作最重要的基础，而中印之间的互联互通近期内的发展重心主要还在公路、铁路、航空、水运为主要内容的传统的交通联通上。在中印公路的联通方面，2006 年 7 月，中国西藏与印度加尔各答之间的公路连通得以实现。从西藏的乃堆拉山口到印度的加尔各答的距离缩短了约 1 200 千米。在中印航空的联通方面，2000 年 12 月，昆明到新德里的商务包机首航，结束了中印长期不通航的历史。2002 年北京—上海—新德里的航线开通。2006 年北京到新德里的直飞航线开通。2007 年昆明—印度加尔各答的航线开通。2010 年成都直飞印度班加罗尔的国际航线开通。2012 年成都到孟买的航班开通。

14.2.3 以中印孟缅经济走廊的次区域合作为突破口加强中印双边经贸合作

作为服务业大国的印度和制造业大国的中国，未来中印关系的良好发展依然在于以经贸合作为核心推动其他领域的互利合作。中印双边通过优势互补加强经贸合作，以经贸合作为核心促进双边关系积极稳定发展已经成为一种共识。自 2013 年"中印孟缅经济走廊"战略提出以来，四国经贸合作规模日益扩大，印度、孟加拉国和缅甸三个国家成为"一带一路"沿线国家中与中国经济贸易规模超过 100 亿美元的 25 个国家中的 3 个，其中印度是"中印孟缅经济走廊"沿线国家中中国最大的贸易伙伴，2018 年中印双边贸易额达到955.4 亿美元，同比增长 13.2%。印度更是中国第 7 大出口市场，仅 2017 年中国对印度的出口规模就达 680.4 亿美元。同时，中国是印度第一大贸易伙伴，最大的进口来源地和第三大出口市场。截至 2017 年，印度对中国直接投资存量达 47.5 亿美元，中印贸易额占印度外贸总额约为 11.4%。

14.3 中印孟缅经济走廊建设过程中面临的主要问题

中印孟缅经济走廊作为中印双方次区域经济合作战略，理论上来讲中印双方应有许多相关合作的潜在领域，但至今仍停留在一个比较模糊的构想上，中印孟缅经济走廊启动合作的相关内容迟迟不能落实，对中印双边经贸合作的促进作用比较有限，客观上看中印孟缅经济走廊建设还处于困难合作区间之内，中印两国在中印孟缅经济走廊建设过程中主要面临着以下问题和挑战。

14.3.1 合作机制具有很大不确定性

14.3.1.1 合作收益的左右权衡

合作机制产生的合作收益如何分配是合作能否持续的关键，然而就当前的中印孟缅经济走廊建设而言，尽管中印双方在促进次区域经济一体化上存在利益共同点，并在发展潜力和经济合作获得收益方面已达成共识，但是随着中印孟缅地区在地缘政治上的地位日益加重，中印双方可能会更容易对相对收益敏感，特别是在任何涉及其东北地区的安排中，印度更容易倾向于关注相对收益而不是绝对收益，在此情形下，印度对于中印孟缅经济走廊建设态度必然会选择"慢下步伐"的消极态度，中印孟缅经济合作隐含很大不确定性。

14.3.1.2 合作机制的制度化水平较低

从中印孟缅经济走廊合作的实践来看，该地区目前存在的两个并行的"机制"存在显著的不确定性。智库间对话具有一定的合法性，但面临着有效性较差和政府授权可能随时收回的问题。中印孟缅合作区域论坛一直是以云南为中心，四川、广西、贵州、西藏等西部地区几乎都没有参与，而印度也存在同样现象，2015年由新德里中国研究所主导的区域论坛，印度东北部地区也未参加，同时论坛成立至今尽管已经拟定了一系列议题，但议题的优先顺序尚未形成一致意见。此外，中印孟缅经济走廊政府工作会谈于2013年才启动，尚处于初步阶段，政府间会谈在没有形成正式机制之前很容易受国家间关系波动的影响，各国政府对会谈的支持可能随时都会收回。

14.3.2 通道建设长期难以得到有效解决

14.3.2.1 中印之间尚未在交通走廊线路上完全达成共识

通道建设一直都是中印孟缅经济走廊关注的关键问题之一，也被认为是目前难度最大的一个问题，目前，中印孟缅经济走廊的交通走廊线路虽在孟中印缅地区经济论坛的专家研讨中基本达成北线、中线和南线的"三线"共识，但在中印双方的政府层面仅对中线（昆明—大理—保山—瑞丽—曼德勒—德穆—西帕尔—西隆—达卡—加尔各答）疑虑较少，是目前比较容易实现连通的一条线路，但对于成本最低的"史迪威公路"北线和连接深水海港最便捷最具开发潜力的南线由于安全威胁、地缘政治等多种原因还处于在疑虑和犹豫之中，致使中印孟缅经济走廊的交通走廊建设停滞不前。

14.3.2.2 基础设施投资资金短缺

目前中国虽已基本完成在境内的道路建设，但通道沿线印度东北部等地区高山峡谷较多，基础设施落后，资金投入需求大，虽然中印保持较快的经济增长，但中印目前仍属于发展中国家，不仅经济实力有限，财政也基本处于赤字状态。目前新德里就宣布，印度面临1万亿美元基建赤字，中国虽已提出向印度基础设施和经济特区建设投资200亿美元，但对于中印孟缅经济走廊的基础设施投资规模也仅能缓解，中印政府或公营部门不可能承担所有投资，而私营企业的介入并未受到充分鼓励，资本市场发展滞后，庞大资金缺口也在一定程度上延缓中印孟缅经济走廊"硬连通"的形成。

14.3.3 经贸领域利益汇合点基础不强

14.3.3.1 中印贸易存在一定的不平衡

从贸易收支情况看，中印孟缅四国中只有中国的域内贸易一直保持顺差，而印度则长期维持贸易逆差状态。2018年，中印贸易逆差虽有所缓解，下降3.6%，但中国仍然是印度最大的贸易逆差来源国，2018年中印贸易逆赤字为572.2亿美元。印度与中国贸易逆差持续激增，引发印度对来自中国的潜在竞争的恐慌，部分抑制印度通过中印孟缅经济走廊进一步加强中印双边贸易积极性。

14.3.3.2 外国直接投资对中印发展作用比较有限

虽然中国对印度的直接投资迅速增长，但是所占比重仅为2%多一点，而印度对中国的投资也仅占印度对外投资总额的1.3%。印度东北部各邦大多属于内向型经济区域，除少量边贸外，印度东北部地区与外部经济体的关联度不是很大。此外，中印出口的产品主要集中在塑料、橡胶、矿石等原材料和纺织品等劳动密集型产品，出口产品附加值低，可替代性较强，再加上中印双方在原料、劳动力等优势上有部分重叠，同质竞争对中印双边贸易会有一定的阻碍。

14.3.4 贸易自由化程度有待进一步提高

14.3.4.1 关税水平存在下调空间

尽管目前中印双方已就取消双边贸易中42.5%种类商品的进口关税已达成共识，但是关税限制还有进一步放宽的空间，目前印度在中国市场上仍需支付9.5%的关税，而中国在印度市场上支付的关税为14%。此外，从总体关税结构来看，关税在10%以上的产品比重仍然较高。如表14-2所示，2013年中国关税在10%以上的产品比重为37.2%，印度为18.5%。

表 14-2　国家总体关税结构（2013 年）　　　　　　单位:%

国家	关税低于 5%的产品比重	关税 为 5%~10% 的产品比重	关税 为 10%~20% 的产品比重	关税 高于 20%的 产品比重
中国	15.9	46.9	31.2	6
印度	4.3	77.2	1.4	17.1

资料来源：根据 WTO 关税数据库中 HS2012 版本 6 分位关税数据计算而得。

14.3.4.2　非关税壁垒影响中印经贸合作的深入发展

从非关税壁垒的情况来看，中印贸易结构仍属于高度限制性的，印度希望中国能消除在农产品、医药等领域的非关税壁垒，而印度对中国限制更加严重，特别是在技术性壁垒、卫生与植物卫生措施、通关环节壁垒等领域。此外，印度在知识产权、政府采购、进口配额等方面也存在很多贸易壁垒。如表 14-3 所示，有专家根据中印双边的口岸效率、海关环境、规则环境等指标进行测算，2013 年中国和印度的贸易便利化水平分别为 0.59 和 0.51，中国和印度的贸易便利化水平在海上丝绸之路 24 个沿线国家并不高，排名分别为第八名和第十四名。

表 14-3　国家贸易便利化水平及排名（2013 年）

国家	得分	排名
中国	0.596 202	8
印度	0.511 929	14
孟加拉国	0.414 821	21
缅甸	0.333 083	24

14.4　以中印孟缅经济走廊建设为基础推进中印合作的相关建议

中印孟缅经济走廊建设要想获得持续成功，需要从合作机制、合作领域、合作利益、合作目标四个方面进行制度突破和完善，以解决中印孟缅经济走廊中的中印合作困境。

14.4.1　建立多层次的交流渠道和机制

从政府层面、学者层面和民间层面，采取多种方式加强与中印的交流和沟通。在政府层面，进一步明确孟中印缅经济走廊建设的双边交流机制，实现政策、规划之间的衔接，开展务实合作。特别是印度虽已经原则上同意与中国合作开放其东北部地区的北线和南线，但由于东北部地区的高度敏感性，印度方面仍存在担忧。因此，中印双方应进一步加强双边交流，增进政治互信。在学者层面，充分发挥现有孟中印缅地区合作论坛的平台作用，加强中印学术机构特别是智库合作交流，建设一支专门研究中印经济社会文化的人才队伍，加大调查研究，培养一批"周边国家通"。在民间层面，发挥中印人文相亲、习俗相近的独特优势，建立民间机制性的交流平台，推动民间文化交流，增加印中之间相互了解。

14.4.2　推进覆盖区域基础设施的完善升级

充分利用和引导中印孟缅域内域外两方面资金，继续强化道路、通信等基础设施建设，缓解资金不足的困境，为孟中印缅经济走廊建设注入活力。一是，在域外资金引入方面，要积极参与国际大通道建设，借助相关的道路运输协议，积极引进世界银行、亚洲开发银行、亚洲基础设施投资银行等机构资金，推进道路的互连互通。二是，在域内资金方面，加快开展基础设施互通和资金联通，以基础设施输出为背书，深化区域内价值联系，鼓励大型企业、财团等对互连互通项目进行直接投资或联合开发，同时加强对互连互通项目的政策支持，积极组建多样化的中印孟缅经济走廊发展基金，为中印孟缅地区发展提供专项资金支持或优惠贷款等。

14.4.3　进一步扩大中印双方的利益汇合点

充分发挥中印双方的比较优势，深化域内专业分工体系，通过优势互补的生产网络强化中印双边利益汇合点。一是，在现有中印孟缅经济走廊的双边、多边贸易往来的基础上，以中印双方经贸发展优先需求为基础，利用印度以及东北部地区在农业、冶金矿产、园艺及手工制成品等优势产业弥补中国产品需求的缺口，深入挖掘中印双方在农产品、旅游、新能源等方面的合作潜力，依托中印孟缅经济走廊建设继续扩大中印贸易往来，促进互补资源利用。二是，在经济走廊的平台和框架下，积极推动包括医疗、基础设施、IT等领域中印双方能够实现合作的项目，以非传统安全问题的共同面对和有效合作率先打造一批标志性早期收获项目，发挥示范效应，增强中印之间的合作互信，缓解印度对中印孟缅经济走廊特定领域相对收益的关注，进而促进双方合作。

14.4.4　加快孟中印缅自贸区建设进程

以打造自贸园区为目标，提高中印孟缅经济走廊的次区域经济合作机制化水平。一是，吸收已有中国—东盟自贸区、印度—东盟自贸区等建设经验，推动中印自由贸易协定的谈判和研究，进一步提高取消双边贸易关税的比例和消除非关税壁垒，推进中国和印度在医疗、金融、文化等领域的相互开放和制造业的全面开放。二是，加快中印孟缅经济走廊的口岸和服务体系建设，建立包括工业、IT、农牧业、物流、医药等现代化园区和集散中心，提高中印口岸效率，完善海关环境和规则环境，促进贸易便利化。

参考文献

［1］李佐军. 人本发展理论［M］. 北京：中国发展出版社，2008.

［2］陶佩君. 农村发展概论［M］. 3 版. 北京：中国农业出版社，2021.

［3］舒尔茨. 改造传统农业［M］. 梁小民，译. 北京：商务印书馆，2021.

［4］孙景淼. 乡村振兴战略［M］. 杭州：浙江人民出版社，2018

［5］陈俊红，龚晶，孙素芬. 北京推进实施乡村振兴战略的对策研究［M］. 北京：中国经济出版社，2019.

［6］孙晓明，刘晓昀，刘秀梅. 中国农村劳动力非农就业［M］. 北京：中国农业出版社，2005.

［7］尹成杰. 实施乡村振兴战略推进新时代农业农村现代化［M］. 北京：中国农业出版社，2018.

［8］吴维海. 新时代乡村振兴战略规划与案例［M］. 北京：中国金融出版社，2018.

［9］姚少平. 之江情：浙江省十年对口支援，八年对口帮扶工作纪实［M］. 杭州：浙江人民出版社，2004.

［10］左常升. 中国扶贫开发政策演变（2001-2015）［M］. 北京：社会科学文献出版社，2016.

［11］巢洋，范凯业，王悦. 乡村振兴战略——重构新农业［M］. 北京：中国经济出版社，2000.

［12］梅多斯. 增长的极限［M］. 李涛，王志勇，译. 北京：机械工业出版社，2006.

［13］沃德，杜博斯. 只有一个地球［M］.《国外公害丛书》编委会，译. 长春：吉林人民出版社，1997.

［14］丹尼尔·科尔曼. 生态政治：建设一个绿色社会［M］. 梅俊杰，译. 上海：上海译文出版社，2006.

[15] 阿伦特. 乡村设计 [M]. 叶齐茂, 倪晓晖, 译. 北京: 中国建筑工业出版社, 2010.

[16] 辛宝莹, 安娜, 庞嘉萍. 人才振兴: 构建满足乡村振兴需要的人才体系 [M]. 郑州: 中原农民出版社, 2019.

[17] 李海金. 脱贫攻坚与乡村振兴衔接: 人才 [M]. 北京: 人民出版社, 2020.

[18] 朱富强. 马克思主义经济学的人本主义关怀: 基于收入分配和人性发展的二维审视 [J]. 政治经济学研究, 2021 (3): 64-78.

[19] 胡娟. 推动人的全面发展是教育的时代使命 [N]. 光明日报. 2021-7-13 (9).

[20] 杨小森. 马克思人本思想的丰富内涵及时代价值 [J]. 传承, 2021 (3): 76-80.

[21] 李明. 新时代 "人的全面发展" 的哲学逻辑 [N]. 光明日报. 2019-2-11 (15).

[22] 杨鲜兰, 程亚勤. 论习近平对人的全面发展理论的创新发展 [J]. 湖北社会科学, 2020 (4): 12-17.

[23] 陈晓莉, 吴海燕. 增权赋能: 乡村振兴战略中的农民主体性重塑 [J]. 西安财经学院学报, 2019 (6): 26-33.

[24] 杨玉珍, 黄少安. 乡村振兴战略与我国农村发展战略的衔接及其连续性 [J]. 农业经济问题, 2019 (6): 77-84.

[25] 刘振伟. 建立稳定的乡村振兴投入增长机制 [J]. 农业经济问题, 2019 (5): 4-7.

[26] 韩俊. 以习近平总书记 "三农" 思想为根本遵循实施好乡村振兴战略 [J]. 管理世界, 2018 (8): 1-10.

[27] 张挺, 李闽榕, 徐艳梅. 乡村振兴评价指标体系构建与实证研究 [J]. 管理世界, 2018 (8): 99-105.

[28] 王燕, 刘晗, 赵连明, 等. 乡村振兴战略下西部地区农业科技协同创新模式选择与实现路径 [J]. 管理世界, 2018 (6): 12-23.

[29] 冯海发. 推动乡村振兴应把握好的几个关系 [J]. 农业经济问题, 2018 (5): 4-7.

[30] 姜长云. 科学理解推进乡村振兴的重大战略导向 [J]. 管理世界, 2018 (4): 17-24.

[31] 姜长云. 全面把握实施乡村振兴战略的丰富内涵 [J]. 农村工作通

讯，2017（22）：19-21.

[32] 党国英. 乡村振兴长策思考 [J]. 农村工作通讯，2017（21）：13-15.

[33] 魏后凯. 人才是乡村振兴中最关键最活跃的因素 [J]. 农村工作通讯，2018（9）：45.

[34] 叶敬忠. 乡村振兴需坚持"五不"原则 [J]. 农村工作通讯，2018（17）：48.

[35] 党国英. 乡村振兴战略的现实依据与实现路径 [J]. 社会发展研究，2018（1）：9-21.

[36] 刘守英，熊雪锋. 我国乡村振兴战略的实施与制度供给 [J]. 政治经济学评论，2018（4）：80-96.

[37] 刘祖云，王丹. "乡村振兴"战略落地的技术支持 [J]. 南京农业大学学报（社会科学版），2018（4）：8-16.

[38] 王文强. 以体制机制创新推进乡村人才振兴的几点思考 [J]. 农村经济，2019（10）：22-29.

[39] 高静，王志章. 改革开放40年：中国乡村文化的变迁逻辑、振兴路径与制度构建 [J]. 农业经济问题，2019（3）：49-60.

[40] 张志胜. 多元共治：乡村振兴战略视域下的农村生态环境治理创新模式 [J]. 重庆大学学报（社会科学版），2020（1）：203-212.

[41] 朱启臻. 新型职业农民与家庭农场 [J]. 中国农业大学学报（社会科学版），2013（2）：157-159.

[42] 苏昕，王可山，张淑敏. 我国家庭农场发展及其规模探讨——基于资源禀赋视角 [J]. 农业经济问题，2014（5）：8-14.

[43] 陈五湖，蒋乃华. 外部风险对粮食种植类家庭农场规模选择的影响研究 [J]. 经济问题，2022（4）：85-92.

[44] 沈国舫. 关于生态保护和建设的几个问题 [J]. 草业学报，2015（5）：1-3.

[45] 孙贵艳，王传胜，刘毅. 生态文明建设框架下的生态保护研究 [J]. 生态经济，2015（10）：156-159，173.

[46] 田阳. 关于我国生态保护建设制度体系构建的若干思考 [J]. 国家林业局管理干部学院学报，2015（1）：15-19.

[47] 左停，刘文婧，李博. 梯度推进与优化升级：脱贫攻坚与乡村振兴有效衔接研究 [J]. 华中农业大学学报（社会科学版），2019（5）：21-28.

[48] 左停. 脱贫攻坚与乡村振兴有效衔接的现实难题和应对策略 [J]. 贵州社会科学, 2020 (1): 7-10.

[49] 高强. 脱贫攻坚与乡村振兴有效衔接的再探讨——基于政策转移接续的视角 [J]. 南京农业大学学报（社会科学版）, 2020 (4): 49-57.

[50] 王金震. 乡村振兴背景下新型职业农民培育研究——基于公共实训基地建设 [J]. 成人教育, 2019 (10): 48-51.

[51] 申瑞峰, 张巧巧. 乡贤返乡: 城乡融合发展的新路径 [J]. 广东行政学院学报, 2019 (4): 47-53.

[52] 高强. 农村集体经济发展的历史方位、典型模式与路径辨析 [J]. 经济纵横, 2020 (7): 42-51.

[53] 周立, 罗建章. 资源资本化撬动新型农村集体经济发展 [J]. 中国农村金融, 2021 (18): 8-10.

[54] 邹升平. 新发展阶段社会主义公有制促进共同富裕面临的挑战与实践路径 [J]. 广西社会科学, 2022 年 (1): 1-10.

[55] 程恩富, 张杨. 坚持社会主义农村土地集体所有的大方向——评析土地私有化的四个错误观点 [J]. 中国农村经济, 2020 (2): 134-144.

[56] 陈小平. 发挥基本经济制度优势, 扎实促进共同富裕 [J]. 红旗文稿, 2021 (17): 30-33.